高等院校电子商务职业细分化创新型规划教材

ECETC | 电子商务从业人员培训考试认证项目指定教材

U0724943

电子商务与现代物流

许应楠 凌守兴◎主编

人 民 邮 电 出 版 社
北 京

图书在版编目（CIP）数据

电子商务与现代物流 / 许应楠，凌守兴主编. -- 北京：人民邮电出版社，2015.2（2022.12重印）
高等院校电子商务职业细分化创新型规划教材
ISBN 978-7-115-37547-6

Ⅰ. ①电… Ⅱ. ①许… ②凌… Ⅲ. ①电子商务－物流－物资管理－高等学校－教材 Ⅳ. ①F713.36②F252

中国版本图书馆CIP数据核字(2014)第281866号

内 容 提 要

本书主要从电子商务与现代物流的关系入手，系统介绍电子商务环境下如何开展现代物流管理。首先，介绍现代物流管理基础知识和现代物流管理的基本功能，通过探讨电子商务与现代物流的关系，对电子商务环境下现代物流模式、仓储、物流系统等内容进行详尽的论述，强调电子商务信息技术和物流信息管理的重要性，引出现代物流供应链管理概述，介绍几种主要的供应链管理方法；其次，本书还对绿色物流、逆向物流进行了详细的介绍；再次，本书引用了大量的企业资料，且每章均附有案例展示与课后实训操作题，阅读起来更加直观，更加容易理解和掌握。

本书不仅可以作为高等院校电子商务专业的教材，也可供电子商务或物流管理从业人员参考。

◆ 主　　编　许应楠　凌守兴
　　责任编辑　王　平
　　责任印制　杨林杰
◆ 人民邮电出版社出版发行　　北京市丰台区成寿寺路 11 号
　　邮编　100164　　电子邮件　315@ptpress.com.cn
　　网址　http://www.ptpress.com.cn
　　北京天宇星印刷厂印刷
◆ 开本：787×1092　1/16
　　印张：13.5　　　　　　　2015 年 2 月第 1 版
　　字数：325 千字　　　　　2022 年 12 月北京第 14 次印刷

定价：32.00 元
读者服务热线：(010)81055256　印装质量热线：(010)81055316
反盗版热线：(010)81055315
广告经营许可证：京东市监广登字 20170147 号

前言
—— FOREWORD

我国电子商务的快速发展以及消费者在线购物的普及，使得越来越多的企业开始触网，电子商务这一现代交易也受到了更多人的关注。与此同时，和电子商务紧密联系的物流管理也受到了各方的重视，电子商务要想顺利发展，就必须要有科学、有效的现代物流管理作为辅助和支撑。

为了更好地让大家了解电子商务环境下的现代物流管理体系，我们编写了《电子商务与现代物流》一书。全书始终注重电子商务与现代物流的结合，叙述准确，内容丰富，逻辑清楚，且每章前面都有引导案例，章后均附有知识要点总结、习题和实训内容，内容充实新颖，有创新精神。

本书共分 10 章，主要介绍电子商务与物流管理、电子商务下的现代物流模式、电子商务物流装卸与运输管理、电子商务物流仓储管理与库存控制、电子商务物流包装与流通加工、电子商务物流配送与配送中心、电子商务物流系统管理、电子商务现代物流供应链管理、电子商务物流服务与成本管理、电子商务环境下的逆向物流。通过本书的学习，读者可以系统地对电子商务环境下现代物流管理整个体系有所了解，并增加对企业现代物流实践的认识。

本书由许应楠、凌守兴主编。在本书的成书过程中，许应楠编写第 1 章、第 2 章、第 10 章；凌守兴编写第 1 章、第 8 章；王春兰编写第 3 章，第 4 章；李忠美编写第 5 章；高志坚编写第 6 章；张梅燕、王利锋编写第 7 章；肖苏编写第 9 章。

由于受作者水平和时间的限制，书中的错误和遗漏在所难免，希望各位读者批评指正。作者的联系方式：邮箱 yanwu1986@126.com；QQ281322335；微信 xuyingnan1986。

编　者
2014 年 9 月

CONTENTS
目录

CONTENTS
目录

CONTENTS
目录

第 7 章 电子商务物流系统管理 135

第 8 章 电子商务现代物流供应链管理 158

CONTENTS

目录

PART 1

第1章
电子商务与现代物流管理

　　随着信息技术和网络技术的飞速发展，我国电子商务呈现出迅猛的发展势头，在线购物的蓬勃发展，给电子商务企业带来了前所未有的发展机遇，电子商务这一现代交易形式也受到了更多人的关注。与此同时，和电子商务紧密联系的物流管理也受到了各方的重视，人们开始认识到，电子商务想要顺利的发展，就必须要有科学、有效的现代物流管理作为辅助和支撑。

1.1　现代物流概述

案例展示：青岛啤酒集团现代物流体系

　　青岛啤酒集团将"让青岛人民喝上当周酒，让全国人民喝上当月酒"作为目标，以消费者为中心，以市场为导向，以实现"新鲜度管理"为载体，以提高供应链运行效率为目标，对集团物流管理进行了改革，建立起了集团与分公司、各销售点物流、信息流和资金流全部由计算机网络管理的智能化现代物流配送体系。青岛啤酒集团以原运输公司为基础，注册成立具有独立法人资格的物流有限公司，引进现代物流管理理念和技术，并完全按照市场机制运作。青岛啤酒集团应用建立在 Internet 信息传输基础上的 ERP 系统，筹建了青岛啤酒集团技术中心，将物流、信息流、资金流全面统一在计算机网络的智能化管理之下，建立起各分公司与总公司之间的快速信息通道，及时掌握各地最新的市场、库存、货物和资金流动情况，为制定市场策略提供准确的依据，并且简化了业务运行程序，提高了销售系统动作效率，增强了企业的应变能力。同时青岛啤酒集团还对运输仓储过程中的各个环节进行了重新整合、优化，以减少运输周转次数、压缩库存、缩短产品仓储和周转时间等。

目前，青岛啤酒集团销售部门根据各地销售网络的要货计划和市场预测，制订销售计划；仓储部门根据销售计划和库存及时向生产企业传递要货信息；生产厂有针对性地组织生产，物流公司则及时地调度运力，确保交货质量和交货期。同时销售代理商在有了稳定的货源供应后，可以从人、财、物等方面进一步降低销售成本，增加效益。现代物流管理体系的建立，使青岛啤酒集团的整体营销水平和市场竞争能力大大提高。其建立的信息网络系统还具有较强的扩展性，为企业在拥有完善的物流配送体系和成熟的市场供求关系时开展电子商务准备了必要的条件。

青岛啤酒集团在搭建现代物流体系过程中，主要利用了信息技术和网络技术，将青岛啤酒集团的原材料采购、生产、库存、销售等环节连接起来，从而达到青岛啤酒集团物流、信息流、资金流全面统一管理的目的。青岛啤酒集团现代物流体系如图 1.1 所示。

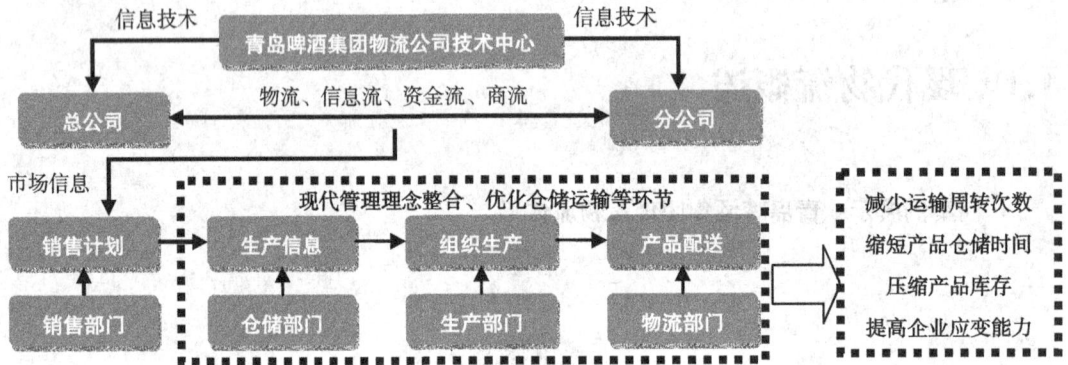

图 1.1 青岛啤酒集团现代物流体系

归根结底，现代物流与信息技术是分不开的，在认识现代物流的时候，要站在信息技术的角度，结合对传统物流的理解，认清现代物流的本质。

"现代物流"是相对于"传统物流"而言的，它是在传统物流分工基础上形成，并依托现代信息技术和现代管理理念而发展起来的，是知识和技术相对密集地实现物体时空效用的一系列服务活动。也就是说，现代物流是伴随信息技术、知识经济和全球一体化的发展产生的，用现代化的新技术、现代管理、新业态、新服务方式改造提升传统物流服务，创造需求，引导消费，向社会和企业提供高附加值、高层次、知识型、实现物体时空效用的生产服务和消费服务的国民经济新领域。

1.2 现代物流的作用

现代物流是一个不可省略或者说不可跨越的过程，而且，随着这个过程的发生，就会产生费用、时间、距离以及人力、资源、能源、环境等一系列问题。人们只有客观地认识这些问题，才能正确地对待、科学地解决好这些问题。一般说来，现代物流的作用主要表现在 6 个方面，如图 1.2 所示。

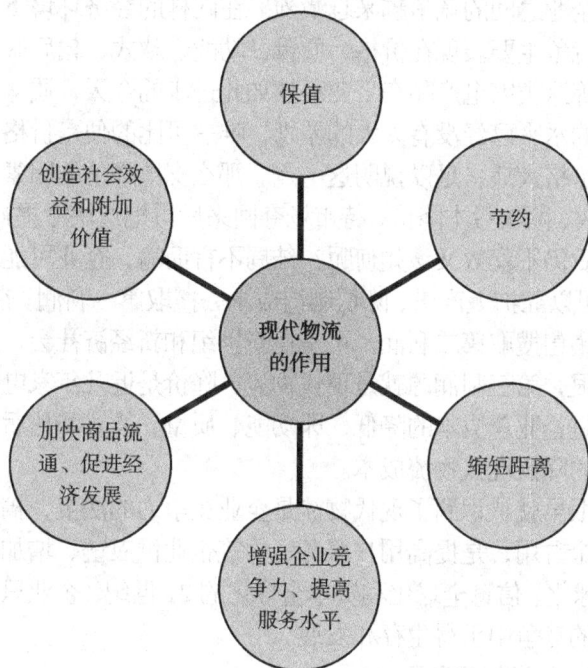

图 1.2　现代物流的作用

1．保值

现代物流有保值作用。也就是说，任何产品从生产出来到最终消费，都必须经过一段时间、一段距离。在这段时间和距离过程中，都要经过运输、保管、包装、装卸等多环节、多次数的现代物流活动。在这个过程中，产品可能会遭到淋雨受潮、水浸、生锈、破损、丢失等。现代物流的使命就是防止上述现象的发生，保障产品从生产者到消费者移动过程中的质量和数量，起到产品的保值作用，即保护产品的存在价值，使该产品在到达消费者时使用价值不变。

2．节约

搞好现代物流，能够节约自然资源、人力资源和能源，同时也能够节约费用。例如，集装箱化运输，可以简化商品包装，节省大量包装用纸和木材；实现机械化装卸作业，仓库保管自动化，能节省大量作业人员，大幅度降低人员开支。例如，海尔集团加强现代物流管理，建设起现代化的国际自动化现代物流中心，一年时间将库存所占压资金和采购资金从 15 亿元降到 7 亿元，节省了 8 亿元的开支。

3．缩短距离

现代物流可以克服时间间隔、距离间隔和人的间隔，这自然也是现代物流的作用之一。现代物流在缩短距离方面的例证不胜枚举。例如，在北京可以买到世界各国的新鲜水果，全国各地的水果也长年不断；物流企业改善了物流系统，大大缩短了邮递时间，全国快递两天内就到；日本的配送中心可以做到，上午 10 点前订货、当天送到。这种现代物流速度，把人们之间的距离一下子拉得很近。随着现代物流现代化的不断推进，国际运输能力大大加强，极大地促进了国际贸易，使人们逐渐感到这个地球变小了，各大洲的距离更近了。

4．增强企业竞争力、提高服务水平

在新经济时代，企业之间的竞争越来越激烈。在同样的经济环境下，制造企业（如家电生产企业）之间的竞争主要表现在价格、质量、功能、款式、售后服务上，可以讲，像电视机、空调、冰箱等这类家电产品在工业科技如此进步的今天，质量、功能、款式及售后服务，目前各企业的水平已经没有太大的差别，唯一可比的便是价格。近几年全国各大城市此起彼伏的家电价格大战，足以说明这一点。那么支撑降价的因素是什么？如果说为了占领市场份额，一次、两次亏本降价，待市场夺回来后再把这块亏损补回来也未尝不可。然而，如果降价亏本后仍不奏效又该如何呢？结局不言而喻，企业可能就会一败涂地。在物资短缺年代，企业可以靠扩大产量、降低制造成本去攫取第一利润。在物资丰富的年代，企业又可以通过扩大销售攫取第二利润。可是在新世纪和新经济社会，第一利润源和第二利润源已基本到了极限，第三利润源就是现代物流。降价是近几年家电企业的主要竞争手段，降价竞争的后盾是企业总成本的降低，即功能、质量、款式和售后服务以外的成本降价，也就是我们所说的降低现代物流成本。

国外的制造企业很早就认识到了现代物流是企业竞争力的法宝，搞好现代物流可以实现零库存和零流动资金占用，是提高用户服务、构筑企业供应链、增加企业核心竞争力的重要途径。在经济全球化、信息全球化和资本全球化的21世纪，企业只有建立现代现代物流结构，才能在激烈的竞争中求得生存和发展。

5．加快商品流通、促进经济发展

在谈这个问题时，我们以配送中心为例。可以说，配送中心的设立为连锁商业提供了广阔的发展空间。利用计算机网络，将超市、配送中心和供货商、生产企业连接，能够以配送中心为枢纽形成一个商业、现代物流业和生产企业的有效组合。有了计算机迅速、及时的信息传递和分析，通过配送中心的高效率作业、及时配送，并将信息反馈给供货商和生产企业，可以形成一个高效率、高能量的商品流通网络，为企业管理决策提供重要依据，同时，还能够大大加快商品流通的速度，降低商品的零售价格，提高消费者的购买欲望，从而促进国民经济的发展。

6．创造社会效益和附加价值

实现装卸搬运作业机械化、自动化，不仅能提高劳动生产率，也能解放生产力。把工人从繁重的体力劳动中解脱出来，这本身就是对人的尊重，是在创造社会效益。随着现代物流的发展，居民的生活环境、生活质量可以得到改善和提高，人的尊严也会得到更多体现。

关于现代物流创造附加值，主要表现在流通加工方面，例如，把钢卷剪切成钢板、把原木加工成板材，名烟、名酒、名著、名画都会通过流通中的加工，使装帧更加精美，从而大大提高了商品的欣赏性和附加价值。

1.3　现代物流的特征

现代物流是在工业化比较发达的阶段产生，并主要依托发达的信息技术和现代管理理念发展起来的知识和技术相对密集的一种服务活动，是信息技术和市场竞争加剧的条件下，企业或传统物流企业的"演进"和社会分工在现阶段进一步深化的结果。因此，现代物流具有现代管理、现代性、社会化和网络化四大特性。

1．现代管理特征

现代管理理念和运作模式是现代物流发展的基础之一，也是与传统物流的重要区别，它主要体现在以下 3 个方面。

第一，系统化和整体最优特征，即功能集成和资源整合。现代物流将运输、仓储、装卸、搬运、包装、流通加工、物流信息等功能要素有机地结合在一起，作为一个系统来进行管理。系统化方法可以使企业的物流需求与外购物流有机地结合在一起，形成一种良性的系统化物流循环。

第二，以实现顾客满意为第一目标。现代物流是在为生产和消费提供实现物体时空效用高附加值或节约成本服务并增加企业效益的基础上获取利润的一系列服务活动。

第三，现代物流的运作模式多样复杂。现代综合物流摆脱了传统企业的内部物流和实体分配的单一模式，发展起多元化的物流企业运营模式，如自营物流与外协物流、物流联盟与综合物流配送中心、厂商物流、批发商物流与零售商物流、城市物流、区域物流与国际物流等。

2．现代性特征

物流现代化主要体现在两方面。

第一，物流技术装备的现代化，包括运输、装卸搬运和仓储等物流功能要素的装备现代化。信息技术与现代物流相结合一方面提高了物流的作业效率，另一方面又改变了物流管理理念和运作方式。

第二，现代物流的信息化和知识化。一方面是服务产品中知识和技术含量比较密集，另一方面是以信息、知识为主的新物流形式不断涌现，如第四方物流、供应链规划等。

3．社会化特征

随着社会分工的细化和市场需求的日益复杂，越来越多的企业倾向于资源外购，将本企业不太擅长的物流活动交由专业的物流公司承担，或者在企业内部设立相对独立的物流专业部门，将有限的资源集中于自己真正的优势领域。这样专业的物流公司就可凭借其人才、技术和信息等方面的优势，采用更为先进的物流技术和管理方式，取得规模经济效益，从而实现物流合理化。所以，现代物流社会化的主要表现是：物流市场化程度提高、第三方物流迅猛发展、配送中心日益普及。

4．网络化特征

现代物流是社会物流（包括生产资料和消费资料流通）的各个环节（采购、运输、仓储、包装、流通、加工、搬运、通信等）构成的一个有机整体，即物流系统。该系统在新经济条件下，由于客观的因素必然是网络化的物流系统。因此，无论是现代微观物流经济还是现代宏观物流经济，都是在网络化基础下谋求物流过程的高效率、协调性和总体经济性。

1.4　电子商务与现代物流的关系

物流是电子商务"四流"——信息流、商流、资金流、物流中的一环，也是电子商务中商品和服务的最终体现。同时，电子商务的发展也推动着物流向更先进的方向发展，其流程如图 1.3 所示。

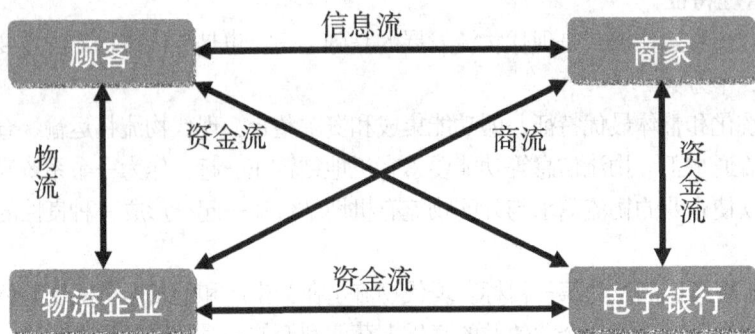

图 1.3　电子商务的流程

电子商务的发展，离不开物流、信息流、资金流的建设。物流让电子商务的跨时空得到保证，线上的订单需要线下物流配送的支持。离开物流，电子商务又会退回到传统的交易模式上来。据相关数据显示，2013 年，我国快递服务企业业务量累计完成 92 亿件，位居世界第二，业务收入累计达 1 441.7 亿元，其中 50%以上的营收来自电子商务。

另外，随着传统企业大规模进入电子商务，中国电子商务市场整体还将保持较快的增长势头，根据艾瑞咨询提供的数据报告显示，预计到 2016~2017 年，中国网络购物市场交易规模将达到 4 万亿元，如图 1.4 所示。届时，将会有更大比重的物流业务收入来自于电子商务。因此可以说，物流与电子商务已经逐渐成为生产流通的基本要素，它们都和人们的生活有着紧密的联系。

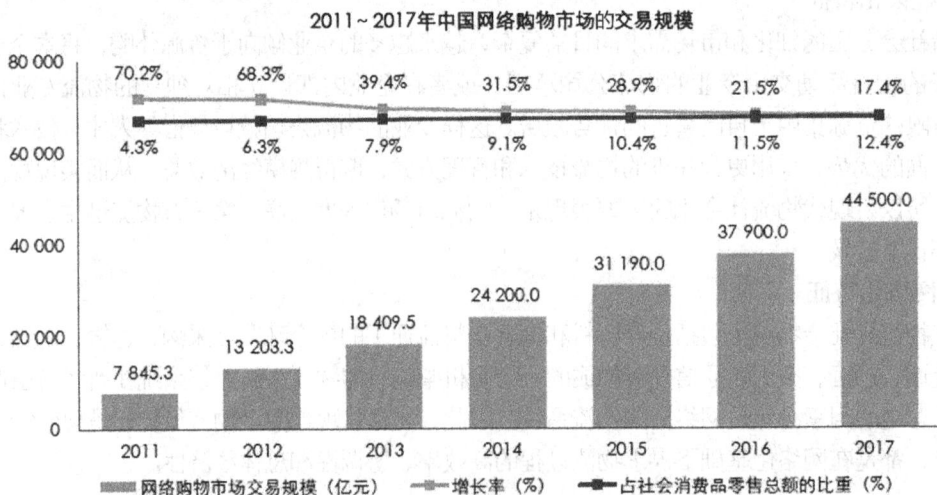

图 1.4　中国网络购物市场交易规模走势

另外，近年来，我国电子商务已经从最开始的北京、上海、广州逐渐发展到了全国大部分地区，物流行业所提供的服务也已经覆盖了全国 95%以上的地区。这些地区的人们已经逐渐有了网上购物消费的意识，而这也在很大程度上推动了我国物流行业的快速发展。

网上购物所具备的极大优势加之我国互联网用户数量的持续上升，都让电子商务成为了物流行业发展的新增长点，物流管理与电子商务之间的协作更加密切，其合作范围也在逐渐扩大。但是物流与电子商务在发展过程中必然会存在一些问题，如运营衔接、协调机制、管理质量等方面的问题。因此，我们更应该关注物流管理工作与电子商务发展之间的联系，加快促进国家对物流相关标准规范的制定，不断提高行业的自律性，促进物流和电子商务之间的深化合作，从而最终实现共赢。电子商务与现代物流的关系如图 1.5 所示。

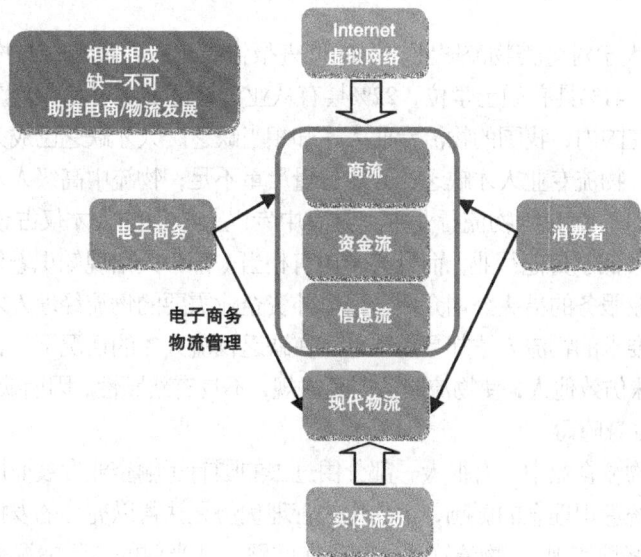

图 1.5　电子商务与现代物流的关系

1.5　电子商务环境下现代物流管理现状

我国物流业远远落后于发达国家，不仅体现在物流技术应用程度低、物流基础设施和装备落后，还表现为企业物流管理水平不高、企业领导缺乏现代物流管理理念，以及现代物流管理人才严重缺乏等。

现代物流企业是商流分离、专业化分工的产物，技术性、现代化和专业化极强。管理、运作现代物流企业，要用科学的管理思想来指导。目前我国大多数物流企业仍沿用传统的部门之间各行其是的管理方法来经营物流业务。物流企业内部在管理上还没形成系统化、集成化的现代管理体系，主要表现为企业的购、运、存、储各系统或各环节相互独立、各自追求自身效率的提高，而缺乏从企业的整体成本与收益的比较入手进行管理，最终造成相互之间的利益冲突不断。物流企业外部则缺乏用供应链管理的思想来构筑企业之间的物流供应链，也就不能实施一体化、综合化的物流运作和管理，难以为客户提供高附加值的物流服务。我国目前物流企业众多，但能为客户提供综合物流服务，能为客户提供其对市场需求进行快速反应所需的配套物流解决方案的企业却很少，至于代表现代化物流发展方向的"第三方物流"企业更是凤毛麟角。那么，到底是哪些因素制约了我国物流管理水平的提高呢？主要源于以下四大因素。

1．观念障碍

在我国大多数物流企业中，绝大多数的员工，包括中高层管理人员，对现代物流理论还不太了解或了解很少，对增值服务和全程物流服务及物流供应链管理等先进的物流管理、运作思想和方法了解很少，满足于提供分割的、单一的功能服务。因而我国大多数物流企业提供的物流服务仅仅集中在某个物流环节的具体功能性的服务上，没有或不能提供多个或整个物流环节的服务。反观一些已经进入我国的国际物流企业，如 UPS、FedEx、德国邮政等，它们作为专业化的"第三方物流"供应商进入物流领域，能够为客户提供涉及全球的配送、多式联运、物品快递和综合物流解决方案等服务。中外物流企业之间的差距是显而易见的，加快物流观念的转变已迫在眉睫。

2．人才障碍

据美国奥尔良大学对全美物流职业情况的调查报告显示：在被调查的物流业管理者中，92%具有学士学位，41%具有硕士学位，22%具有从业资格证书。可见，美国物流从业人员的整体素质较高。但在国内，我国的物流专业人才却相当缺乏，人才缺乏已成为制约我国物流管理水平提高的瓶颈。物流专业人才缺乏，人才总量严重不足；物流中高级人才，如物流经理更是奇缺。据资料统计，在我国物流行业中，具有中专以上学历的人才仅占该行业人数总数的7.5%，这一水平大大低于其他行业，而且其中还有相当一部分人出现知识老化等现象。据北京一家专门为外资企业服务的猎头公司介绍，目前外资企业需要的物流经理人才日益增多，但北京人才市场中符合要求的物流人才却严重缺乏。在缺乏物流人才的情况下，各企业只能靠经理来运作物流，或一味仿效他人，使物流服务老套成规，不具有新颖性，因而缺乏活力与竞争力。

3．物流企业自身障碍

在目前我国的物流企业中，有很大一部分由过去的国有运输企业发展而成的。这些物流企业往往容易受到传统意识理念的影响，集约化的管理优势无法得以充分的发挥，规模管理和规模效益往往不能很好地实现。物流管理体制存在问题。从当前的实际情况来看，很多时候政府内部各个部门对于我国物流行业的发展并不是非常关注，对于物流管理也不重视，各个部门之间很少进行沟通和交流，这样的多头管理机制往往会在很大程度上限制物流行业的发展。

4．相关法律障碍

我国目前所颁布出台的与物流行业相关的一些政策法规，从总体上来说基本都是区域性的，也就是说我国现阶段还缺少一部全国统一的针对物流的法律。而且电子商务物流也不具有一个规范化的技术标准。

1.6　电子商务物流管理概况

1．电子商务物流管理的概念

电子商务物流管理是指在社会再生产过程中，根据物质资料实体流动的规律，应用管理的基本原理和科学方法，对电子商务物流活动进行计划、组织、指挥、协调、控制和决策，使各项物流活动实现最佳的协调与配合，以降低物流成本，提高物流效率和经济效益。简言之，电子商务物流管理就是研究并应用电子商务物流活动规律对物流全过程、各环节、各方面进行的管理。

2．电子商务物流管理的主要内容

（1）电子商务物流战略管理。物流战略管理是为了达到某个目标，物流企业或职能部门在特定的时期和特定的市场范围内，根据企业的组织结构，利用某种方式，向某个方向发展的全过程管理。物流战略管理具有全局性、整体性、战略性、系统性的特点。

（2）电子商务物流业务管理。电子商务物流业务涵盖物流的运输、仓储保管、装卸搬运、包装、协同配送、流通加工、物流信息等基本过程，其对应的管理也涉及这些方面。

（3）电子商务物流企业管理。电子商务物流企业管理的内容主要有合同管理、设备管理、风险管理、人力资源管理和质量管理等。

（4）电子商务物流经济管理。电子商务物流经济管理主要涉及物流成本费用管理、物流投资融资管理、物流财务分析及物流经济活动分析。

（5）电子商务物流管理现代化。电子商务物流管理现代化主要是物流管理思想和管理理论的更新、先进物流技术的发明和采用，主要体现为管理组织、管理方法、管理手段及管理人员的现代化。

3．电子商务物流管理的职能

电子商务物流管理和任何管理活动一样，其职能包括组织、计划、协调、指挥、激励、控制和决策。

（1）组织职能。主要工作内容有：确定物流系统的机构设置、劳动分工和定额定员；配合有关部门进行物流的空间组办、时间组织的设计；对电子商务中的各项职能进行合理分工，各个环节的职能进行专业化协调。

（2）计划职能。主要是编制和执行年度物流的供给和需求计划；月度供应作业计划；物流各环节的具体作业计划，如运输、仓储等；物流营运相关的经济财务计划等。

（3）协调职能。这对电子商务物流尤其重要，除物流业务运作本身的协调功能外，更需要进行物流与商流、资金流、信息流之间的协调，才能保证电子商务用户 5R 的服务要求。

（4）指挥职能。物流过程是物资从原材料供应到最终消费者的一体化过程，指挥就是物流供应管理的基本保证，它涉及物流管理部门直接指挥下属机构和直接控制的物流对象，如产成品、在制品、待售和售后产品、待运和在运货物等。

（5）控制职能。由于电子商务涉及面广，其物流活动参与人员众多、波动大，所以，物流管理的标准化、标准的执行与督查以及偏差的发现与矫正等控制职能应具有广泛性和随机性。

（6）激励职能。主要是物流系统内职员的挑选与培训、绩效的考核与评估、工作报酬与福利、激励与约束机制的设计。

（7）决策职能。物流管理的决策更多与物流技术挂钩，如库存合理定额的决策以及采购量和采购时间决策。

4．电子商务物流管理的特点

电子商务时代的来临，使物流具备了一系列新特点。

（1）信息化。电子商务时代，物流信息化是电子商务的必然要求。物流信息化表现为物流信息的商品化、物流信息收集的数据库化和代码化、物流信息处理的电子化和计算机化、物流信息传递的标准化和实时化、物流信息存储的数字化等。因此，条码技术（Bar Code）、数据库技术（Database）、电子订货系统（Electronic Ordering System，EOS）、电子数据交换（Electronic Data Interchange，EDI）、快速反应（Quick Response，QR）及有效的客户反应（Effective Customer Response，ECR）、企业资源计划（Enterprise Resource Planning，ERP）等先进技术与管理策略在我国的物流中将会得到普遍的应用。

（2）自动化。自动化的基础是信息化，自动化的核心是机电一体化，自动化的外在表现是无人化，自动化的效果是省力化，另外还可以扩大物流作业能力、提高生产力、减少物流作业的差错等。物流自动化的设施非常多，如条码/语音/射频自动识别系统、自动分拣系统、自动存取系统、自动导向车、货物自动跟踪系统等。这些设施在发达国家已普遍用于物流作业流程中，而在我国由于物流业起步晚，发展水平低，自动化技术的普及还需要相当长的时间。

（3）网络化。物流领域的网络化有两层含义：一层是物流配送系统的计算机通信网络，包括物流配送中心与供应商或制造商的联系要通过计算机网络，另外，与下游顾客之间的联系也要通过计算机网络通信，例如，物流配送中心向供应商提出订单这个过程，就可以使用计算机通信方式，借助于增值网（Value-Added Network，VAN）上的电子订货系统和电子数据交换技术来自动实现，物流配送中心通过计算机网络收集下游客户的订货的过程也可以自动完成；另一层是组织的网络化，即所谓的组织内部网（Intranet）。例如，我国台湾的计算机业在 20 世纪 90 年代创造出了"全球运筹式产销模式"，这种模式基本是按照客户订单组织生产，生产采取分散形式，即将全世界的计算机资源都利用起来，采取外包的形式将一台计算机的所有零部件、元器件、芯片外包给世界各地的制造商去生产，然后通过全球的物流网络将这些零部件、元器件和芯片发往同一个物流配送中心进行组装，由该物流配送中心将组装的计算机迅速发给订户。可见，物流的网络化成为电子商务下物流活动的主要特征。

（4）智能化。这是物流自动化、信息化的一种高层次应用，物流作业过程大量的运筹和决策，如库存水平的确定、运输（搬运）路径的选择、自动导向车的运行轨迹和作业控制、自动分拣机的运行、物流配送中心经营管理的决策支持等问题都需要借助于大量的知识才能解决。在物流自动化的进程中，物流智能化是不可回避的技术难题。好在专家系统、机器人等相关技术在国际上已经有比较成熟的研究成果。为了提高物流现代化的水平，物流的智能化已成为电子商务下物流发展的一个新趋势。

（5）柔性化。柔性化本来是为实现"以顾客为中心"理念而在生产领域提出的，但要真正做到柔性化，即真正地能根据消费者需求的变化来灵活调节生产工艺，没有配套的柔性化的物流系统是不可能达到目的的。20 世纪 90 年代，国际生产领域纷纷推出弹性制造系统（Flexible Manufacturing System，FMS）、计算机集成制造系统（Computer Integrated Manufacturing System，CIMS）、制造资源系统（Manufacturing Requirement Planning，MRP-Ⅱ）、企业资源计划以及供应链管理的概念和技术，这些概念和技术的实质是要将生产、流通进行集成，根据需求端的需求组织生产，安排物流活动。因此，柔性化的物流正是适应生产、流通与消费的需求而发展起来的一种新型物流模式。这就要求物流配送中心要根据消费需求"多品种、小批量、多批次、短周期"的特色，灵活组织和实施物流作业。

另外，物流设施、商品包装的标准化，物流的社会化、共同化也都是电子商务物流模式的新特点。

1.7　电子商务环境下现代物流的发展趋势

1．信息化的发展趋势

计算机信息化、互联网技术以及网络技术的发展，必然会带动物流管理朝着信息化的方向发展，这也是电子商务自身发展对于物流管理提出的实际要求。

2．网络化的发展趋势

一方面是企业物流配送通信网络化，在这个网络之中通常有物流企业和供应商的网络以及物流企业与客户的网络；另一方面应该是物流企业组织的网络化发展。

3．智能化和柔性化

物流管理的智能化发展应该说是它在信息化以后的一种更高水平的发展方向，同时物流管理的柔性化逐渐成为了其最新的发展趋势。

物流企业配送中心必须要结合当前消费者的客观需求以及市场的实际情况来对物流作业进行合理的布置。另外，物流设备的标准化和物流包装的规范化也是物流管理未来的主要发展趋势之一。

1.8　本章小结

本章首先介绍了现代物流概念、作用以及特征。接着，我们介绍了电子商务与物流的关系。最后我们介绍了电子商务物流管理的概念、职能、内容与特点，从中我们掌握电子商务物流管理是研究并应用电子商务物流活动规律对物流全过程、各环节、各方面的管理；并从电子商务物流组织管理、业务管理、人力资源管理、质量管理等方面来介绍电子商务物流管理的基本内容。

1.9　复习思考题

1. 现代物流的概念是什么？它的作用有哪些？
2. 电子商务对物流的影响有哪些？
3. 物流对电子商务的影响有哪些？
4. 电子商务物流管理的职能、内容与特点有哪些？

1.10　本章实训

主题：居民购买商品的物流活动对城市交通的影响。

目的：学生应该了解购买商品的物流活动对交通运输的影响。为了完成这项作业，学生需要进行实地调查，了解居民购买主要商品的时所使用的交通工具和购买这些商品的频率，并对有关数据进行分析，了解在我国购买商品时的物流活动对交通产生的影响作用。

实训流程：

（1）了解调研目的。

（2）收集有关商品购买交通方式与购买频率的资料。

（3）分析购买的物流活动对交通造成的影响。

（4）完成对作业的评估。

具体任务：

（1）确定研究方向。

（2）设定研究动机与目的。

（3）分组。

（4）设计调查问卷与抽样方法，以一般居民为调查对象，每个同学负责调查两户人家。

（5）实地访谈。

（6）问卷回收整理。

（7）资料分析与解释。

（8）完成报告（报告不准超过一页，有关资料可放入附件）。

（9）小组陈述。

第 2 章
电子商务下的现代
物流模式

电子商务作为 21 世纪最具竞争力的商务形式，对经济发展发挥着越来越重要的促进作用。随着电子商务的迅猛发展，物流在电子商务发展中所起的作用越来越大。物流作为一种先进的组织方式和管理技术，是企业降低生产经营成本、提高产品竞争力的重要手段。没有一个高效、合理、畅通的物流系统，电子商务所具有的优势就很难得到有效的发挥，电子商务就难以得到有效的发展。电子商务环境下我国企业应该选择何种物流模式才能不断适应经济发展的需要，在激烈的市场竞争中保持竞争优势和强劲的发展势头，是每一个企业都需要认真解决的问题。

2.1 企业自营物流

案例展示：京东商城自营物流模式

2008 年年底，在获得 2 100 万美元融资后，京东商城董事局主席兼 CEO 刘强东就表示，该笔融资中的 70%将用于物流配送环节的改善。根据战略规划，京东商城配送站网络将逐步覆盖至全国 200 座城市，并全部由自建快递公司提供物流配送服务。

2007 年，刘强东不顾投资人和高管的反对，决意自营物流。这是京东历史上最重要的一个战略决策，现在，人们谈及京东的核心竞争力，都会说是物流。

2013 年，京东商城在购车上花费 1 亿元，现在拥有 1 500 辆 7.6 米长及 9.6 米长的斯塔尼亚和奔驰全封闭厢式货车。

截至 2014 年 2 月，京东商城在 34 个城市拥有 82 个仓库，总建筑面积为 130 万平方米，在 476 个城市设置 1 485 个配送站以及 212 个自提点。京东在 40 个城市实现"下单当日投递"，在 248 个城市实现"下单次日投递"。京东商城 28 000 多名仓储员、配送员支撑起京东商城的物流网络。这个庞大物流体系的背后，是对物流节节攀升的投资，据京东商城招股书数据显示，2009 年到 2013 年分别是人民币 1.44 亿元、4.77 亿元、15.15 亿元、30.61 亿元、41 亿元。京东商城自营物流体系流程如图 2.1 所示。

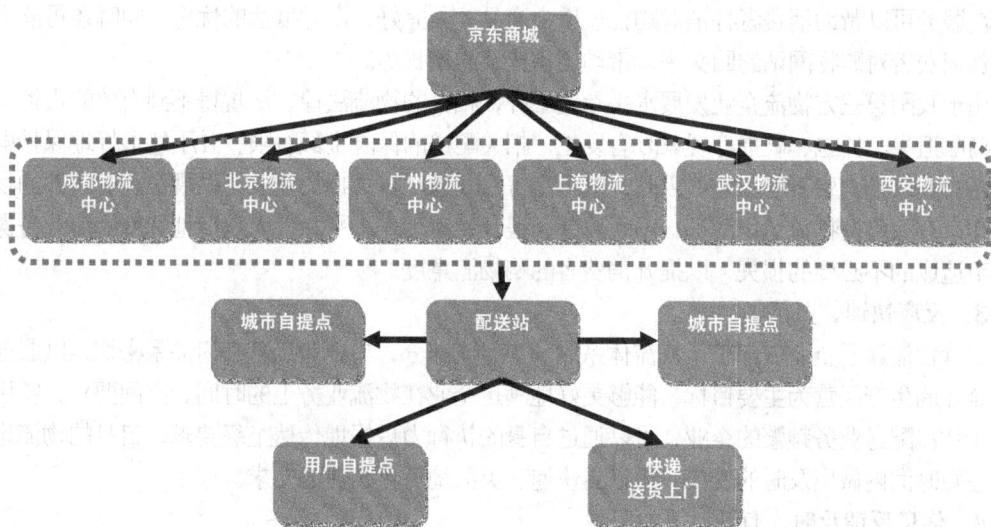

图 2.1 京东商城自营物流体系

京东这种自营物流模式并不是适合所有的企业来开展，因为自营物流要求企业要有一定的资金实力，而且业务规模较大。而采取自营物流的模式的主要原因就是，现在国内的电子商务物流企业在物流服务需求上有很大的不同，京东商城宣扬的是快递的迅速、对顾客的礼貌。这些他们都很看重，这也正体现了"以客户为中心"的销售理念。如果物流不能自己控制，将会出现快递业务员的不准时、不礼貌等现象，致使客户对京东商城的印象大打折扣，这些问题也迫使京东商城开展自己的物流系统。

2.1.1 企业自营物流的内涵

自营物流模式是指电子商务企业为了更好地实现企业目标，而选择进行建设物流的运输工具、储存仓库等基础硬件的投资，并对整个企业内的物流运作进行计划、组织、协调、控制管理的一种模式。

企业自身组织物流配送，能够掌握交易的最后环节，有利于企业掌握对客户的控制权，有利于控制交易时间。自营物流企业直接支配物流资产，控制物流职能，保证供货的准确与及时，保证顾客的服务质量，维护了企业和顾客的长期关系。特别是在本地的配送上，电子商务企业自己的配送队伍可以减少向其他配送公司下达配送手续，在网上接到订单后立即进行配送，减少了配送的环节，保证最短的配送时间，满足消费者"即购即得"的购物心理。

2.1.2 企业自营物流的优势

1．增强企业对各个经营环节的控制能力

企业自营物流，对于企业内部的采购和销售环节，企业自己掌握着最详尽的资料，有利于控制交易时间，对于企业外部市场的情况与特点也能更全面地了解，比如对物流过程中出现的问题能以较快的速度解决，能获得供应商和最终消费者的第一手信息，能随时调整自己的经营战略，从而保证企业能高效、高质地运作。

2．规范物流操作

物流作为电子商务的最后一个环节，物流的服务水平直接影响着消费者的购物体验，良好

的物流服务可以帮助消费者打消对购物过程中商品能否完好、准时抵达的忧虑，同时还可能因此增加消费者对购物网站的回头率、带动销售业绩的增长等。

由于我国第三方物流企业发展水平参差不齐，相关的物流法律、法规得不到有效的贯彻执行，商品遗失、掉包、破损等现象时有发生，相关配送的保险金额有限，并不能很好地保护电子商务企业以及消费者的利益。因此，电子商务企业通过自营物流企业可以规范企业内部的物流操作，有效监控物流运作活动，不断改善、提升物流运作水平，最大限度地降低物流业务操作环节造成的不必要的损失，以提升消费者的购物满意度。

3．反应快速、灵活

自营物流属于企业内部整个物流体系的一个组成部分，与企业经营部门关系密切，以服务于本企业的生产经营为主要目标，能够更好地满足企业在物流业务上的时间、空间要求，特别是对于物流配送业务频繁的企业，可以通过自身的执行力更好地传达上级要求，自身的物流也可以在短时间内做出及时的反应，可以更快速、灵活地满足企业的要求。

4．信息反馈及时、有效

由于物流系统属于企业内部运作系统的一部分，可以与企业的其他系统的信息设备进行有效对接，在同样的信息系统下，物流系统可以与其他功能系统实现无缝连接，企业内部各部门都可以及时、有效地掌握商品的全部物流过程中信息状态、运作状态，从而实现企业内部的良性运转。

5．可以使企业品牌价值得到提高

自营物流使企业掌握营销活动的自主权，还能及时掌握顾客信息和市场信息。既能亲自为顾客服务，拉近与顾客的距离，又能根据顾客需求和市场变化及时调整战略。

6．可以增强企业的保密性

引进外部物流会使内部物流与之交叉过多而易造成电子商务企业机密的外泄。而自营物流则能更好地保证信息安全。

2.1.3　企业自营物流的劣势

（1）增加了企业投资负担，削弱了企业抵御市场风险的能力。企业为了实施自营物流，就必须投入大量的资金用于仓存设备、运输设备以及相关的人力资本，这必然会减少企业对其他环节的投入，削弱企业的市场竞争能力。

（2）企业配送效率低下，管理难于控制。对于绝大多数企业而言，物流部门只是企业的一个后勤部门，物流活动也并非为企业所擅长。在这种情况下，企业自营物流就等于迫使企业从事不擅长的业务活动，企业的管理人员往往需要花费过多的时间、人力和资源去从事辅助性的工作，结果是辅助性的工作没有抓起来，关键性业务也无法发挥出核心作用。

（3）规模有限，物流配送的专业化程度非常低，成本较高。

（4）无法进行准确的效益评估。由于许多自营物流的企业采用内部各职能部门彼此独立地完成各自的物流，没有将物流分离出来进行独立核算，因此企业无法计算出准确的产品的物流成本，无法进行准确的效益评估。

2.2 第三方物流

案例展示：光明乳业携手第三方物流建立全国物流配送系统

乳制品的仓储与配送属于冷链物流，特点是保鲜度要求高，特别是新鲜牛奶，保质期短、温度控制严格、即产即配、配送时间要求高（有限制）、配送线路和配送点多、配送总量大等，因此对物流系统的实时性和处理能力有很高的要求，如新鲜牛奶当日生产当日配送等。

光明乳业要完成自己的发展规划，需要一个系统高效率的物流体系支撑，光明乳业与上海领鲜物流有限公司合作。成立于 2003 年的上海领鲜物流有限公司是一家具有雄厚实力的新型第三方物流企业，其管理母体为光明乳业股份有限公司下属的物流事业部。通过供应链及物流系统将光明乳业与上海领鲜物流有限公司进行有效对接，系统稳定，数据正确，系统能够对仓储配送进行精细的管理，该系统快速、准确地为光明乳业各部门的业务管理提供了有效的汇总数据和分析数据，大大提高了各部门的管理效率，提高了物流配送效率。光明乳业与上海领鲜物流有限公司的供应链如图 2.2 所示。

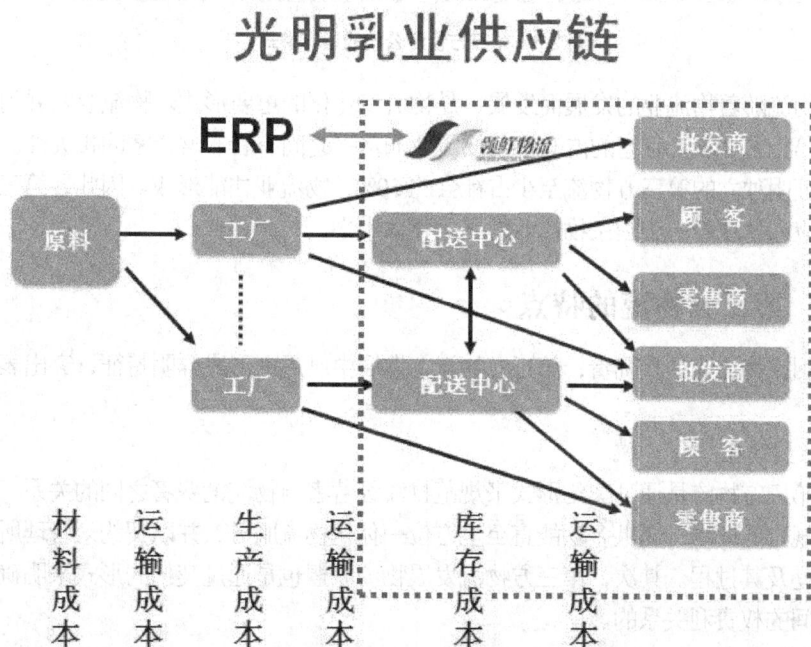

图 2.2 光明乳业供应链

目前，领鲜物流已同光明乳业、梅林正广和便利连锁有限公司、良友金伴便利连锁有限公司、上海旭洋绿色食品有限公司、南京雨润食品有限公司、万威客食品有限公司上海分公司、上海避风塘食品有限公司、上海海烟物流发展有限公司等多种业态客户都建立了良好的合作关系，客户群还在快速增长，期望与所有食品类企业建立合作关系，共享双赢。

良好的物流基础设施、优秀的运营管理人员、高效的运作效率和丰富的食品物流经验，为领鲜物流与更多客户的合作打下坚实基础。为大众提供安全和高质量的食品冷链，是领鲜与上下游食品供应商共同的社会责任。

2.2.1 第三方物流的内涵

第三方物流（Third Party Logistics，3PL）是指由物流劳务的供方、需方之外的第三方去完成物流服务的物流运作方式。第三方就是指提供物流交易双方的部分或全部物流功能的外部服务提供者。第三方物流提供的物流服务一般包括运输、仓储管理、配送、报关等，在此过程中第三方物流即非生产方，又非销售方，而是在从生产到销售的整个物流过程中进行服务的第三方，它一般不拥有商品，而只是为客户提供物流服务。第三方物流公司的运作模式如图 2.3 所示。

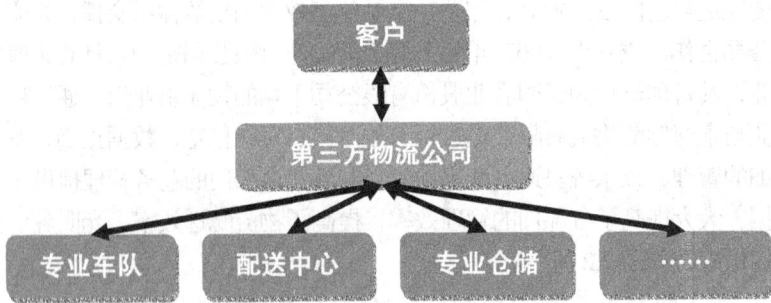

图 2.3　第三方物流公司的运作模式

第三方物流随着物流业的发展而发展，是物流专业化的重要形式。物流业发展到一定阶段必然会出现第三方物流，且它的占有率与物流业的水平之间有着非常紧密的相关性。西方的物流实证分析证明独立的第三方物流至少占社会的 50%，物流业才能形成。因此，第三方物流的发展程度反应和体现着一个国家物流业发展的整体水平。

2.2.2 第三方物流的特点

从发达国家物流业的状况看，第三方物流在发展中已逐渐形成鲜明特征，突出表现在以下 5 个方面。

1．关系契约化

首先，第三方物流是通过契约形式来规范物流经营者与物流消费者之间的关系。物流经营者根据契约规定的要求，提供多功能直至全方位一体化物流服务，并以契约来管理所有提供的物流服务活动及其过程。其次，第三方物流发展物流联盟也是通过契约的形式来明确各物流联盟参加者之间的权责利关系的。

2．服务个性化

首先，不同的物流消费者存在不同的物流服务要求，第三方物流需要根据不同物流消费者在企业形象、业务流程、产品特征、顾客需求特征、竞争需要等方面的不同要求，提供针对性强的个性化物流服务和增值服务。其次，从事第三方物流的物流经营者也因市场竞争、物流资源、物流能力的影响需要形成核心业务，不断强化所提供物流服务的个性化和特色化，以增强物流市场竞争能力。

3．功能专业化

第三方物流所提供的是专业的物流服务。从物流设计、物流操作过程、物流技术工具、物流设施到物流管理必须体现专门化和专业水平，这既是物流消费者的需要，也是第三方物流自身发展的基本要求。

4．管理系统化

第三方物流应具有系统的物流功能，是第三方物流产生和发展的基本要求，第三方物流需要建立现代管理系统才能满足运行和发展的基本要求。

5．信息网络化

信息技术是第三方物流发展的基础。物流服务过程中，信息技术发展实现了信息实时共享，促进了物流管理的科学化，极大地提高了物流效率和物流效益。

2.2.3　第三方物流的优势

较之传统的物流供应商，第三方物流作为一种战略联盟，对所服务的对象企业（开展电子商务的企业）而言，具有突出的战略优势，主要表现如下。

1．使客户企业集中于核心能力

第三方物流模式的好处在于，对电子商务运营商来说，可以把精力集中在电子商务平台的建立和完善，加大专业业务的深度；对专业物流企业来说，既可以拓展服务范围，又可以借以提高自身的信息化程度。两者都在自己熟悉的业务范围内工作，对成本的降低和盈利的提高有较高的确定性。而第三方物流，凭借其物流专长，正好为其所服务的对象企业提供了一种充分利用外部资源处理非核心业务（物流管理），集中精力于其最擅长领域的机会。换言之，对于物流不是其核心竞争力所在的企业，物流问题最好外包由第三方物流来解决。

2．为客户企业提供技术支持或解决方案

随着技术进步和需求的变化，供应商或零售商有着越来越高的物流配送与信息技术方面的要求。如需要使用特殊的软件来设计一个把商品发送给客户的优化顺序和路线；或者需要一种公共的电子信息交换平台来实现信息共享。一般的物流企业很难满足这些要求。而第三方物流供应商由于具备丰富的专业知识、深谙物流中存在的各种问题，把物流作为自己的核心业务，投入 100%的力量进行物流领域的技术创新，从而能够以一种更快速、更具成本有效性的方式满足用户对新技术的需求。

3．为客户提供灵活性增值服务

第三方物流提供各类物流增值服务，满足客户在诸如地理分布或个性化服务等方面的灵活性要求。

4．节省物流费用，减少库存

专业的第三方物流服务提供者利用规模优势、专业优势和成本优势，通过提高各环节的利用率节省费用，使客户企业能从费用结构中获益。第三方物流服务提供者还借助于精心策划的物流计划和适时配送等手段，最大限度地盘活库存，改善企业的现金流量。

5．提升客户企业形象

第三方物流企业的利润并非仅源自于运费、仓储费等直接收入，还来源于与客户企业共同在物流领域创造的新价值。所以，第三方物流与客户企业的关系不是竞争对手而是战略伙伴。为实现"双赢"的结果，第三方物流企业会处处为客户企业着想，例如，通过全球性的信息网络使客户企业的供应链管理完全透明化，企业可随时了解供应链的情况；极大地缩短交货期，以利于企业改进服务，树立自己的品牌形象；通过"量体裁衣"式的设计，制定出以顾客为导向、低成本高效率的物流方案，为企业在竞争中取胜创造有利条件等。

正因为第三方物流有上述的诸多优点，其在国际范围内得到了蓬勃的发展，其市场发展潜力极大，它的突出优势和特点使它成为适合电子商务的物流模式。

2.3 第四方物流

案例展示：德邦青岛转运中心物流优化项目

德邦物流青岛配送中心面积约 1 万平方米，负责青岛市及周边地区的物流业务。德邦物流青岛配送中心是德邦物流运用现代化自动设备的试点，由于实际运行过程中存在诸多瓶颈，导致转运中心的吞吐能力无法提高。法布劳格公司作为专业的咨询公司受德邦委托对其青岛转运中心进行全面的优化设计，选择现代化的物流分拣设备、制定合理的操作流程，充分提升库房的运作能力和运作水平，为未来德邦的转运中心建设、规划、发展提供指引和依据。

在分析过程中，法布劳格公司仔细测算了卸车、缓存、分拣、装车 4 个环节的操作能力，根据木桶理论找出了 4 个环节中的最短板存在于卸车和装车环节，由于货物不使用托盘装载，装车以及卸车都需要很长时间进行操作。进一步对装卸车曲线进行分析后，法布劳格公司发现，在货量的高峰月份，卸车的峰值时间段卸货能力提高很多，而装车能力却没有随之提高，导致货物积压，库房面积不足，装卸车的无序导致整体周转能力无法提高。

面对这种情况，法布劳格公司提出在国外广泛应用的装卸车时间窗理念来解决青岛外场装卸无序化的状态，同时针对装卸车时间太长的情况有针对性地对部分货物采用笼车进行装卸，以加快装卸效率，提升装卸车道口的吞吐能力。

通过这两步优化，德邦物流青岛配送中心的吞吐能力将比现在的最大能力提高 50%以上，客户非常认同法布劳格公司的设计方案，并委托法布劳格公司进行下一步的细节设计，以使两个理念可以真正落地实施。

德邦物流本身是一家物流公司，但在遇到青岛配送中心的吞吐能力无法提高时，同样需要请法布劳格公司来进行全面的优化设计，法布劳格公司通过一些调研和诊断，找出关键问题所在，并给出了最优的解决方案，以此提高了青岛配送中心的吞吐能力。而为德邦物流提供问题解决方案的法布劳格公司，称之为第四方物流。

2.3.1 第四方物流的内涵

第四方物流（Fourth Party Logistics）是 1998 年美国埃森哲咨询公司率先提出的，这类企业专门为第一方、第二方和第三方提供物流规划、咨询、物流信息系统、供应链管理等活动。第四方并不实际承担具体的物流运作活动。第四方物流是一个供应链的集成商，一般情况下，政府为促进地区物流产业发展领头搭建第四方物流平台提供共享及发布信息服务，是供需双方及第三方物流的领导力量。它不是物流的利益方，而是通过拥有的信息技术、整合能力以及其他资源提供一套完整的供应链解决方案，以此获取一定的利润。它帮助企业实现降低成本和有效整合资源，并且依靠优秀的第三方物流供应商、技术供应商、管理咨询以及其他增值服务商，为客户提供独特和广泛的供应链解决方案。

中国第四方物流发展较晚，2009 年 3 月以前，中国物流咨询公司在网络搜索中可见者寥寥，但在 2009 年 3 月以后，各种物流咨询公司如雨后春笋般涌现出来。出现这种状况的原因主要在于国家出台的十大产业振兴规划，其中物流产业振兴规划作为唯一的服务业规划被提上日程，随后，全国各地的物流园区规划和设计风起云涌，因此，各个物流咨询公司都有做物流园区规划的业务范围。

目前，国内的第四方物流公司，也被称为物流咨询公司的主要有埃森哲咨询、法布劳格咨询、亿博物流咨询、上海欧麟咨询、杭州通创咨询、青岛海尔咨询、大连智丰咨询、香港威裕咨询、大库咨询、时代连商、上海天瑞等。

案例展示：亿博物流咨询——打造中国物流咨询第一品牌

成都亿博物流咨询有限公司（简称亿博）是中国最为知名和专业的物流咨询公司之一，是亿博物流集团的下属子公司。亿博一直致力于物流领域的探索和实践，目前在电子商务、城市物流、物流设施、物流战略、供应链管理、物流产业等领域具有丰富的经验和精湛的技术，提供的业务咨询如图 2.4 所示。

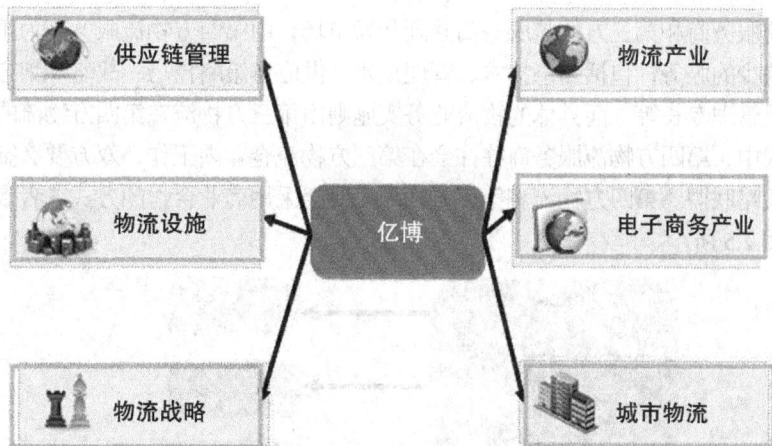

图 2.4　亿博物流咨询业务

亿博长期为政府及大中型企业提供咨询服务，已成功运作 300 多个大中型咨询项目，业务遍布全国各地，不仅取得了丰硕的理论研究成果，更取得了宝贵的实践应用成果，亿博在能源、钢铁、烟草、汽车、医药、服装、食品等行业积累了丰富的项目经验，具备坚实的供应链解决方案实施能力。

2.3.2　第四方物流的特点

第四方物流主要是在第三方物流的基础上，通过对物流资源、物流设施、物流技术的整合和管理，提出物流全过程的方案设计、实施办法和解决途径，为客户提供全面意义上的供应链解决方案。第四方物流主要有如下特点。

1．第四方物流是供应链的集成者、整合者和管理者

第四方物流有能力提供一整套完善的供应链解决方案，是集成管理咨询和第三方物流服务的集成商。

2．第四方物流通过对供应链产生影响来增加价值

第四方物流充分利用一批服务提供商的能力，包括第三方物流信息技术供应商、呼叫中心、电信增值服务等，提供全方位供应链解决方案来满足企业的复杂需求，它关注供应链的各个方面，在向客户提供持续更新和优化的技术方案的同时，又能满足客户的特殊需求。

3．第四方物流的解决方案共有四个层次——执行、实施、变革、再造

第四方物流发展的思路是：首先大力发展第三方物流，为第四方物流发展作为铺垫；加速电子商务与现代物流产业的融合，建立全国物流公共信息平台；转变政府职能，做好物流基础设施建设和产业服务，加快物流标准化建设。

由此可见，成为第四方物流企业需具备一定的条件，如能够制定供应链策略、设计业务流程再造、具备技术集成和人力资源管理的能力；如在集成供应链技术和外包能力方面处于领先地位，并具有较雄厚的专业人才；如能够管理多个不同的供应商并具有良好的管理和组织能力等。

2.3.3　第四方物流的运作模式

根据安盛咨询公司的报告，一般认为第四方物流的运作模式可以分为 3 种模式。

1．协同运作模式

第四方物流服务商和第三方物流服务商共同开发市场，由第四方物流服务商为第三方物流服务商提供其缺少的服务，包括信息技术、管理技术、供应链策略技巧、战略规划方案、进入市场能力和项目管理专长等，而具体的物流业务实施则由第三方物流在第四方物流的指导下来完成。这种模式中，第四方物流服务商往往会在第三方物流企业内工作，双方要么签有商业合同，要么结成战略联盟。第四方物流和第三方物流一般会采用商业合作的方式或者战略联盟的方式合作，如图 2.5 所示。

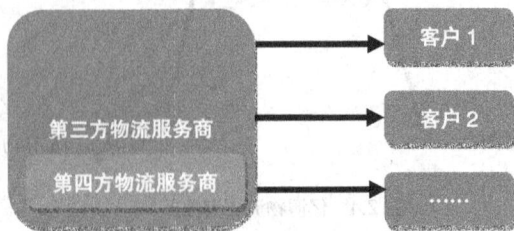

图 2.5　协同运作模式

这种方式中，以低资产和供应链管理为主的第四方物流服务商作为核心加入高资产的第三方物流公司，提供技术、供应链战略、专门项目管理等补充功能，为多个客户提供全面物流服务。如中远货运公司依托中远集运，在美国西海岸和上海之间为通用公司提供汽车零配件的集装箱陆运、海运、仓储、配送等一条龙服务。

2. 集成商运作模式

如图 2.6 所示，在方案集成模式下，第四方物流服务商为客户提供运作和管理整个供应链的解决方案。第四方物流对本身和第三方物流的资源、能力和技术进行综合管理，从而为客户提供全面、集成的供应链方案。第三方物流企业通过第四方物流服务商的方案为客户提供服务，第四方物流服务商作为一个枢纽，可以集成多个服务供应商的能力和客户的能力。第四方物流服务商以服务主要客户为龙头，带动其他成员企业的发展。执行该模式的好处是服务对象及范围明确集中，客户的商业和技术秘密比较安全。第四方物流服务商与客户的关系稳定、紧密而且具有长期性。但前提条件是客户的业务量要足够大，使参与的第三方物流服务商对所得到的收益较为满意，否则大多数服务商不会把全部资源集中在一个客户上。

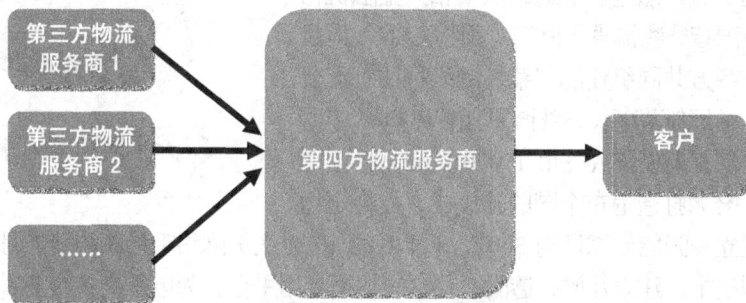

图 2.6　集成商运作模式

3. 行业创新者运作模式

如图 2.7 所示，这种模式是以第四方物流服务商为主导，联合第三方物流企业等其他服务商，提供运输、仓储、配送等全方位的高端服务，为多个行业开发和提供供应链解决方案，并以供应链整合和同步为重点，第四方物流服务商将第三方物流服务商加以集成，向下游的客户提供解决方案。

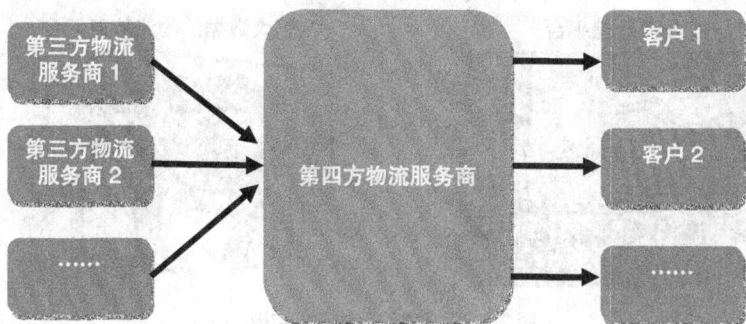

图 2.7　行业创新者运作模式

在这种模式中，第四方物流的责任非常重要，因为它是上游第三方物流服务商的集群和下游客户集群的纽带。这种方式会给整个行业带来最大的利益，第四方物流会通过卓越的运作策略、技术和供应链运作实施来提高整个行业的效率。如卡特彼勒物流公司起初只负责总公司的货物运输，现在还为很多其他行业提供供应链解决方案，类似的还有戴姆勒—克莱斯勒公司、标志公司、爱立信公司等。

总之，第四方物流无论是哪一种模式，都突破了单纯发展第三方物流的局限性，能真正地低成本运作，实现最大范围的资源整合。

2.4 物流联盟

案例展示：菜鸟物流——打造史上最强物流联盟

2013 年 5 月 28 日，阿里巴巴集团、银泰集团联合复星集团、富春集团、顺丰集团、三通一达（申通、圆通、中通、韵达）、宅急送、汇通，以及相关金融机构共同宣布，"中国智能物流骨干网"（简称 CSN）项目正式启动，合作各方共同组建的"菜鸟网络科技有限公司"正式成立。马云任董事长，沈国军任首席执行官。

菜鸟网络计划首期投资人民币 1 000 亿元，希望在 5~8 年的时间，努力打造遍布全国的开放式、社会化物流基础设施，建立一张能支撑日均 300 亿（年度约 10 万亿）网络零售额的智能骨干网络。利用先进的互联网技术，建立开放、透明、共享的数据应用平台，为电子商务企业、物流公司、仓储企业、第三方物流服务商、供应链服务商等各类企业提供优质服务，支持物流行业向高附加值领域发展和升级。最终促使建立社会化资源高效协同机制，提升中国社会化物流服务品质，打造中国未来商业基础设施。

菜鸟物流网主要由两部分组成，如图 2.8 所示。

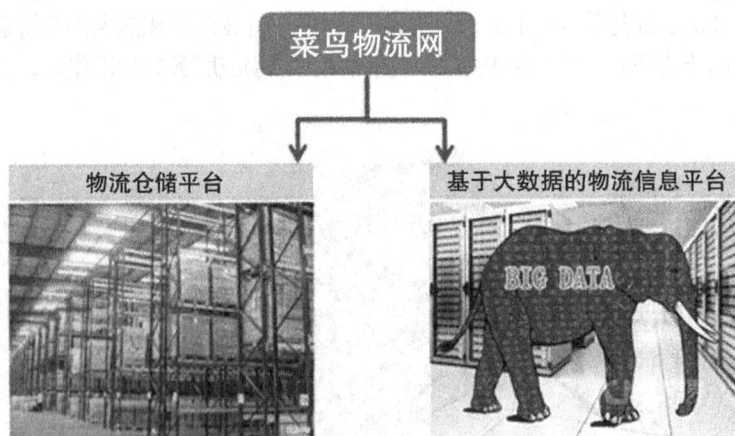

图 2.8 菜鸟物流网的组成结构

而对于菜鸟物流如何借助于大数据的物流信息平台进行物流活动，可以用一个例子来演示一下，具体如图 2.9 所示。

菜鸟更倾向的是：基于大数据的中转中心或调度中心、结算中心
☐将打通阿里内部系统与其他快递公司系统
☐通过转运中心，买家从不同卖家购买的商品包裹可合并，节省配送费用

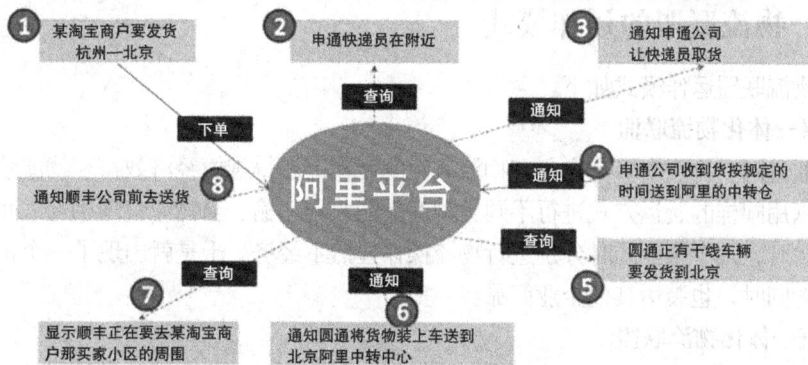

① 某淘宝商户要发货
杭州—北京

② 申通快递员在附近

③ 通知申通公司
让快递员取货

④ 申通公司收到货按规定的
时间送到阿里的中转仓

⑤ 圆通正有干线车辆
要发货到北京

⑥ 通知圆通将货物装上车送到
北京阿里中转中心

⑦ 显示顺丰正在要去某淘宝商
户那买家小区的周围

⑧ 通知顺丰公司前去送货

下单　查询　通知　通知　查询　通知　查询

阿里平台

图2.9　菜鸟物流运作示意图

　　菜鸟物流通过大数据的物流信息平台将多个物流公司进行了联盟，从而使物流活动效率达到最大化，它只是物流联盟的一种形式。

2.4.1　物流联盟的内涵

　　物流联盟是指两个或两个以上的经济组织为实现特定的物流目标而采取的长期联合与合作。其目的是实现联盟参与方的"共赢"。物流联盟具有相互依赖、核心专业化、强调合作的特点。物流联盟是一种介于自营和外包之间的物流模式，可以降低前两种模式的风险。物流联盟是为了达到比单独从事物流活动取得更好的效果，并在企业间形成的相互信任、共担风险、共享收益的物流伙伴关系。企业之间不完全采取导致自身利益最大化的行为，也不完全采取导致共同利益最大化的行为，只是在物流方面通过契约形成优势互补、要素双向或多向流动的中间组织。联盟是动态的，只要合同结束，双方又变成追求自身利益最大化的单独个体。

2.4.2　物流联盟的特点

物流企业联盟模式一般具有以下特征。

1．相互依赖

组成物流联盟的企业之间具有很强的依赖性，是以信息技术作为纽带联系起来的。这种依赖性来源于社会分工和核心业务的回归。

2．分工明晰

物流联盟的各个组成企业明确自身在整个物流联盟中的优势及担当的角色，内部的对抗和冲突减少，分工明晰，使供应商把注意力集中在提供客户指定的服务上。

3．核心专业化

核心专业化即日常作业表现为高度核心专业化。绝大多数物流服务的利益产生于规模经济，并极易受规模经济的影响。如果一个企业的核心能力涉及承担最基本的服务，那么，它就对那些需要该服务的厂商具有内在的吸引力。

4．强调合作

既然已经把核心专业化角色和合法势力企业融入渠道过程，那么，企业的物流功能理所当

然地定位于合作。单个企业的力量是有限的，而几个企业联合起来，就会降低风险，形成一个强大的力量，共进退，同荣辱，只有这样，才可能在激烈的市场竞争中立于不败之地。

2.4.3　物流联盟的运作模式

常见的物流联盟运作模式如下。

1．水平一体化物流联盟

该模式通过同一行业中多个企业在物流方面的合作而获得规模经济效益和物流效率。如不同的企业可以用同样的装运方式进行不同类型商品的共同运输。当物流范围相近，而某个时间内物流量较少时，几个企业同时分别进行物流操作显然不经济。于是就出现了一个企业在装运本企业商品的同时，也装运其他企业商品。

2．垂直一体化物流联盟

该模式要求企业将提供产品或运输服务等的供货商和用户纳入管理范围，要求企业从原材料到用户的每个过程实现对物流的管理；要求企业利用企业的自身条件建立和发展与供货商和用户的合作关系，形成联合力量，赢得竞争优势。

3．混合一体化物流联盟

该模式是水平一体化物流联盟和垂直一体化物流联盟的有机组合。市场竞争越来越激烈，物流外包或物流联盟是企业物流经营的大势。

2.5　绿色物流

案例展示：沃尔玛绿色物流管理

2005 年，沃尔玛公司总裁兼首席执行官 Lee Scott 在一次演讲中强调了沃尔玛 3 个雄心勃勃的目标，他宣称沃尔玛在不远的将来 100%使用可再生能源；创造零废物；只销售达到环保标准的产品。"环保360"项目是 2007 年 2 月 1 日的时候，由 Lee Scott 宣布的。Lee Scott 在演讲中表示："环保360"涉及全公司，无论是顾客、供货商、员工，还是货架上的商品，或所服务的小区。这不是一个独立的环保政策，它与以往的环境政策完全不同，沃尔玛一方面通过该计划节约了自身的营运成本，另一方面通过对供货商的持续改进降低了从供货商那里采购产品的费用，从而在总体上让环保政策为公司创造了利润。在具体的实施中，"环保360"主要体现了绿色供应链管理中的绿色采购、绿色制造、绿色营销、绿色物流以及逆向物流专题技术。"环保360"具体改革项目如表 2.1 所示。

表 2.1 沃尔玛"环保 360"绿色供应链

项目名称	组成要素	具 体 内 容
环保 360——绿色供应链管理	绿色采购	沃尔玛设置了全球采购道德标准部,在供货商中推行的是"环保平衡记分卡",通过可以量化的指标来衡量供货商的环保资质并对其进行辅导和改善
	绿色制造	沃尔玛在绿色包装环节操作中坚持"5个R",即 Remove(去掉不需要的包装)、Reduce(去掉不必要的包装)、Reuse(重复利用一些包装材料)、Renewable(采用可回收利用、可降解的包装材料)及 Recycable(可循环利用)
	绿色营销	"沃尔玛中国"在全国沃尔玛购物广场针对节能环保商品推出系列促销活动,为消费者提供优质、低价的绿色商品;分销系统效率高——建立了目前的计算机与卫星互动式通信系统
	绿色物流	沃尔玛在物流方面规定凡是冷藏货运卡车在仓库、码头和堆场进行装卸货或者其他作业期间,必须停止发动机,改用现场电源帮助制冷,以及建立了环保高效的配送中心,阳光墙、屋顶自然光采集等
	逆向物流	沃尔玛商场还为顾客提供了易拉罐、纸板的有偿回收服务,鼓励消费者实现资源再利用。目前,垃圾总量的 40%以上都能得到有效的回收利用

2.5.1 绿色物流的内涵

绿色物流是指以减少物流活动造成的环境污染和降低资源消耗为目标,利用先进物流技术,规划和实施运输、储存、包装、装卸、流通加工等的物流活动。绿色物流的行为主体主要是专业物流企业,同时也涉及有关生产企业和消费者。绿色物流是可持续发展的一个重要环节,它与绿色制造、绿色消费共同构成了一个节约资源、保护环境的绿色经济循环系统。

绿色物流是一个多层次的概念,微观上指企业的绿色物流活动,宏观上指社会对绿色物流活动的管理、规范和调控;按照绿色物流活动的内容来分,它既包括各项的绿色物流作业(如绿色运输、绿色包装、绿色流通加工等),也包括实现废弃物循环利用的逆向物流。

2.5.2 绿色物流的特点

除了具有一般物流的特点外,绿色物流还具有一般物流所不具备的特点:多重目标性、跨时域性和跨地域性。

1.多重目标性

绿色物流的多重目标性是指企业的物流活动既要以可持续发展的战略目标为指导,还要注重物流活动保护生态环境和节约资源,注重经济发展与生态环境的协调一致,追求企业经济效益、社会效益、生态环境效益和消费者利益多个目标的统一。

2.跨时域性和跨地域性

跨时域特性是从产品生命周期的角度来说的,指绿色物流的各项功能贯穿于整个产品生命周期，包括从原材料的采购、企业内部物流、企业外部物流，直至产品报废和回收再用的逆向物流。跨地域特性包括两个方面的含义：一是指物流活动的范围随着经济的全球化和信息化而不断拓展和扩大，呈现出跨地区、跨国界的发展趋势；二是指的供应链上下游企业，绿色物流的实现和发展需要供应链上所有企业的参与和配合。

2.5.3 绿色物流的运作模式

绿色物流模式可分为两种：基于产品生命周期的企业绿色物流运作模式和基于供应链的循环物流系统运作模式。

1．基于产品生命周期的企业绿色物流运作模式

该模式下企业既要在宏观上把握物流绿色化的策略和途径，还要在微观上从物流活动的各个环节入手，实现采购、产品制造、分销、回收再用等环节的绿色化，即从产品整个生命周期来保证绿色物流的实现。具体运作模式如图 2.10 所示。

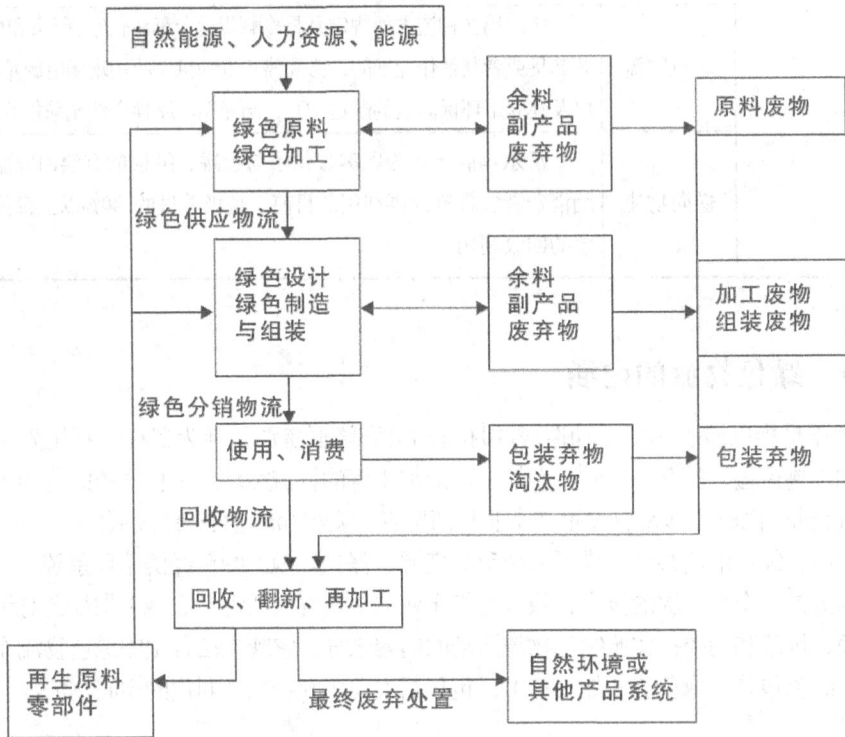

图 2.10　基于产品生命周期的企业绿色物流运作模式

2．基于供应链的循环物流系统运作模式

基于循环经济的绿色物流模式是对传统正向物流模式的补充和完善，在继续发展正向物流即"采购—制造—分销"的基础上，还注重发展逆向物流，加强废弃物回收和再生资源循环利用，将正、逆向物流有机结合起来，形成循环绿色物流模式，即"绿色采购—绿色生产—绿色消费—绿色回收—绿色再生产"。这一循环过程包括原材料副产品的再循环、包装物的再循环、废弃物和资源垃圾的回收再用和再资源化等。对于另一类物流派生物如废气、最终废物、噪声等，则直接流向了自然环境。具体运作模式如图 2.11 所示。

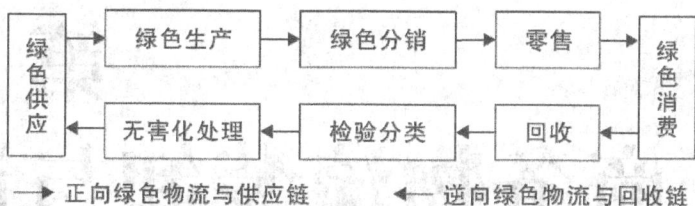

图 2.11　基于供应链的循环物流系统运作模式

2.6　本章小结

本章分别对企业自营物流、第三方物流、第四方物流、物流联盟、绿色物流的内涵、特点、优势、运作模式进行了详细介绍，使读者了解电子商务下的各类物流模式，以及掌握企业在开展物流活动时，选择哪类物流模式可以达到物流效率最高。

2.7　复习思考题

1. 企业自营物流的内涵是什么？它需要具备哪些条件？
2. 物流联盟的运作方式有哪些？
3. 绿色物流的内涵是什么？它具备哪些特点？

2.8　本章实训

主题：企业现代物流模式选择。

目的：为了更好地认识现代物流模式，要求学生对当地生产型企业进行调研，了解企业选择的物流模式，重点了解企业在物流模式选择过程中考虑了哪些因素，为什么会选择现有的物流模式。

实训流程：

（1）了解调研目的。

（2）收集有关现代物流模式的资料。

（3）分析企业选择物流模式的影响因素。

（4）完成对作业的评估。

具体任务：

（1）分组。

（2）确定调研目的。

（3）确定企业。

（4）设计调查问卷。

（5）实地访谈。

（6）问卷回收整理。

（7）资料分析与解释。

（8）完成报告（报告不得超过 1 页，有关资料可放入附件）。

（9）小组陈述。

PART 3

第3章
电子商务物流装卸与运输管理

装卸与运输对物流都是非常重要的内容。装卸活动在物流活动中出现的频率是最高的，它的效率高低直接关系到物流整体效率；运输又是物流不可缺少的环节，运输成本是目前物流总成本中最大的成本项目，因此实现运输合理化并做出正确的运输决策对物流企业来说是至关重要的。

3.1 电子商务物流装卸

案例展示：联华便利物流中心装卸搬运系统

联华公司创建于1991年5月，是上海首家发展连锁经营的商业公司。经过11年的发展，已成为中国最大的连锁商业企业之一。2001年销售额突破140亿元，连续3年位居全国零售业第一。联华公司的快速发展，离不开高效、便捷的物流配送中心的大力支持。目前，联华共有4个配送中心，分别是2个常温配送中心、1个便利物流中心、1个生鲜加工配送中心，总面积7万余平方米。

联华便利物流中心总面积8 000平方米，由4层楼的复式结构组成。为了实现货物的装卸搬运，配置的主要装卸搬运机械设备主要为电动叉车8辆、手动托盘搬运车20辆、垂直升降机2台、笼车1 000辆、辊道输送机5条、数字拣选设备2 400套。在装卸搬运时，操作过程如下：对来货卸下后，把其装在托盘上，由搬运叉车将货物搬运至入库运载处，入库运载装置上升，将货物送上入库输送带。当接到向第一层搬送指示的托盘在经过升降机平台时，不再需要上下搬运，将直接从当前位置经过一层的入库输送带自动分配到一层入库区等待入库；接到向二至四层搬送指示的托盘，将由托盘垂直升降机自动传输到所需楼层。当升降机到达指定楼层时，由各层的入库输送带自动搬送货物至入库区。货物下平台时，由叉车从输送带上取下托盘入库。出库时，根据订单进行拣选配货，拣选后的出库货物用笼车装载，由各层平台通过笼车垂直输送机送至一层的出货区，装入相应的运输车。

先进实用的装卸搬运系统，为联华便利店的发展提供了强大的支持，使联华便利物流运作能力和效率大大提高。

3.1.1 装卸的概念

装卸是指物品在指定地点以人力或机械装入运输设备或卸下的活动。装卸是物流过程中对于保管物资和运输两端物资的处理活动，具体来说，包括物资的装载、卸货、移动、货物堆码上架、取货、备货、分拣等作业以及附属于这些活动的作业。

与装卸相类似的词汇还有搬运，一般来说，搬运是指物体在区域范围内发生的以水平方向为主的短距离的位移运动形式；装卸指以垂直位移为主的实物运动形式。广义的装卸则包括了搬运活动。

装卸活动是物流各项活动中出现频率最高的一项作业活动，装卸活动效率的高低，直接影响到物流整体效率。虽然装卸活动本身并不产生效用和价值，但是，由于装卸活动对劳动力的需求量大，需要使用装卸设备，因此物流成本中装卸费用所占的比重较大。装卸活动的合理化对于物流整体的合理化至关重要。

3.1.2 装卸的种类

1．装卸形态的分类

装卸是附属于货物的运输和保管作业活动，在运输过程中要伴随着向货车的装货和卸货等作业活动，在货物保管过程中伴随着仓库和货场的入/出库等作业活动，这些作业活动在功能方面构成运输和保管的一部分。装卸形态的种类如表 3.1 所示。

表 3.1　装卸形态的种类

分　类	装卸种类
按设施或场所分类	（1）企业自有物流设施内的装卸，如工厂、自家用仓库、配送中心等设施、场所的装卸活动 （2）公共物流设施内的装卸，如卡车中转站、港湾、铁路车站、空港、仓库等设施、场所内的装卸活动
按运输手段分类	（1）卡车装卸 （2）铁路货车装卸 （3）船舶装卸 （4）飞机装卸
按货物形状分类	（1）单件货物装卸 （2）单元货物装卸 （3）散装货物装卸
按装卸机械分类	（1）传送机装卸 （2）起重机装卸 （3）叉车装卸 （4）各种装货机装卸等

2．装卸作业活动的分类

装卸作业活动大部分是在物流节点设施内进行的，物流中心内主要的装卸作业活动的种类如表 3.2 所示。

表 3.2　装卸作业的种类

作 业 名 称		作 业 说 明
堆拆作业	堆装作业	堆装是把物品从预先放置的场所移动到卡车等运输工具或仓库等保管设施的指定场所，按照所规定的位置和形态码放的作业
	拆装作业	拆装堆装相反的作业
	堆垛作业	堆垛主要是指仓库等节点设施的入库作业中，高度在 2m 以上的货物堆码作业
	拆垛作业	拆垛是与堆垛相反的作业
分拣备货作业	分货作业	分货是指在堆装、拆装前后或配货前发生的作业。按照货物的种类、入出单位类别、运送方向等类别划分区域，将货物堆码到指定位置的作业
	配(备)货作业	配货是指向卡车等运输工具的装载货、从仓库保管设施的出库作业之前的作业，即将货物从所指定的位置，按照货物种类、作业先后次序、发货对象等分类取货、堆码在规定场所的作业。这种作业方式有摘果式和播种式两种
搬送移送作业	搬送作业	搬送作业是指为进行上述各种作业，包括水平、垂直、斜向及其组合
	移送作业	搬送作业中，设备、距离、成本等方面，在移动作业中占比例高的作业活动

3.1.3　装卸搬运机械

1．主要装卸搬运机械

装卸搬运机械是指工厂内、仓库、货物中转中心、配送中心等物流现场用来从事货物装卸托运用的各种机械设备的总称。

伴随着技术进步和机械工业的发展，在物流领域，机械装卸搬运逐渐取代人背肩扛的原始作业方式，现代装卸托运机械的使用得到普及。装卸机械化成为实现装卸合理化、效率化和活力化的重要手段。具体来说，装卸机械化带来的益处如下。

（1）依靠人力所难以完成的重量物体的移动和处理变得简单易行。

（2）依靠人工作业非常困难的散装货物、危险品货物等的处理变得容易、安全。

（3）实现比人工作业更大范围的作业。

（4）比人工作业速度快、效率高。

（5）使装卸作业的自动化、省力化成为可能。

在采用机械化作业和选用装卸机械时，要与作业环境、作业量及其时间分布、货物特性以及使用机械的经济性等因素结合起来考虑，以便使机械发挥最大的效益。装卸搬运作业中使用的主要机械种类如表 3.3 所示。

表 3.3　主要装卸搬运机械的种类

机 械 类 型	设 备 名 称	工 作 特 征
装卸搬运车辆	（1）叉车 （2）人力搬运车（台车、手推车、手动液压托盘搬运车、升降式搬运车） （3）动力搬运车（轨道无人搬运车、牵引车、挂车、底盘车）	底盘上装有起重、输送、牵引、承载装置，可以在设施内移动作业
连续输送机械	（1）带式输送机 （2）辊子输送机 （3）悬挂输送机 （4）斗式提升机 （5）振动输送机	连续动作、循环运动、持续负载、线路一定
散装作业法用机械	（1）斗式类型装载机 （2）斗轮类型装载机 （3）抓斗类型装载机 （4）倾翻类型卸车机 （5）连续输送机	用来装载搬运散装货物
起重机械	（1）轻小起重设备（葫芦、绞车） （2）升降机（电梯、升降机） （3）起重机（桥式类型起重机、门式类型起重机、臂式类型起重机、梁式类型起重机）	间歇动作、重复循环、升降运动、使货物在一定范围内上下、左右、前后移动
自动分拣机械	（1）押出式 （2）浮出式 （3）斜行式 （4）倾斜落下式	在计算机的控制下连续动作，将不同的货物搬运到各自被指定的位置

2．装卸搬运机械的选择

要选择装卸搬运机械，应在考虑货物的特性、作业的特性、机械特性、作业环境以及经济性等方面的因素后做出综合判断，以便使机械发挥出最大的效益。

（1）货物的特性。货物的特性是指货物的种类，如散货、包装货物等。

（2）作业特性。作业特性是指作业的性质，如作业量、季节变动、流动性、理货的种类、搬运距离和范围、运输手段的种类、批量的大小、输配送的特性等。装卸搬运机械的选择应该与上述作业特性相适应。

（3）环境特性。作业环境特性是指设施属于专用还是公用，本企业设施还是借用设施，货物的流程、设施的配置、建筑物的构造、站台的高低、地面的承受重等各种因素。

（4）装卸机械特性。装卸机械特性是指装卸机械的安全性、信赖性、性能、弹性、机动性、耗能、噪声、公害等因素。

（5）经济性。在对以上因素分析后，最终还要从经济性的角度加以分析，在多个适用方案中选择出最优方案。

3.1.4 装卸搬运的合理化

装卸搬运环节是在物流各环节的连接点上进行的，因此，合理地设计连接的时间地点的配合，尽量避免不必要的装卸，才能避免在搬运中浪费时间，减少因装卸而造成的物品破坏、损坏等。为此，装卸搬运作业应追求合理化。

1. 基本原则

要实现装卸搬运合理化，必须遵循以下原则。

（1）减少装卸搬运环节，降低装卸搬运作业次数。虽然装卸搬运是物流过程所不可避免的作业，但是装卸搬运本身有可能成为玷污、破损等影响物品价值的原因，如无必要，应该将装卸搬运的次数控制在最小的范围内。通过合理安排作业流程、采用合理的作业方式、仓库内合理布局以及仓库的合理设计实现物品装卸搬运次数最小化。

（2）移动距离（时间）最小化原则。搬运距离的长短与搬运作业量大小和作业效率是联系在一起的，在货位布局、车辆停放位置、入出库作业程序等设计上应该充分考虑物品移动距离的长短，以物品移动距离最小化为设计原则。

（3）提高装卸搬运的灵活性原则。在组织装卸搬运作业时，应该灵活运用各种装卸搬运工具和设备，前道作业要为后道作业着想。物品所处的状态会直接影响到装卸和搬运的效率，在整个物流过程中物品要经过多次装卸和搬运，前道的卸货作业与后道的装载或搬运作业关系密切。如果卸下来的物品零散地码放在地上，在搬运时就要一个一个搬运或重新码放在托盘上，因此增加了装卸次数，降低了搬运效率。如果卸货时直接将物品堆码在托盘上，或者运输过程中就是以托盘为一个包装单位，那么，就可以直接利用叉车进行装卸或搬运作业，实现装卸搬运作业的省力化和效率化。同样，在进出库作业中，利用传送带和货物装载机装卸货物可以达到省力和高效的目的。

（4）单元化。单元化原则是指将物品集中成一个单位进行装卸搬运的原则。单元化是实现装卸合理化的重要手段。在物流作业中广泛使用托盘，通过叉车与托盘的结合提高装卸托运的效率。通过单元化不仅可以提高作业效率，而且还可以防止损坏和丢失，数量的确认也变得更加容易。

（5）机械化。机械化原则是指在装卸托运作业中用机械作业替代人工作业的原则。实现作业的机械化是实现活力化和效率化的重要途径，通过机械化改善物流作业环境，将人从繁重的体力劳动中解放出来。机械化的原则同时也包含了将人与机械合理的组合到一起，发挥各自的长处。在许多场合，简单机械的配合同样可以达到活力化和提高效率的目的。当然，机械化的程度除了技术因素外，还与物流费用的承担能力等经济因素有关。片面强调全自动化会造成物流费用的膨胀，在经济上难以承受。发达国家包括物流领域机械化程度高的主要原因是劳动力的费用高昂以及存在劳动力不足的问题，与其使用人工作业不如在作业机械上增加投资，通过机械的使用节约劳动力费用。因此，许多完全可以依靠人工或简单机械来完成的装卸作业，改由机械或自动化机械去完成。因此，不能盲目地同发达国家攀比，要充分考虑物流费用承受力。

（6）标准化。标准化有利于节省装卸作业的时间，提高作业效率。在装卸搬运中，应对装卸搬运的工艺、作业、装备、设施及货物单元等制定统一标准，使装卸搬运标准化。

（7）系统化。系统化原则是指将各个装卸搬运活动作为一个有机的整体实施系统化管理。也就是说，运用综合系统化的观点，提高装卸搬运活动之间的协调性，提高装卸搬运系统的整体功能，以适应多样化、高度化物流需求，提高装卸托运效率。

2．装卸搬运合理化的途径

装卸搬运合理化的途径主要有以下几种。

（1）防止无效装卸。无效装卸的含义是指有用货物必要装卸劳动之外的多余装卸劳动。无效装卸会阻缓物流速度，耗费劳动，增加物流费用。因此要防止以下几种无效装卸。

（2）防止过多的装卸次数。装卸次数是指产品生产和流通过程中发生装卸作业的总次数。对企业物流而言，从原材料进厂卸车到成品入库，要发生若干次装卸作业；对于社会物流而言，从成品装车到进入消费，也要发生多次装卸。每一次装卸就意味着要耗费一定的人力和物力，过多的不必要装卸则无疑会大大增加装卸成本，延长物流时间。因此，尽量减少装卸次数，是装卸合理化的主要内容之一。

（3）防止过大的包装装卸。包装是物流中不可缺少的辅助手段。包装过大，会使装卸搬运增加作用于包装上的无效劳动。而包装的轻型化、简单化和实用化则可不同程度地减少作用于包装上的无效劳动。

（4）防止无效物质的装卸。进入物流过程的货物，有时混杂着没有使用价值的杂物，如矿石中的水分、杂质等。在货物反复装卸时，实际上也对这些无效物质反复消耗劳动，形成消费，增加费用。

（5）利用重力作用，减少能量消耗。在装卸时，考虑重力因素，利用货物本身的重量，进行一定落差的装卸，以减轻劳动力和其他能量消耗。这是合理化的重要方式。例如，对火车、汽车进行卸车时，利用力学斜面原理，使用滑板、滑槽等，使货物从高处降至低处，完成货物的卸车作业。这种方法不需要复杂的设备，不耗能源，可大大减轻人员的劳动强度。

（6）提高货物装卸搬运活性及运输活性。装卸搬运活性的含义是指从物的静止状态转变为装卸搬运运动状态的难易程度。容易转变为下一步装卸搬运而不需要过多地做装卸搬运前的准备工作，活性就高；反之，则活性就低。货物的运输活性是指装卸搬运操作时直接为运输服务，使货物在下一步直接转入运输状态。运输活性越高，货物越容易进入运输状态，能带来缩短运输时间的效果。在装卸搬运作业中，对待运物品，应尽量使之处于易于移动的状态，将货物整理成堆或放置在托盘上、车上或放在运输带上，以提高搬运活性和运输活性，缩短在搬时间，提高搬运速度。装卸搬运活性指数可用0~4共5个级别表示，如表3.4所示。

表3.4 装卸搬运活性指数

编 号	物品状态描述	装卸搬运活性指数
1	零散地放在地面	0
2	已被成捆地捆扎或集装起来	1
3	被置于箱内、装码到托盘或送货小车上	2
4	装载到台车上或起重机等机械上，处于可移动状态	3
5	码放到传送带上，已启动，处于直接作业状态	4

（7）合理选择装卸搬运方式，节省体力消耗。在装卸搬运过程中，必须根据货物的种类、性质、形状及重量来确定装卸搬运方式，节省人工体力劳动消耗，提高装卸效益。在装卸中，对货物的处理大体有3种方式：第一是"分块处理"，即按普通包装对货物逐个进行装卸；二是"散装处理"，对粉粒状货物不加小包装进行原样装卸；第三是"单元组合"，即货物以托

盘、集装箱为单元进行组合后装卸。单元组合时，可充分利用机械操作，提高作业效率。

3.2　电子商务物流运输

3.2.1　商品运输的概念及重要性

广义的运输是指人和物通过运力在空间的移动，其具体活动是人和牲牲的载运及输送。物流领域的运输专指物的载运及输送，是指利用设备和工具，将物品从一地点向另一地点运送的活动。其中包括集货、分配、搬运、中转、卸下、分散等一系列操作。它是在不同地域范围内（如两个城市、两个工厂之间），以改变物品的空间位置为目的的活动，对物品进行空间位移。运输和搬运的区别在于，运输是在较大空间范围内的活动，而搬运是在同一地域之内的活动。

运输是物流不可缺少的环节。物流系统是通过运输完成对客户所需的原材料、在制品和制成品地理上的定位的。一般来说，运输成本也是目前物流总成本中最大的成本项目。以美国为例，1994 年，美国的运输开支为 4 250 亿美元，占当年美国物流总成本的 58.2%。从欧洲发达国家的情况看，运输成本一般也都会占到物流总成本的 1/3 以上。因此，运输的合理化在物流管理中十分重要。

3.2.2　商品运输方式

按运输设备及运输工具的不同，可以将运输分为铁路运输、公路运输、水上运输、航空运输和管道运输 5 种基本运输方式。

1．铁路运输

（1）铁路运输的概念及特点。铁路运输是指利用机车、车辆等技术设备沿铺设轨道运行的运输方式。如图 3.1 所示，铁路运输是发展较早的一种运输方式，随着蒸汽机车的发明和锻铁铁轨的出现，于 19 世纪初开始在世界上投入使用，并逐渐成为陆路交通的主要运输工具。

图 3.1　铁路运输

铁路运输具有以下优点。

① 运输能力大，这使它适合于大批低值商品的长距离运输。

② 单车装载量大，加上有多种类型的车辆，使它几乎能承运任何商品，几乎可以不受重量和容积的限制。

③ 运输速度较高，平均车速在 5 种基本方式中排在第二位，仅次于航空运输。

④ 铁路运输受气候和自然条件的影响较小，在运输的经常性方面占优势。

⑤ 铁路运输可以方便地实现驮背运输、集装箱运输及多式联运。

但铁路运输也有其缺点。

① 由于铁路线路是专用的，其固定成本很高，投资较大，建设周期较长。

② 铁路按列车组织运行，在运输过程中需要有列车的编组、解体和中转改编等作业，占用时间较长，因而增加了货物的在途时间。

③ 铁路运输中的货损率比较高，而且由于装卸次数多，货物毁损或丢失事故通常也比其他运输方式多。

④ 不能实现"门到门"运输，通常要依靠其他运输方式配合，才能完成运输任务，除非托运人和收货人均有铁路专线。

根据上述铁路运输的特点，铁路运输担负的主要功能是：大宗低值货物的中、长距离（经济里程一般在 200 千米以上）运输，也较适合运输散装货物（如煤炭、金属、矿石、谷物等）、罐装货物（如化工产品、石油产品等）。

（2）铁路运输的种类。

① 整车货物运输。整车运输适合于大量货物运输，选择适合货物数量、形状、性质的货车，是整车租用的一种运输方法。在铁路货物运输中，整车货物运输占很大的比重。利用整车运输货物时，可以直接到车站或通过联运业者办理。

② 集装箱货物运输。铁路集装箱货物运输是指将货物装入集装箱，再将其合并成为一个单元装载到货车上进行运输的方式。集装箱的装卸可以借助于机械完成，从而大大提高了装卸效率，缩短了运输时间。

铁路集装箱运输是铁路和公路联运的一种复合型直达运输，其特征是送货到门，可以由托运人的工厂或仓库直达收货人的工厂或仓库，使从送货人到收货人的连贯运输成为可能；同时能够有效防止货物运输途中的丢失和损伤。适合于化工产品、食品、农产品等多种货物的运输。

③ 散杂件运输货物运输。小件货物运输是以小量货物为对象的运输方法。

④ 混载货物运输。混载货物运输是指货代业者（联运业者、通运业者）将不定数的货主的货物按照发送方向分拣，以一节货车或一个集装箱为单位，作为整车运输或集装箱运输的一种方法。

2.公路运输

（1）公路运输的概念及特点。从广义来说，公路运输是指利用一定载运工具（汽车、拖拉机、畜力车、人力车等）沿公路实现旅客或货物空间位移的过程，如图 3.2 所示。从狭义来说，公路运输即指汽车运输。物流运输中的公路运输是专指汽车货物运输，它在提供现代物流服务方面发挥着核心作用。

图 3.2 公路运输

汽车货物运输与其他运输方式相比，具有以下优点。

① 汽车运输不需中转，因此，运输的运送速度比较快。

② 汽车运输可以实现"门到门"的直达运输，因而货损、货差少。

③ 汽车运输机动方便。

④ 原始投资少，经济效益高。

⑤ 驾驶技术容易掌握。

但是，汽车运输也存在一些问题，主要是装载量小，运输成本高，燃料消耗大，环境污染严重等。

基于上述特点，汽车运输的主要功能如下。

① 独立担负经济运距内的运输，主要是中短途运输（我国规定 50 千米以内为短途运输，200 千米以内为中途运输）。由于高速公路的兴建，汽车运输从中、短途运输逐渐形成短、中、远程运输并举的局面，将是一个不可逆转的趋势。

② 补充和衔接其他运输方式。所谓补充和衔接，即当其他运输方式担负主要运输时，由汽车担负起点和终点处的短途集散运输，完成其他运输方式到达不了的地区的运输任务。

（2）公路运输的种类。

① 按托运批量大小可分为整车与零担运输。凡托运方一次托运货物在 3 吨及 3 吨以上的，为整车运输。整车运输的货物通常有煤炭、粮食、木材、钢材、矿石、建筑材料等。这些一般都是大宗货物，货源的构成、流量、流向、装卸地点都比较稳定。整车运输一般多是单边运输，应大力组织空程货源，充分利用全车行程，提高经济效益。凡托运方一次托运货物不足 3 吨者为零担运输。零担运输非常适合商品流通中品种繁杂、量小批多、价高贵重时间紧迫、到达站点分散等特殊情况下的运输，弥补了整车运输和其他运输方式在运输零星货物方面的不足。

② 按运送距离可分为长途与短途运输。公路运输按交通部门规定运距在 25 千米以上为长途运输；25 千米及 25 千米以下为短途运输，各地根据具体情况有不同的划分标准。

与铁路货运相比较，长途公路货运具有迅速、简便、直达的特点；与短途公路货运相比，长途公路货运具有运输距离长、周转时间长、行驶线路较固定等特点。

短途公路货运具有运输距离短，装卸次数多，车辆利用效率低；点多面广，时间要求紧迫；货物零星，种类复杂，数量忽多忽少等特点。

③ 按货物的性质及对运输条件的要求可分普通货物运输与特种货物运输。被运输的货物本身的性质普通，在装卸、运送、保管过程中没有特殊要求的，称为普通货物运输。相反，被运输的货物本身的性质特殊，在装卸、运送、保管过程中需要特定条件、特殊设备，来保证其完整无损的，称为特种货物运输。特种货物运输又可分为长大、笨重货物运输，危险货物运输，贵重货物运输和易腐货物运输。各类运输都有不同的要求和不同的运输方法。

④ 按运输的组织特征可分为集装化运输与联合运输。集装化运输也称成组运输或规格化运输。它是以集装单元作为运输的单位，保证货物在整个运输过程中不致损失，而且便于使用机械装卸、搬运的一种货运形式。集装化运输最主要的形式是托盘运输和集装箱运输。集装化运输促进了各种运输方式之间的联合运输，构成了直达运输集装化的运输体系，它是一种有效、快速的运送形式。联合运输就是两个或两个以上的运输企业，根据同一运输计划，遵守共同的联运规章或签订的协议，使用共同的运输票据或通过代办业务，组织两种或两种以上的运输工具，相互接力，联合实现货物的全程运输。

3．水上运输

（1）水上运输的概念及特点。

水上运输是指利用船舶、排筏和其他浮运工具，在江、河、湖泊、人工水道以及海洋上运送旅客和货物的一种运输方式，如图3.3所示。

图3.3　水上运输

水上运输具有以下优点。

① 可以利用天然水道，线路投资少，且节省土地资源。

② 船舶沿水道浮动运行，可实现大吨位运输，降低运输成本。对于非液体商品的运输而言，水运一般是运输成本最低的运输方式。

③ 江、河、湖、海相互贯通，沿水道可以实现长距离运输。

水运也存在以下缺点。

① 船舶平均航速较低。

② 船舶航行受气候条件影响较大。

③ 可达性较差。如果托运人或收货人不在航道上，就要依靠汽车或铁路运输运行转运。

④ 同其他运输方式相比，水运（尤其海洋运输）对货物的载运和搬运有更高的要求。

（2）水上运输的主要功能。

根据水上运输的上述特点，水上运输的主要功能如下。

① 承担大批量货物，特别是散装货物运输。

② 承担原料、半成品等低价货物运输，如建材、石油、煤炭、矿石、粮食等。

③ 承担国际贸易运输，系国际商品贸易的主要运输工具之一。

4．航空运输

航空运输简称空运，是使用飞机运送客货的运输方式。航空货物运输的运价要远远高于其他运输手段，因此，在过去除了紧急或特殊场合外，一般不使用飞机运送货物。但是，现今航空货物运输已经在商业上普遍使用，在发达国家，甚至来自一般家庭的礼品赠送、搬家等也开始使用航空运输，如图3.4所示。

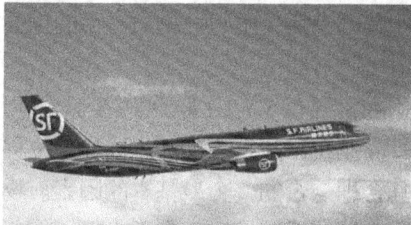

图3.4　航空运输

近几十年来，航空技术得到迅速发展，大型喷气机的开发使用，使得运输能力大幅度提高，运行成本下降，运价逐渐低廉化。另外，随着综合物流成本意识的增强，具有高速运输特点的航空运输的利用范围不断扩大。

航空运输的优点是航线直、速度快，可以克服各种天然障碍、做长距离不着陆运输，对货物的包装要求较低；缺点是载运能力小，受气候条件限制比较大，可达性差，运输成本高。航空运输的上述特点，使得它主要担负贵重、急需或时间性要求很强的小批量货物运输和邮政运输。一般来说，适合于航空运输的货物有以下几种类型。

（1）运输时间受到限制的货物。例如，容易腐败的货物、修理物品、流行品、商品样本、紧急物品（医药、医用器具等）等。

（2）高价值的贵重货物。例如，贵金属、珍珠、手表、相机、美术品、毛皮等。

（3）容易破损的货物。例如，电器产品、光学器具、玻璃制品、计算机等。

5．管道运输

管道运输是利用运输管道，通过一定的压力差而完成气体、液体和粉状固体运输的一种现代运输方式。管道运输运量大，运输快捷，效率高；占地少；不受气候影响，运行稳定性强；便于运行控制；耗能低；有利于环境保护。但灵活性差，承运的货物种类比较单一。管道运输主要担负单向、定点、量大的液体状货物运输，如图3.5所示。

图 3.5 管道运输

管道运输按照运输对象分为原油管道运输、成品油管道运输、天然气管道运输以及煤浆管道运输等。

3.2.3 运输的合理化

运输的合理化是物流系统的最重要的功能要素之一，物流的合理化在很大程度上依赖于运输的合理化。在物流过程中，运输的合理化是从物流的总体目标出发，运用系统理论和系统工程原理和方法，充分利用各种运输方式，选择合理的运输路线和运输工具，以最短的路径、最少的环节、最快的速度和最少的劳动消耗，组织好物质产品的运输活动。

1．影响合理运输的因素

运输的合理化，起决定作用的主要有5大因素。

（1）运输距离。运输既然是商品在空间上的移动，或称"位移"，因此，商品移动的距离即运输里程的远近，就是决定其合理与否的一个最基本的因素。物流部门在组织商品运输时，首先要考虑运输距离，尽可能实行近产近销，避免舍近求远。

（2）运输环节。在物流过程的各个环节中，运输是一个很主要的环节，也是决定物流合理性的一个重要因素。因为运输业务活动，还需要进行装卸、搬运和包装等工序，多一道环节，就需要多花很多劳动。所以物流部门在调运商品时，对有条件直运的，尽可能组织直达、直拨运输，使商品不进入中转仓库，越过一切不必要的中间环节，由产地直接运到销地或用户，减少二次运输。

（3）运输工具。要根据不同商品的特点，分别利用铁路、水运或汽车运输等不同运输方式，选择最佳的运输线路，合理使用运力。改进车船的装载技术和装载方法，提高技术装载量；使用最少的运力，运输更多的商品，提高运输生产效率。

（4）运输时间。对商业物流来说，为了更好地为顾客服务，及时满足顾客的需要，时间是一个决定性因素。运输不及时，不仅容易推动销售机会、造成货物脱销或积压，同时商品在运输过程中停留时间过长，也容易引起商品的货损货差，增加物流管理费用，降低运输效率。因此，在市场变化很大的情况下，时间问题更为突出。在物流过程中，要特别强调运输时间，要抢时间、争速度，要想方法设法加快货物运输，尽量压缩待运时间，使货物不要长期徘徊、停留在运输途中。

（5）运输费用。运输占物流费用的比例很大，是衡量物流经济效益的重要指标，也是组织合理运输的主要目的之一。运输费用的高低，不仅影响到商业物流企业或运输部门的经济效益，而且也影响销售成本。

上述因素，既互相联系，又互相影响，有的还相互矛盾。如在一定条件下，运输时间短了，费用却不一定省；或运输费用低了，而运输时间却又长了。这就要求进行综合分析，寻求最佳运输方案。在一般情况下，运输时间快和运输费用省，是考虑合理运输的两个主要因素，集中体现了物流过程中的经济效益。

2．不合理运输的形式

不合理运输是指不考虑经济效果，违反商品合理流向和各种运力合理分工，不充分利用运输工具的装载能力，环节过多，从而导致浪费运力，增加商品流转费用，延缓商品流转速度，增加商品损失等不良后果的运输形式。

目前我国存在的主要不合理运输形式如下。

（1）返程或起程空驶。这是最严重的不合理运输形式。在运输中，因调运不当，货源计划不周，不采用运输社会化体系而形成的空驶，是不合理运输的典型表现。如不利用社会化的运输体系，自备车送货提货或者车辆过分专用而造成的单程重车、单程空驶现象，车辆空去空回造成的双程空驶现象等。

（2）对流运输。又称相向运输，指同一种货物或彼此间可互相代用而又不影响管理、技术及效益的货物，在同一线路或平等线路上做相对方向的运送，而与对方运程的全部或一部分发生重叠交错的运输称为对流运输。在判断对流运输时需注意的是：有的对流运输是不很明显（隐蔽）的对流。例如，不同时间的相向运输，从发生运输的那个时间来看，并无出现对流，可能做出错误的判断，所以要注意隐蔽的对流运输。

（3）迂回运输。这是一种舍近取远，可以选取短距离进行运输而不办，却选择路程较长路线进行运输的一种不合理形式。物流过程中的计划不周，组织不完善或调运差错都容易造成迂回运输。但由于自然或其他事故的阻碍，为食品商品及时运输，而采取绕道的办法是允许的，不能称之为不合理运输。

（4）重复运输。它是指本可以直接将货物运达目的地，却在中途将货物卸下，再重复装运送达目的地。重复运输最大的毛病就是增加了不必要的中间环节，增加了装卸搬运费用，延长了商品在途时间。

（5）倒流运输。它是指货物从销地或中转地向产地或起运地回流的一种运输现象。

（6）过远运输。它是指调运物资舍近求远，近处有物资不调，而从远处调，拉长货物的运距。

（7）运力选择不当。它是指未根据各种运输工具的优势来进行合理选择运力而造成所选择的运输工具不正确的不合理现象。

（8）托运方式选择不当。它是指对于货主而言，可选择最好的托运方式而未选择，造成运力消费及支出加大的一种不合理运输。例如，应整车而选择零担，应直达而选择中转等。

上述各种不合理的运输形式都是在特定的条件下表现出来的，在进行判断时必须注意其不合理的前提条件，否则就容易出现判断的失误。

在实际操作中，要克服上述不合理的运输现象，需组织物品的合理化运输，使货物运输达到准确、经济且安全的要求。

案例展示：韩国三星公司的物流运输合理化革新措施

企业物流工作进行的根本目标，就是通过在采购、生产和销售过程中有效地掌握物流、信息流去满足客户的需求，也就是在最合适的时间、最合适的地点提供给客户需要的产品。今天的商业环境正在发生显著的变化，市场竞争愈加激烈，客户的期望值正在日益提高。为适应这种变化，企业的物流工作必须进行革新，创建出一种适合企业发展，让客户满意的物流运输合理化系统。

三星公司从1989年到1993年实施了物流运输工作合理化革新的第一个五年计划。这期间，为了减少成本和提高配送效率进行了"节约成本200亿（韩元）"、"全面提高物流劳动生产率运动"等活动，最终降低了成本，缩短了前置时间，减少了40%的存货量，并使三星公司获得首届韩国物流大奖。三星公司从1994年到1998年实施物流运输工作合理化革新的第二个五年计划以来，重点是将销售、配送、生产和采购有机结合起来，实现公司的目标，即将客户的满意程度提高到100%，同时将库存量再减少50%。为了这一目标，三星公司将进一步扩展和强化物流网络，同时建立一个全球性的物流链使产品的供应路线最优化，并设立全球物流网络上的集成订货——交货系统，从原材料采购到交货给最终客户的整个路径上实现物流和信息流一体化。这样客户就能以更低的价格得到更高质量的服务，从而对企业更加满意。基于这种思想，三星公司物流工作合理化革新小组在配送选址、实物运输、现场作业和信息系统4个方面去进行物流革新。

（1）配送选址革新措施。为了提高配送中心的效率和质量，三星公司将其划分为产地配送中心和销地配送中心。前者用于原材料的补充，后者用于存货的调度。对每个职能部门都确定了最优工序，配送中心的数量被减少、规模得以最优化，便于向客户提供最佳的服务。

（2）实物运输革新措施。为了及时地交货给零售商，配送中心在考虑货物数量和运输所需时间的基础上确定出合理的运输路线。同时，一个高效的调拨系统也被开发出来，这方面的革新加强了支持销售的能力。

（3）现场作业革新措施。为使进出工厂的货物能更方便快捷地流动，公司建立了一个交货地点查询管理系统，可以查询货物的进出库频率，高效地配置资源。

（4）信息系统革新措施。三星公司在局域网环境下建立了一个通信网络，并开发了一个客户/服务器系统，公司集成系统 SAP/3 将投入物流中使用。由于将生产、配送和销售一体化，整个系统中不同的职能部门将能达到信息共享。客户如有涉及物流的问题，都可以通过实时订单跟踪系统得到回答。另外，随着客户环保意识的增强，物流工作对环境保护负有更多的责任。三星公司不仅对客户许下了保护环境的承诺，还建立了一个全天开放的由回收车组成的回收系统，并由回收中心来重新利用那些废品，以此来提升企业在客户心目中的形象，从而更加有利于企业的经营。

3.2.4　物流运输规划与决策

运输规划与决策在物流决策中具有十分重要的地位，因为运输成本要占到物流总成本的35%~50%，对许多商品来说，运输成本要占商品价格的 4%~10%。也就是说，运输成本占物流总成本的比重比其他物流活动大。运输决策涉及的范围很广泛，其中主要的是运输方式的选择、运输服务商的选择、运输路线的选择、运输计划的编制及运输能力的配备等问题。

1．运输方式的选择

现代化的综合运输体系是由五种运输方式以及各种相应的配套设施组成的，在商品生产的市场经济体制下，运输市场上各种运输方式之间不可避免地存在着激烈的竞争。一方面，各种运输方式均拥有自己固有的技术经济特征及相应的竞争优势；另一方面，各种方式在运输市场需求方面本身拥有多样性，这实际上就为各种运输方式在社会经济发展过程中营造了各自的生存及发展空间。

下面介绍运输方式的技术经济特性。

各种运输方式的技术经济特征主要包括运输速度、运输工具的容量以及线路的运输能力、运输成本、经济里程、环境保护等。各种运输方式的技术经济特性如表 3.5 所示。

表 3.5　各种运输方式的技术经济特性

运 输 方 式	技 术 经 济 特 点	运 输 对 象
铁路	初始投资大，运输容量大，成本低廉，占用的土地多，连续性强，可靠性好	适合于大宗货物、大件杂货等的中长途运输
公路	机动，适应性强，短途运输速度快，能源消耗大，成本高，空气污染严重，占用的土地多	适合于短途、零担运输，门到门的运输
水路	运输能力大，成本低廉，速度慢，连续性差，能源消耗及土地占用都较少	适合于中长途大宗货物运输，国际货物运输
航空	速度快，成本高，空气和噪声污染严重	适合于中长途及贵重货物运输，保鲜货物运输
管道	运输能力大，占用土地少，成本低廉，连续输送	适合于长期稳定的流体、气体及浆化固体物运输

（1）运输速度。物流运输是货物的空间位移，以什么样的速度实现它们的位移是物流运输的一个重要技术经济指标。决定各种运输方式运输速度的一个主要因素是该运输方式载体能达到的最高技术速度。运输载体的最高技术速度一般受到载体运动的阻力、载体的推动技术、载体材料对速度的承受能力以及与环境有关的可操控性等因素的制约。运输工具的最高技术速度决定于通常的地面道路交通环境下允许的安全操作速度。各种运输方式由于经济原因而采用的技术速度一般要低于最高技术速度，经济性对速度特别敏感的水路运输方面尤其如此。

目前，我国各种运输方式的技术速度分别是：铁路 80~160 千米/小时，海运 10~25 千米/小时，河运 8~20 千米/小时，公路 80~120 千米/小时，航空 900~1000 千米/小时。科学技术的发展使各种运输方式的技术速度不断提高。在运输实践中，旅客和货物所能得到的服务速度是低于运输载体的技术速度的。

就运输速度而言，航空速度最快，铁路次之，水路最慢。但在短距离的运输中，公路运输具有灵活、快捷、方便的绝对优势。

（2）运输工具的容量及线路的运输能力。由于技术及经济的原因，各种运输方式的运载工具都有其适当的容量范围，从而决定了运输线路的运输能力。公路运输由于受道路的制约，其运载工具的容量最小，通常载重量是 5~10 吨。我国一般铁路的载重量是 3 000 吨。水路运输的载重能力最大，从几千吨到几十万吨的船舶都有。

（3）运输成本。运输成本主要由 4 项内容构成：基础设施成本、转动设备成本、营运成本和作业成本。以上 4 项成本在各种运输方式之间存在较大的差异。

（4）经济里程。经济性是衡量交通运输方式的重要标准。经济性是指单位运输距离所支付票款的多少（对交通需求者来说）。交通运输经济性状况除了受投资额、运输额等因素影响外，主要与运输速度及运输距离有关。一般说来，运输速度与运输成本有很大的关系，表现为正相关关系，即速度越快，成本越高。

运输的经济性与运输距离有着紧密的关系。不同的运输方式的运输距离与成本之间的关系有一定的差异。如铁路的运输距离增加的幅度要大于成本上升的幅度，而公路则相反。

（5）环境保护。运输业是造成污染环境的主要产业部门，运输业产生环境污染的直接原因有以下几个方面。

① 空间位置的移动。在空间位置移动的过程，移动所必需的能源消耗以及交通运输移动体的固定部分与空气发生接触，从而产生噪声振动、大气污染等。空间位置移动本身不仅造成环境破坏，重要的是伴随着交通污染源的空间位置移动，它会不断地污染环境，并扩散到其他地区，造成大面积的环境污染和破坏。

② 交通设施建设。交通设施建设往往破坏植被，改变自然环境条件，破坏生态环境的平衡。

③ 载运的客体。旅客运输中因大量塑料饭盒等废弃物扔在交通沿线上，造成大量的"白色垃圾"。运输工具动力装置排出来的废气是空气的主要污染源，在人口密集的地区尤其严重。汽车运输排放的废气严重影响空气的质量，油船溢油事故严重污染海洋，公路建设大量占用土地，对生态平衡产生影响，使人类生存环境恶化。

2．影响运输方式选择的因素分析

在各种运输方式中，如何选择适当的运输方式是物流合理化的重要问题。一般来讲，应根据物流系统要求的服务水平和可以接受的物流成本来决定，可以使用一种运输方式，也可以采用联运的方式。

确定运输方式，可以在考虑具体条件的基础上，对下面 5 项具体项目做认真研究和考虑。

（1）货物品种。关于货物品种及性质、形状，应在包装项目中加以说明，选择适合这些货物特性和形状的运输方式。

（2）运输期限。运输期限必须与交货日期相联系，以保证及时运输。必须调查各种运输工具需要的运输时间，根据运输时间来选择运输工具。运输时间的快慢一般情况下依次为航空运输、汽车运输、铁路运输、船舶运输。各种运输工具可以它的速度编组来安排日期，加上它的两端及中转的作业时间，就可以计算所需要的运输时间。

（3）运输成本。运输成本因货物的种类、重量、容积、运距不同而不同。而且，运输工具不同，运输成本也会发生变化。在考虑运输成本时，必须考虑运输费用与其他物流子系统之间存在着互为利弊的关系，不能单从运输费用出发来决定运输方式，而要从全部的总成本出发来考虑。

（4）运输距离。从运输距离看，一般情况下可以依照以下原则：300 千米以内用汽车运输，300~500 千米的范围内用铁路运输，500 千米以上用船舶运输。

（5）运输批量。运输批量方面，因为大批量运输成本低，应尽可能使商品集中到最终消费者附近，选择合适的运输工具进行运输是降低成本的好方法。

在选择运输方式时，保证运输的安全性是选择的首要条件，它包括人身、设备和被运货物的安全等。为了保证被运输货物的安全，首先应了解被运物资的特性，如重量、体积、贵重程度、内部结构及其他物理化学特性（易燃、易碎、危险性等），然后选择安全可靠的运输方式。

物资运输的在途时间和到货的准时性是衡量运输效果的一个重要指标。运输时间的长短和到货的准确性不仅决定着物资周转的快慢，而且对社会再生产能否进行影响较大。运输不及时，有时会给国民经济造成巨大的损失。

运输费用是衡量运输效果的综合标准，也是影响物流系统经济效益的主要因素。一般来说，运输费用和运输时间是一对矛盾体，速度快的运输方式一般费用较高；与此相反，运输费用低的运输方式速度较慢。

综上所述，选择方式时，通常是在保证运输安全的前提下来衡量运输时间和运输费用，到货时间得到满足时再考虑费用低的运输方式。当然，计算运输费用不能单凭运输单价的高低，而应对运输过程中各种费用以及对其他环节费用的影响进行综合分析。

在选择运输方式时，不能仅仅从费用考虑，还应该考虑到发送方式。不同的发送方式不仅运输费用相差较大，而且运输的安全程度和在途的时间差别也很大。如铁路运输有整列、成组、整车、零担、包裹等改善方式，成组、整车运输由于配车编组，在途停滞时间长，而零担、包裹运输费用则较高。

3. 运输方式选择的成本比较法

如果不将运输服务作为竞争手段，那么，能使该运输服务的成本与该运输服务水平导致的相关间接库存成本之间达到平衡的运输服务就是最佳服务方案。也即运输的速度和可靠性会影响托运人和买方的库存水平（订货库存和安全库存）以及它们的在途库存水平。如果选择速度慢、可靠性差的运输服务，物流渠道中就需要有更多的库存。这样，就需要考虑库存持有成本可能升高而抵消运输服务成本降低的情况。因此，最合理的方案应该是既能满足顾客需求，又使总成本降至最低的服务。

例 3.1 某公司欲将产品从坐落于位置 A 的工厂运往坐落于位置 B 的公司自有仓库，年运量 D 为 700 000 件，每件产品的价格 C 为 30 元，每年的存货成本 I 为产品价格的 30%。公司希望选择使总成本最小的运输方式。据估计，运输时间每减少一天，平均库存水平可以减少 1%。

各种运输服务的有关参数如表 3.6 所示。

表 3.6　有关参数

运输方式	运输费率（元/件）R	运达时间（天）T	每年运输批次	平均存货量（件）Q/2
铁路	0.10	21	10	100 000
驮背运输	0.15	14	20	50 000×0.93
卡车	0.20	5	20	50 000×0.84
航空	1.40	2	40	25 000×0.81

（注：安全库存约为订货量的 1/2。）

在途运输的年存货成本为 $ICDT/365$，两端储存点的存货成本各为 $ICQ/2$，但其中的 C 值有差别，工厂储存点的 C 为产品的价格，购买者储存点的 C 为产品价格与运费之和。

运输服务方案比选如表 3.7 所示。

表 3.7　运输服务方案比选　　　　　　　　　　　　　　单位：元

成本类型	计算方法	运输服务方案			
		铁路	驮背运输	卡车	航空
运　输	RD	0.10×700 000 =70 000	0.15×700 000 =105 000	0.20×700 000 =140 000	1.4×700 000 =980 000
在途存货	$ICDT/365$	0.30×30×700 000 ×21/365=362 465	0.30×30×700 000 ×14/365=241 644	0.30×30×700 000 ×5/365=86 301	0.30×30×700 000 ×2/365=34 521
工厂存货	$ICQ/2$	0.30×30×100 000 =900 000	0.30×30×50 000 ×0.93=418 500	0.30×30×50 000 ×0.84=378 000	0.30×30×25 000 ×0.81=182 250
仓库存货	$ICQ/2$	0.30×31.1×100 000 =903 000	0.30×30.15×50 000×0.93=420 593	0.30×30.2×50 000 ×0.84=380 520	0.30×31.4×25 000 ×0.81=190 755
总成本		2 235 465	1 187 737	984 821	1 387 526

由表中的计算可知，在 4 种运输服务方案中，卡车运输的总成本最低，因此应选择卡车运输。

4．考虑竞争因素的方法

运输方式的选择如直接涉及竞争优势，则应采用考虑竞争因素的方法。当买方通过供应渠道从若干个供应商处购进商品时，物流服务和价格就会影响到买方对供应商的选择。反之，供应商也可以通过供应渠道运输方式的选择控制物流服务的这要素，影响买方的惠顾。

对买方来说，良好的运输服务（较短的运达时间和较少的运达时间变动）意味着可保持较低的存货水平和较确定的运作时间表。为了能获得所期望的运输服务，从而降低成本，买方为供应商提供唯一的他能提供的鼓励——给该供应商更多的惠顾。买方的行为是将更大的购买份额转向能提供较好运输服务的供应商，供应商去寻求更适合于买方需要的运输服务方式，而不是单纯追求低成本。这样，运输服务方式的选择成了供应商和买方共同的决策。当然，当一个供应商为了争取买方而选择最佳的运输方式时，竞争的其他供应商也可能做出竞争反应，而做出怎样的竞争反应就很难估计了。因此，下例说明的是在不涉及供应商的竞争对手反应的情况下，买方向能提供最佳运输服务的供应商转移更多交易份额的程度。

例3.2 某制造商分别从两个供应商处购买了共3 000个配件，每个配件单价100元。目前这3 000个配件是由两个供应商平均提供的，如供应商缩短运达时间，则可以多得到交易份额，每缩短一天，可从总交易量中多得5%的份额，即150个配件。供应商从每个配件可赚得占配件价格（不包括运输费用）20%的利润。

于是供应商A考虑，如将运输方式从铁路转到卡车运输或航空运输是否有利可图。各种运输方式的运费率和运达时间如表3.8所示。

表3.8 各种运输方式的运费率和运达时间

运输方式	运费率（元/件）	运达时间（天）
铁路	2.50	7
卡车	6.00	4
航空	10.35	2

显然，供应商A只是根据他可能获得的潜在利润来对运输方式进行选择决策。表3.9是供应商A使用不同的运输方式可能获得的预期利润。

表3.9 供应商A使用不同运输方式所得利润比较　　　金额 单位：元

运输方式	配件销售量（个）	毛利	运输成本核算	净利润
铁路	1 500	30 000	−3 750	26 250
卡车	1 950	39 000	−11 700	27 300
航空	2 250	45 000	−23 287.5	21 712.5

如果制造商对能提供更好运输服务的供应商给予更多份额的交易的承诺实现，则供应商A应当选择卡车运输。当然，与此同时供应商A要密切注意供应商B可能做出的竞争反应行为；出现这种情况，则可能削弱供应商A可能获得的利益，甚至一无所获。

除此之外，在运输服务的选择上还有其他因素需要考虑，其中有些是决策者不能控制的。

第一，如果供应商和买方对彼此的成本有一定了解，将会促进双方的有效合作。但供应商和买方如果是相互独立的法律实体，二者之间若没有某种形式的信息交流，双方就很难获得完全的成本信息。在任何情况下，合作都应该朝着更密切关注对方对运输服务选择的反应或对方购买量的变化的方向发展。

第二，如果分拨渠道中有相互竞争的供应商，买方和供应商都应该采取合理的行动来平衡运输成本和运输服务，以获得最佳收益。当然，无法保证各方都会理智行事。

第三，还没有考虑对价格的影响。假如供应商提供的运输服务优于竞争对方，他很可能会提高产品的价格来补偿（至少是部分补偿）增加的成本。因此，买方在决定是否购买时应同时考虑产品价格和运输绩效。

第四，运输费率、产品种类、库存成本的变化和竞争对手可能采取的反击措施都增加了问题的动态因素，在此并没有直接涉及。

第五，这里没有考虑运输方式的选择对供应商存货的间接作用。供应商也会和买方一样由于运输方式变化改变运输批量，进而导致库存水平的变化。供应商可以通过高速价格来反映这一变化，而这又反过来影响运输服务的选择。

5. 运输服务商的选择

客户在付出同等运费的情况下，总是希望得到好的服务。因此，服务质量往往成为客户选择不同运输服务商的首要标准。

① 运输质量。运输所体现的价值是把货物从一个地方运送到另一个地方，完成地理上的位移，而无需对货物本身进行任何加工。但如果运输保管不当，就会对货物的质量产生影响。因此，客户在选择运输服务商时会将其运输质量作为一个重要的因素来考虑。

② 服务理念。随着各服务商质量的提高，客户对服务的要求也越来越高，于是客户在选择不同的运输服务时还会考虑其他的服务理念，如运输的准确率、运输的时间间隔、单证的准确率、信息查询的方便程度、货运纠纷的处理等。由于运输技术及运输工具的发展，目前各运输服务商之间的运输质量差异正在缩小。而为吸引客户，服务商不断更新服务理念，以求与其他服务商之间撇开服务差异，为客户提供高附加值的服务，从而稳定自己的市场份额，增强竞争力。这也就为客户选择不同的服务商提供了更多空间，客户可以根据自己的需求确定选择目标。

6. 运输价格比较法

正如以上所述，各运输服务商为了稳定自己的市场份额，都会努力提高服务质量。而随着竞争的日趋激烈，对于某些货物来说，不同的运输服务商所提供的服务质量已近乎相同，因此运价很容易成为各服务商的最后竞争手段。于是，客户在选择时，如面对几乎相同的服务质量，或有些客户对服务质量要求不高时，运输价格成为了另一个重要的决策准则。

7. 综合选择

当然，会有更多的客户在选择运输服务商时会同时考虑多个因素，如同时考虑服务质量和运输价格，以及服务商的品牌、服务商的经济实力、服务商的服务网点数量等。客户可以根据自己的需要，调整不同因素的权数，然后做出决策。

8. 运输路线的选择

运输路线的选择影响到运输设备的利用和人员配备，正确、合理地确定运输路线可以降低运输成本，因此运输路线的确定是运输决策的一个重要领域。尽管路线选择问题种类繁多，但我们可以将其归纳为几个基本类型。

（1）最短路线问题。对分离的、单个始发点和终点的网络运输路线选择问题，最简单和直观的方法是最短路线法。网络由节点和线组成，点与点之间由线连接，线代表点与点之间运行的成本（距离、时间或时间和距离加权的组合）。初始，除始发点外，所有节点都被认为是未解的，即均未确定是否在选定的运输路线上。始发点作为已解的点，计算从原点开始。

计算方法如下。

① 第 N 次迭代的目标。寻求第 N 次最近始发点的节点，重复 $N=1,2,\cdots\cdots$，直到最近的节点是终点为止。

② 第 N 次迭代的输入值。（$N-1$）个最近始发点的节点是由以前的迭代根据离始发点最短路线和距离计算而得的。这些节点以及始发点称为已解的节点，其余的节点是尚未解的点。

③ 第 N 个最近节点的候选点。每个已解的节点由线路分支通向一个或多个尚未解的节点，这些未解的节点中有一个以最短路线分支连接的是候选点。

④ 第 N 个最近的节点的计算。将每个已解节点及其候选点之间的距离和从始发点到该已解节点之间的距离加起来，总距离最短的候选点即是第 N 个最近的节点，也就是始发点到达该

点最短距离的路径。

例 3.3 图 3.6 是一张高速公路网示意图，其中 A 是始发点，J 是终点，B、C、D、E、F、G、H、I 是网络中的节点，节点与节点之间以线路连接，线路上标明了两个节点之间的距离，以运行时间（分）表示。要求确定一条从原点 A 到终点 J 的最短的运输路线。

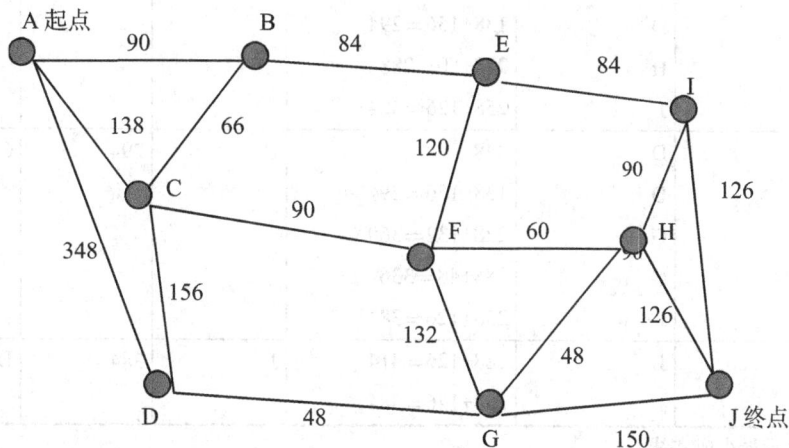

图 3.6　高速公路网络示意

我们首先列出一张表 3.10 所示的表格。第 1 个已解的节点就是起点（A）。与 A 点直接连接的未解的节点有 B、C 和 D 点。第 1 步，我们可以看到 B 点是距 A 点最近的节点，记为 AB。由于 B 点是唯一的选择，所以它成为已解的节点。

表 3.10　最短路线方法计算表

步骤	直接连接到未解节点的已解节点	与其直接连接的未解节点	相关总成本	第 N 个最近节点	最小成本	最新连接
1	A	B	90	B	90	AB ＊
2	A B	C C	138 90+66＝156	C	138	AC
3	A B C	D E F	348 90+84＝174 138+90＝228	E	174	BE ＊
4	A C E	D F I	348 138+90＝228 174+84＝258	F	228	CF
5	A C E F	D D I H	348 138+156＝294 174+84＝258 228+60＝288	I	258	EI ＊

步骤	直接连接到未解 节点的已解节点	与其直接连接 的未解节点	相关总成本	第 N 个最近 节点	最小成本	最新连接
6	A	D	348	H	288	FH
	C	D	138+156=294			
	F	H	228+60=288			
	I	J	258+126=384			
7	A	D	348	D	294	CD
	C	D	138+156=294			
	F	G	228+132=360			
	H	G	288+48=336			
	I	J	258+126=384			
8	H	J	288+126=414	J	384	IJ*
	I	J	258+126=384			

注：*号表示最小成本线。

　　随后，找出距 A 点和 B 点最近的未解的节点。列出距各个已解的节点最近的连接点，有 A－C，B－C，记为第二步。注意：从起点通过已解的节点到某一节点所需的时间应该先于到达这个已解节点的最短时间加上已解节点与未解节点之间的时间。也就是说，从 A 点经过 B 点到达 C 的距离为 AB＋BC＝90＋66＝156（分），而从 A 直达 C 的时间为 138 分。现在 C 也成了已解的节点。

　　第 3 次迭代要找到与各已解节点直接连接的最近的未解节点。如表所示，有 3 个候选点，从起点到这 3 个候选点 D、E、F 所需的时间相应为 348 分、174 分和 228 分，其中连接 B、E 的时间最短，为 174 分，因此 E 点就是第 3 次迭代的结果。

　　重复上述过程起到终点 J，即第 8 步。最短的路线时间是 384 分，连线在表中以"*"符号标出，最优路线为 A－B－E－I－J。

　　在节点很多时用手工计算比较繁杂，如果把网络的节点和连丝的有关数据存入数据库，最短路线就可用计算机求解。绝对的最短距离路径并不说明穿越网络所用的必定是最短时间，因为该方法没有考虑各条路线的运行质量。因此，对运行时间和距离都设定权数就可以得出比较具有实际意义的路线。

　　（2）起讫点重合的问题。物流管理人员经常遇到的一个路线选择问题是始发点就是终点的路线选择。这类问题通常在运输工具是私人所有的情况下发生。例如，配送车辆从仓库送货至零售点，然后返回仓库重新装货；当地的配送车辆从零售店送货至顾客，再现返回；送报车辆的运行路线；垃圾收集车辆的运行路线；等等。这类问题求解的目标是寻求访问各点的次序，以求运行时间或距离最小化。始发点和终点相合的路线选择问题通常被称为"旅行推销员"问题，应对这类问题应用经验探法比较有效。

　　经验告诉我们，当运行路线不发生交叉时，经过各停留点的次序是合理的。同时，应尽量使运行路线形成泪滴状。图 3.7 是通过各点的运行路线示意，其中图 3.7（a）是不合理的运行路线，图 3.7（b）是合理的运行路线。根据上述两项原则，物流人员可以很快画出一张路线图，而如用电子计算机计算反而需要耗费好多时间。当然，如果点与点之间的空间关系并不真正代表其运行时间或距离（如有路障、单行道路、交通拥挤等），则使用电子计算机寻求路线上的停留点的合理次序更为方便。

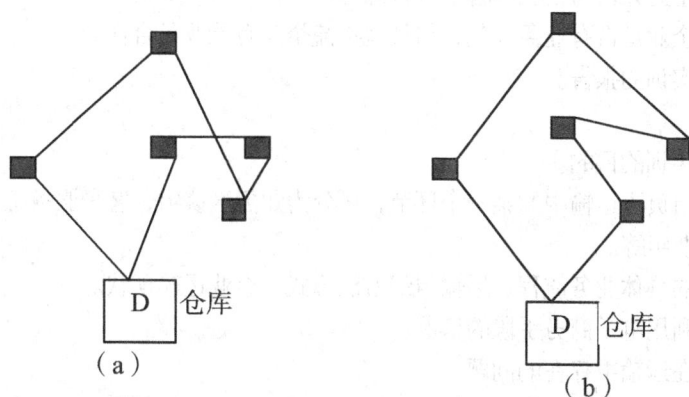

图 3.7 运输路线示意图

3.3 本章小结

本章主要介绍了装卸搬运、运输方式及运输决策方面的有关知识。通过本章的学习，学生应掌握的主要知识点有：装卸的概念与种类、为实现装卸搬运合理化应遵循的原则与途径；运输的 5 种基本方式与各自的特点、运输合理化有效途径及如何进行运输规划与决策。运输决策一直被视为是物流管理人员面临的最重要的决策问题之一。本章则重点讨论了包括运输方式的选择、承运人的路线制定等在内的决策问题。

3.4 复习思考题

1. 简述实现装卸搬运合理化的途径。
2. 简述各种运输方式的特点。
3. 实现合理运输的途径有哪些？
4. 试述 5 种运输方式的经济和服务特性。

3.5 本章实训

主题：第三方物流企业的运输组织管理。

目的：学生在学习完本章后应熟练掌握运输方式的选择，运输合理化的方法。学生通过在专业物流企业（第三方物流公司）实训，收集企业在现代信息技术下接受物流业务、组织运输的具体内容。

实训流程：

（1）观察物流企业运输业务的运输业务操作流程。

（2）调查物流企业运输方式的选择与车辆调度的方法。

（3）调查物流企业如何实现对运输作业的控制，如何处理运输中不确定性因素。

（4）调查物流企业如何提高车辆的装载率。

（5）调查物流企业如何与自己的客户进行沟通。

（6）调查物流企业是否有业务外包，与其他物流企业有无业务合作。

（7）完成本次实训的报告。

具体任务：

（1）了解本次实训的目的。

（2）分组，每组负责运输中的某一个环节；可分为业务洽谈组、客户服务组、运输计划组织组、具体运输作业组等。

（3）调查运输的具体业务流程、运输组织方法方式、企业运输现状。

（4）调查企业利用电子商务手段的情况。

（5）调查企业在运输中存在的问题。

（6）撰写本次调查的报告。包括现状、组织作业程序、存在的问题、解决方案。

PART 4
第 4 章
电子商务物流仓储管理与库存控制

库存管理是物流管理的核心内容。库存水平和库存周转速度的高低会直接影响到物流成本的高低和企业的经济效益的好坏。因此，在物流管理中，必须采用科学的方法管理和控制库存，在满足生产经营活动正常需要的情况下，将库存数量控制在最低的水平，以达到降低物流成本、提高企业经济效益的目的。

案例展示：深圳赤湾仓储有限公司的运作

深圳赤湾仓储有限公司是一家专业化大型仓储企业，由两家股东组成，分别为中国南山开发集团股份有限公司、深圳赤湾港股份有限公司。公司拥有优越的地理位置、便捷的交通、现代化的设施、全方位高质高效的配套服务条件。

（1）优越的地理位置。仓库位于深圳西部港口群中心位置，距离赤湾凯丰码头、蛇口集装箱码头 2 千米以内，距离我国香港特别行政区 20 海里（1 海里＝1 852 米＝1.852 千米）以内，距离珠江三角洲地区广州、珠海、东莞、佛山、中山、惠州等城市均不超过 150 千米。

（2）便捷的交通。陆路运输，有 4 车道疏港公路连接广深汕高速公路及 107 国道，保证货柜能快捷往来于深圳各区和内地各省市。通往本市宝安、福田、罗湖区半小时的运输路程，通往龙岗、盐田区 1 小时的运输路程。铁路运输，平（平湖）南（南头）铁路直达赤湾，连接广深铁路及国家铁路网。海路运输，紧邻的赤湾凯丰码头和蛇口集装箱码头，有直航欧洲、东非、美国、日本、东南亚等航线和众多驳船航线往返香港 HIT、MTL 码头。

（3）现代化的设施。拥有高层干货仓一座，楼高 6 层，层高 4.95 米，每层分 3 个区；另有 4 座单层平仓，仓高 9~10 米，总面积为 69 500 平方米。仓内有承重 3 吨进口电梯 8 部，电动升降装卸车平台 35 部，叉车 35 部，可全天候作业，配有自动报警、喷淋消防、抽风高温系统和进口清扫吸尘机械，确保货物的安全和存储质量。

（4）全方位、高效的配套服务系统。可供进口保税仓、出口监管仓和普通仓服务，并可代客户办理报送、报验、保险、拼箱集运中转，海陆运输等"全套储运服务"。

仓库每日可完成 120 个 40 英尺（1 英尺＝0.3048 米）货柜货物装卸和分拣、组板、包装服务，有自备货柜拖车提供接送转关运输服务。

4.1 仓库保管

4.1.1 仓库的概念

仓库是保管、存储物品的建筑物和场所的总称，是随着物资储备的产生而产生的。现代仓库作为物流服务的据点，在物流作业中发挥着重要的作用。它不仅具有储存、保管等传统功能，而且包括拣选、配货、检验、分类等作业并具有多品种小批量、多批次小批量等配送功能，以及附加标签、重新包装等流通加工功能，图4.1所示为京东商城的仓库。

图 4.1　京东商城的仓库

4.1.2 仓库的类型

按照特定的分类标准，仓库有许多不同的类型。

1. 按仓库在社会再生产过程中所处的领域分

（1）生产领域仓库（生产仓库或企业仓库）。用于存放生产储备物品，以保证企业生产正常进行而建立的仓库。这类仓库主要用于存放企业生产所需的各种原材料、设备、工具等，并存放企业生产的产品。按其存放物品的性质不同，又可分为原材料仓库和成品仓库。

（2）中转仓库（储运仓库）。专门用于物品储存和中转业务的仓库，属于流通领域的仓库。

（3）国家储备仓库。用于存放国家储备物资的仓库。国家储备物资是较长时间脱离周转的物资，这类物资同样也处在流通领域。因此，国家储备仓库也属于流通领域的仓库。

2. 按储存物资的种类分

（1）综合性仓库。综合性仓库又称通用型仓库，即在一个仓库里储存多种不同属性的物资。在综合性仓库里，所储存的各种物资的物理、化学性质必须是互不影响的。

（2）通用仓库。储存一般工业品、农副产品的仓库，它仅具有进出库、装卸、搬运、商品养护、安全要求等一般的技术设施，无保温空调等特殊性装备。由于它可以存放各种一般的商品，因此，适应性较强，利用率较高，在流通领域仓库中所占比重较大。

（3）专业性仓库。在一定时期内，一个仓库里只存放某一大类物品，或虽然储存两类以上的物品，但其中某一类物资的数量却占绝大多数，如金属材料仓库、机电设备仓库等。由于专业性仓库存放的物资单一，比较容易实现仓库作业的机械化和自动化。

3．按储存物资的保管条件分

（1）普通仓库。也称通用仓库，指用于储存无特殊保管要求的物品的仓库。

这类仓库一般储存工业品、农副产品，如一般黑色金属材料和机电产品。具有一般商品的储存空间，变通的装卸、搬运、堆码、养护技术设施。普通仓库的实用性强、应用广泛、利用率高，在我国仓库数量中占很大的比例。

（2）专用仓库。是指具有专门设施，用于储存某种或某类要求特殊储存条件商品的仓库。

这类仓库是根据在商品的特殊保管养护要求设计制造的。如茶叶、卷烟、食糖、粮食、化肥、农药、蔬菜、水产品、牲畜等，由于性能比较特殊，故单独储存，可以防止串味，保证质量。在仓库技术设施上，根据各种商品性质不同，安装不同装备。例如，保温仓库是指仓库里设有采暖设备，能使库房保持一定温度，用于存放要求保温物品的仓库；恒温仓库是指能使库房保持一定温度和湿度，用于存放要求恒温、恒湿的物品的仓库；高精密仪器仓库是指库房有防尘、防震、防潮设备，并有恒温装置，用以存放高级精密仪器、仪表的仓库；冷藏仓库是能使库房内保持低温，用于保管怕热、保鲜物资的仓库，多用于仪器、医疗等行业。

（3）特殊仓库。一般是指危险品仓库，用以存放具有易燃性易爆性、腐蚀性、有毒性和放射性等对人体或建筑物有一定危险的物资的仓库，在库房建筑结构及库内布局等方面有特殊要求，还必须远离工厂和居民区。

4．按库房的结构特点分

（1）地面仓库。库房建筑在地面以上的仓库。这是目前最普遍的仓库种类。

（2）地下仓库。储存建筑物建筑在地面以下的仓库，多数是坑道油库。

（3）半地下仓库。库房的建筑一部分建筑在地面以下，另一部分凸出地面以上的仓库。

4.1.3 仓库的功能

仓库在整个物流系统中扮演着极其重要的角色，与其他业务连在一起向客户提供能够达到的服务。仓库一个最明显的功能就是储存物品，但随着人们对仓库概念的深入理解，仓库也担负着处理破损、集成管理和信息服务的功能，其含义已经远远超出了单一的储存功能。一般来讲，仓库具有3个基本的功能：保管、移动及信息传递功能。

1．保管功能

仓库最基本的功能就是保管物品。物品的暂时存贮是指那些消耗较快需要及时补给的物品。不管仓库实际的储存周转率如何，物品的暂时储存都是必需的，它主要依赖于整个仓库管理系统的设计、产品需求的大小以及需求提前期的长短。物品的长久储存通常被认为是安全库存或缓冲库存，也可以是战略物资库存。导致物品长久储存的原因主要有：季节性的产品需求、不稳定的市场环境、物品的个性特征（如肉类和果实）等。

2．移动功能

移动功能一般包括以下步骤：收货验货、搬运放置、运输。收货是指从运输工具上卸下货物，修改仓库的存货记录，检查产品的破损状况，确认产品的订单数目与运送记录是否一致。库内运输是指物品在仓库内部进行的物流过程，是指将所需物品堆起来，进行必要的包装整理和配置，然后批量运送出库，同时更改仓库物品的库存记录，核实将要运输的订单。例如，将物品移到指定的地点、顾客订单的选择和确定以及物品的包装配送等事务。

3．信息传递功能

信息传递功能总是伴随着移动和储存两个功能而发生的。在努力处理有关仓库管理的各项事务时，总需要及时而准确的仓库信息，如仓库利用水平、进出货频率、仓库的地理位置、仓库的运输情况、顾客需求状况以及仓库人员的配置等，这对一个仓库管理能否取得成功至关重要。目前，在仓库的信息传递方面，越来越多地依赖电子计算机和互联网，例如，通过使用电子数据交换系统或条形码技术来提高仓库物品的信息传递速度和准确性，通过互联网了解仓库的使用情况和物资的存储情况。

4.2 仓储管理

4.2.1 仓储的含义

仓储传统上就是在物流的各个阶段存储产品（存货）。有两种基本类型的存货可以存储：原材料、零部件（实物供应），最终产品（实物配送）。也可能有半成品存货和物料被处理和循环利用，但在绝大多数公司中它们仅占总存货的很小的一部分。

仓储是每一个物流系统不可缺少的部分。全世界估计有 75 万个仓库设施，包括专业管理仓库、公司仓库、车库、私人仓库，甚至花园小屋。仓储在用尽可能低的总成本提供理想的客户服务水平方面起着重要的作用（见图 4.2）。仓储是生产者和消费者之间重要纽带。近年来，仓储已经从公司物流系统的相对次要的方面发展成为最重要的职能之一。

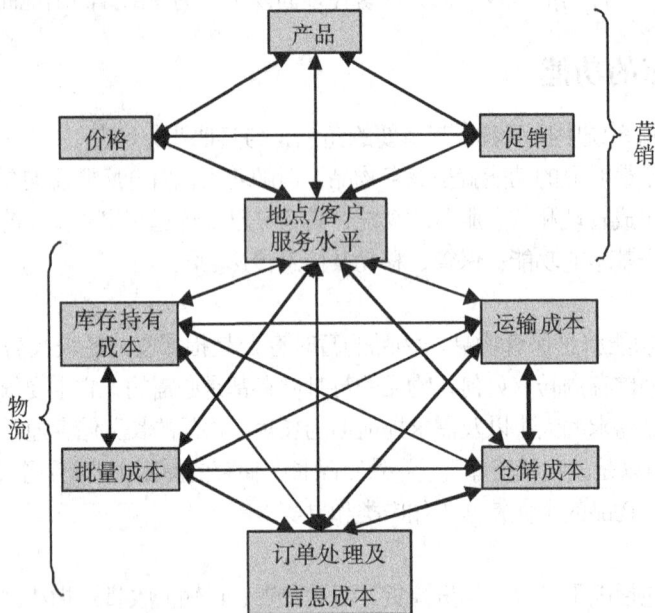

营销目标：将资源配置到营销组合中，使公司的长期利润最大化。

物流目标：在客户服务目标给定的情况下最小化总成本，其中总成本＝运输成本＋仓储成本
＋批量成本＋库存持有成本。

图 4.2　物流系统所需的成本权衡

我们可以将仓储（Warehousing）定义为公司物流系统的一部分，它从初始点到消费点存储产品（原材料、零部件、半成品、成品），提供存储状态、条件和处置等信息。配送中心（Distribution Center,DC）这一术语有时也使用，但它们并不相同。仓库（Warehouse）是更一般的概念。

4.2.2 仓储管理的内容与任务

1. 仓储管理的内容

仓储管理是指服务于一切库存物资的经济技术方法与活动。很明显，仓储管理的对象是一切库存物资，管理的手段既有经济的，又有纯技术的，具体包括以下几个方面的内容。

（1）仓库的选址与建设问题。例如仓库的选址原则，仓库建筑面积的确定，库内运输道路与作业的布置等。

（2）仓库机械作业的选择与配置问题。例如，如何根据仓库作业特点和所储存物资的种类及其理化特性，选择机械装备以及应配备的数量，如何对这些机械进行管理等。

（3）仓库的业务管理问题。例如，如何组织物资入库前的验收，存放入库物资，如何对在库物资进行保管保养、发放出库等。

（4）仓库的库存管理问题。例如，如何根据企业生产需求状况，储存合理数量的物资，既不致因为储存过少引起生产中断造成损失，又不致储存过多占用过多流动资金等。

本节就第（1）点和第（3）点展开讲解，第（2）点参见第3章，第（4）点所涉及的内容在本章第4.4节有详细介绍。此外，仓库业务考核问题，新技术、新方法在仓库管理中的运用问题，仓库安全与消防问题等，都是仓储管理所涉及的内容。

2. 仓储管理的基本任务

仓储在宏观方面的任务是进行资源的合理配置及储存，为我国的市场经济发展及现代化建设建立一个科学、合理的仓储网络系统。

仓储管理在微观方面的任务是提高企业的仓储效率、降低储运成本、减少仓储损耗。具体有以下几个方面。

（1）合理组织收发，保证收发作业准确、迅速、及时，使供货单位及用户满意。

（2）采取科学的保管保养方法，创造适宜的保管环境，提供良好的保管条件，确保在库物品数量准确、质量完好。

（3）合理规划并有效利用各种仓储设施，搞好革新、改造，不断扩大储存能力，提高作业效率。

（4）积极采取有效的措施，保证仓储设施、库存物品和仓库职工的人身安全。

（5）搞好经营管理，开源节流，提高经济效益。

4.2.3 仓库的选址和布局

1. 仓库位置类型

在物流系统设计中，如果它能得到服务或成本优势的话，一个仓库应当被建立。仓库的合适数目与地理位置是由客户、制造点与产品要求所决定的。仓库代表着一个公司赢得时间与地点效益的总体努力的一部分。从一项政策的角度看：仅当销售与市场营销影响增加或总成本减少时，仓库才应当在一个物流系统中建立。使用传统的分类方法，仓库的选址可划分为以市场定位，以制造定位或中间定位等几种。

（1）以市场定位的仓库。以市场定位的仓库通常用来向客户提供库存补充。由市场定位的仓库服务的市场区域的地理面积的大小取决于所要求的送货速度、平均订货量，以及每单位当地发送的成本。以市场定位的仓库是由零售商、制造商与批发商运作的。它们共同存在向客户提供库存补充，这不论从服务能力基础或是作为提供物流支持的最低成本方法来看都是合理的。

以市场为定位的仓库，通常用来作为从不同源地和不同供应商那里获取商品并集中装配商品的地点。通常商品的分类很广泛，而任何特定商品的需求与进出仓库的问题相比较都是很小的。一个零售商店通常不会有足够的需求来向批发商或制造商直接订购大量的货物，零售要求由许多不同的或广泛分散的制造商生产的不同产品的集合。为了以低的物流成本对这样的分类库存进行快速补充，零售商可以选择建立仓库，或使用批发商的服务。

以市场为定位的仓库可见于食品和大商品工业。现代食品分销仓库，在地理位置上通常坐落在接近它服务的各个超市的中心。在这种情况下，由于商品不再需要长距离运输，因此从这个中心仓库位置可以完成迅速到达零售店的经济性运输，所服务的最远距离的零售分销店一般约距离仓库560千米。其他以市场定位分销仓库的例子可见于制造物流支持中，在那里，部件与零件被陈列着，以实现"适时"战略。

以市场定位的仓库在产业中很容易观察到，仓库位于邻近服务的市场，可以以最低成本方法迅速补充库存。

（2）以制造定位的仓库。以制造定位的仓库通常坐落在邻近生产工厂，以作为装配与集运生产物件的地点，这些仓库存在的基本原因是便于向客户运输各类产品。从专业工厂将物品转移到仓库，再从仓库里将全部品种的货品运给客户，坐落位置用来支持制造厂，可以集运费率将产品混合后运给客户。这种产品分类的集运促进大量购买产品。以制造定位的仓库的优点在于它能跨越一个类别的全部产品而提供卓越的服务。如果一个制造商能够以单一的订货单、集运的费率将所有交售的商品结合在一起，就能产生竞争差别优势。事实上，一个制造商提供这种服务可能被选为顾客喜爱的供应商。

（3）中间定位仓库。中间定位仓库坐落在客户与制造厂之间，这些仓库与"以制造定位"的仓库相类似，为广泛的库存品种提供集运，从而减少了物流成本。

工业区位理论论述了生产特定产品类别的制造厂通常必须坐落在邻近能源或所需的原材料产地附近。为了增强竞争优势，降低成本，提高效益，制造公司面临着地区化生产的需要。当两个或更多的工厂的产品卖给一个客户时，最小总成本的物流解决办法可能是一个中间的集运及分类仓库。

2．仓库选址的基本条件和基本数据

选址决策的焦点问题是仓库的数量和坐落位置。这些问题包括：应该设置多少仓库，它们的位置应坐落在何处；每个仓库服务于哪些客户或市场范围；仓库储存哪些产品群；需要使用哪些公共设施和私人设施等。另外，还需考虑交通条件、地理条件、通信条件以及道路条件等。

（1）仓库选址的基本条件。仓库选址时，必须根据已确定的目的、方针明确以下条件，逐步地筛选出仓库选址的候选地。

① 必要条件。客户的现状及预测，业务量的增长率，辐射的范围等。

② 运输条件。应靠近铁路货运站、港口和公共汽车终点站等运输据点，同时也就靠近运输业者的办公地点。

③ 服务条件。向客户报告到货的时间、发送频度，以及根据供货时间计算从客户到仓库的距离和服务范围。

④ 用地条件。仓库选址时要考虑是利用现有的设施和土地，还是新征土地。如果需要新

征土地，则需考虑地价及地价许可范围内用地的分布状况。

⑤ 政策法规。在指定的用地区域范围内是否有不准建立仓库设施的土地政策规定。

⑥ 管理及信息条件。是否要求仓库靠近公司总部及营业、管理、计算机中心等部门。

⑦ 流通功能。商流、物流功能是否分离，在仓库内是否有流通加工功能，如果有，是否能够保证对工人的聘任和职工通勤的便利，是否要限定仓库选址的范围。

⑧ 其他条件。根据仓库的类型是否需要冷藏、保温设施，是否需要防公害设施、设备或危险品处理设备等。如果存在这种情况，行政区范围内是否有限制这些设施的条件，是否适合这些条件。

在仓库位置的选择时，决策者必须充分地考虑和研究这些问题，根据这些条件决定仓库的设施规模和地理位置。最佳的仓库选址是由所希望的条件来决定。因此将所希望的条件按照优先顺序，标记在地图上，反复地研究分析，在理想的区域内，限定候选地。另外，由于城市密度越来越大，可供自由选择的余地越来越小，因此，选址的定性分析显得越发重要。实际选址时，一般采用定量的方法先进行理论位置的选定，然后再根据实际的条件进行分析论证以确定理想的仓库选址。

（2）仓库选址时所需的基本数据。仓库选址时采用的定量分析方法是仓库选址的必要方法。在采用相应的模型进行分析时，必须考虑成本和作业量这两方面的数据。

①作业量。仓库作业量主要有以下几个方面：供应商到仓库的运输量；仓库到客户的运送量；仓库的库存量；不同运送线路上的作业量。

这些数据在不同的时间段、不同的季节、不同的月份等均有不同的波动，因此要对采用的数据进行研究和筛选。另外，除了对现状的各项数据进行分析外，还需对设施运营使用后的预测值进行确定。

②成本费用。与仓库选址有关的成本费用有以下几方面：供应商到仓库的运输费，将货物运送给客户的运送费，与设施、土地有关的费用及人工费、业务费等。

上述费用中前两项随着业务量和运送距离的变化而变化，必须对吨公里成本进行分析。后一项费用包括可变费用和固定费用两部分，可变成本包括劳动力、能源、公用设施和原料的费用，固定成本包括有关设施、设备及监督管理的费用，分析时可用两类费用之和进行分析。

③其他。用缩尺地图表示客户的公交车、现有设施的配置方位及工厂的位置，并整理各个候选地的运送路线及距离等资料。对必备的车辆数、作业人员数、装卸机械费用等要与成本分析结合起来确定。

案例展示：Target 商店发现选址时要考虑的不仅仅是正确的模型

在为服务于芝加哥的主要配送中心选址的时候，Target 商店考虑了 3 个州的 55 个场所。它做了所有正确的事：考虑与市场的临近程度、运输成本、可利用的劳动力和每个地方提供的税收激励。它将目标缩小到 3 个场所，最后选择了威斯康星 Oconomowoc 镇的工业园。Target 没有预料到的是自己将卷入一场政治家之间关于环境的争端之中。

在破土动工前，Target 完成了所有必要的法律和环境程序。然而环境组织并不满意。地下水怎样排放？空气污染和来自卡车和雇员的交通堵塞怎么办？这些团体认为项目仓促通过了州政府的审批，公众知晓度很低。使事情进一步复杂化的是，相邻的一个镇抗议这次开发，因为它以前和 Oconomowoc 在水和下水道问题上发生过冲突。

Target 能从中获得什么教训呢？首先，如果早意识到这些问题的程度，Target 管理者可能会用更多的时间事先和地方团体达成协议。其次，要遍历政治活动中所有"正确的"步骤，仅仅与管制者和地方政府交涉是不够的。再次，像 Oconomowoc 这样的拥有 7 000 人口的小镇的居民对建在他们镇上的新设施的影响很敏感。增加更多的房屋、学校、公路和基础设施可能会改变小镇的氛围，当地居民不喜欢这样。当地商人可能因他们的长期雇员会被小镇新雇主抢走而感受到威胁。

一旦设施建起来，其生存和成功就依赖于维持和巩固与市民的关系了。Target 采取了这一政策。作为许诺的一部分，它每年向小镇捐赠 5%的税前收入。这个故事有个好的结尾：Oconomowoc 配送中心建立起来了且运作良好。

4.2.4 仓库作业管理

1．入库管理

仓库作业过程的第一个步骤就是验货收货，物品入库，它是物品在整个物流供应链上的短暂停留，而准确的验货和及时的收货能够加强此环节的效率。一般来讲，在仓库的具体作业过程中，入库主要包括以下几个具体步骤。

（1）核对入库凭证。根据物品运输部门开出的入库单核对收货仓库的名称、印章是否有误，商品的名称、代号、规格和数量等是否一致，有无更改的痕迹等，只有经过仔细的核对后才能确定是否收货。

（2）入库验收。物品的验收包括对物品规格、数量、质量和包装方面的验收，对物品规格的验收主要是对物品品名、代号、花色等方面的验收；对物品数量的验收主要是对散装物品进行称量，对整件物品进行数目清点，对贵重物品进行仔细的查收等；对物品质量的验收主要有物品是否符合仓库质量管理的要求，产品的质量是否达到规定的标准等；对物品包装方面的验收主要有核对物品的包装是否完好无损，包装标志是否达到规定的要求等。

（3）记账登录。如果物品的验收准确无误，则应该在入库单上签字，确定收货，安排物品存放的库位和编号，并登记仓库保管账目；如果发现物品有问题，则应另行做好记录，交付有关部门处理。

2．在库管理

仓库作业过程的第二个步骤是存货保管，物品进入仓库进行保管，需要安全、经济地保持好物品原有的质量水平和使用价值，防止由于不合理的保管措施所引起的物品磨损和变质或者流失等现象。具体步骤如下。

（1）堆码。由于仓库一般实行按区分类的库位管理制度，因而仓库管理员应当按照物品的储存特性和入库单上指定的货区和库位进行综合的考虑和堆码，做到既能够充分利用仓库的库位空间，又能够满足物品保管的要求。物品堆码的原则主要如下。

①尽量利用库位空间，较多采取立体储存的方式。

②仓库通道下椎垛之间适当的宽度和距离，提高物品装卸的效率。

③根据物品的不同收发批量、包装外型、性质和盘点方法的要求，利用不同的堆码工具，采取不同的堆码形式，其中，危险品和非危险品的堆码，性质相互抵触的物品应该区分开来，不得混淆。

④不要轻易改变物品储存位置，大多应按照先进先出的原则。

⑤在库位不紧张的情况下，尽量避免物品堆码的覆盖和拥挤。

（2）养护。仓库管理员应当经常或定期对仓储物品进行检查和养护，对于易变质或储存环境比较特殊的物品，应该经常进行检查和养护。检查工作的主要目的是尽早发现潜在的问题，养护工作主要是以预防为主。在仓库管理过程中，应采取适当的温度、湿度和防护措施，预防破损、腐烂或失窃等，以保证存储物品的安全。

（3）盘点。对仓库中贵重的和易变质的物品，盘点的次数越多越好；其余的物品应当定期进行盘点(如每年盘点一次或两次)。盘点时应当做好记录，与仓库账目核对，如果出现问题，应当尽快查出原因，及时处理。

3．出库管理

仓库作业管理的最后一个步骤是发货出库，仓库管理员根据提货清单，在保证物品原先的质量和价值的情况下，进行物品的搬运和简易包装，然后发货。仓库管理员的具体操作步骤如下。

（1）核对出库凭证。仓库管理员根据提货单，核对无误后才能发货，除了保证出库物品的品名、规格和编号与提货单一致外，还必须在提货单上注明物品所处的货区和库位编号，以便能够比较轻松地找出所需的物品。

（2）配货出库。在提货单上，凡是涉及较多的物品，仓库管理员应该认真复核，交与提货人，凡是需要发运的物品，仓库管理员应当在物品的包装上做好标记，而且可以对出库物品进行简易的包装，在填写有关的出库单据、办理好出库手续之后，可以放行。

（3）记账清点。每次发货完毕之后，仓库管理员应该做好仓库发货的详细记录，并与仓库的盘点工作结合在一起，以便于以后的仓库管理工作。

4.2.5 仓储合理化

1．储存合理化的标志

储存合理化的含义是用最经济的办法实现储存的功能。储存合理化有以下几个主要标志。

（1）质量标志。保证被储存物的质量，是完成储存功能的根本要求。只有这样，商品的使用价值才能通过物流之后得以最终实现。在储存中增加了多少时间价值或是得到了多少利润，都是以保证质量为前提的。所以储存合理化的主要标志中，为首的应当是反映使用价值的质量。

（2）数量标志。在保证功能实现的前提下，有一个合理的数量范围。目前管理科学的方法已能在各种约束条件下，对合理数量范围做出决策。但是较为实用的还是在消耗稳定、资源及运输可控的约束条件下所形成的储存数量控制方法。

（3）时间标志。在保证功能实现的前提下，寻求一个合理的储存时间，这是和数量有关的问题，储存量越大而消耗速率越慢，则储存的时间必然长，相反则必然短。在具体衡量时往往有周转速度指标来反映时间指标，如周转天数、周转次数等。

（4）结构标志。结构标志是被储存物不同品种、不同规格、不同花色的储存数量的比例关系，用于对储存合理性做出判断。尤其是相关性很强的各种物资之间的比例关系更能反映储存合理与否。由于这些物资之间相关性很强，只要有一种物资出现耗尽，即使其他种物资仍有一定数量，也会无法投入使用。所以，不合理的结构影响面并不仅仅局限在某一种物资身上，而表现出其扩展性。

（5）分布标志。分布标志指不同地区储存数量的比例关系，以此判断与当地需求之比、对需求的保障程度，也可以此判断对整个物流的影响。

（6）费用标志。仓租费、维护费、保管费、损失费、资金占用利息支出等，都能从实际费用上判断储存的合理与否。

2．储存合理化实施要点

（1）对储存物品进行 ABC 分析与管理。ABC 分析是实现储存合理化的基础性分析，在此基础上可以进一步解决各类结构关系、储存量、重点管理、技术措施等合理化问题，分别决定各种物资的合理库存储备数量及经济地保有合理储备的办法，乃至实施零库存。

（2）追求经济规模，适度集中库存。适度集中储存是合理化储存的重要内容。所谓适度集中库存，是指利用储存规模优势，以适度集中储存代替分散的小规模储存来实现储存的合理化。

集中储存是面对两个制约因素，在一定范围内取得优势的办法。这两个因素，一是储存费，二是运输费。过分分散，每一处储存保证的对象有限，难以互相调度调剂，需分别按其保证对象要求确定库存量。而集中储存易于调度调剂，集中库存总量可大大低于分散储存总量。过分集中储存，储存点与用户之间距离拉长，储存总量虽降低，但运输距离拉长，运费支出加大，在途时间长，又迫使周转储备增加。所以适度集中的含义主要是在这两方面取得最优集中程度。

（3）加速总的周转，提高单位产出。储存现代化的重要课题是将静态储存变为动态储存。周转速度加快，会带来一系列的合理化好处：资金周转快、资本效益好、货损少、仓库吞吐能力增加、成本下降等。做法如采用单元集装存储，建立快速分拣系统等，以利于实现快进快出、大进大出。

（4）采用有效的"先进先出"方式。保证每个被储存物的储存期不至于过长，"先进先出"是一种有效的方式，也成了储存管理的准则之一。

（5）提高储存密度，提高仓容利用率。提高储存密度，主要目的是减少储存设施的投资，提高单位存储面积的利用率，以降低成本，减少土地占用。

（6）采用有效的储存定位系统。储存定位的含义是确定被储存物的位置。如果定位系统有效，能大大节约寻找、存放、取出的时间，节约不少物化劳动及活劳动，而且能防止差错，便于清点及管理。

（7）采用有效的检测清点方式。对储存物资数量和质量的检测不但是掌握基本情况之必需，也是科学库存控制之必需。在工作中稍有差错，就会使账物不符。所以，必须及时准确地掌握实际储存情况，经常与账卡核对，无论是人工管理还是计算机管理，这都是必不可少的。此外，经常的检测也是掌握被储存物质量状况的重要工作。

（8）采用现代储存保养技术。利用现代技术是储存合理化的重要方面。可采用的保养技术主要有气幕布隔潮、气调储存和塑料薄膜封闭等。

（9）采用集装箱、集装袋、托盘等储运一体化方式。集装箱等集装设施的出现，也给储存带来了新观念。集装箱本身便是一栋仓库，不需要再有传统意义上的库房，在物流过程中，也就省去了入库、验收、清点、堆垛、保管、出库等一系列储存作业，因而对改变传统储存作业有很重要的意义，是储存合理化的一种有效方式。

案例展示：Moore 公司如何经营

设在多伦多的加拿大公司——Moore 商务表格和系统公司（Moore Business Forms and Systems）生产定制的商务表格和文书，在 1994 年其销售额高达 23 亿美元。

为了占领美国市场，公司在美国设立了 18 个配送中心。尽管 75%的产品是直接从工厂运至购买方的，但还是有 25%的产品需要入库以待装运。

在保持较高的客户服务水平的同时，为了使仓储效率最大化，Moore 公司设计了 6 个关键指标。这 6 个指标如下。

（1）安全性。无安全事故，报告事故的 OSHA 员工日志供评估使用。

（2）装运错误。在公司的拣选及包装过程中无装运错误，财务报表信息表示订单是否被完全履行。

（3）按时装运。由于客户实施 JIT，所以要在客户需要时准确递送产品；有关装运的仓储记录是用来进行评估的。

（4）客户问题。定期收到客户对每次货运的反馈意见，并汇总统计。

（5）每条货运线成本。以一段时间内运送的产品数为基础，公司提出了货运线成本和达到预先设立的目标的方法；由财务报表和公司的计算机库存系统来衡量该项成本。

（6）总仓储支出。总体衡量库存效率，用以判定工作人员是否将仓储成本保持在公司要求的水平上。

在第一季度末，公司评估每一个仓库的绩效是否达到标准，并给雇员、经理和主管发放奖金。在 1994 年，1/3 以上的仓库符合所有 6 项指标。该年年末，公司 99.6%的客户对 Moore 的服务水平的评级是好或很好。

4.3 库存概述

4.3.1 库存的概念

库存是指处于储存状态的物品，主要是作为今后按预定的目的使用而处于闲置或非生产状态的物料。

在生产制造企业，库存品一般包括原材料、产成品、备件、低值易耗品以及在制品；在商品流通企业，库存品一般包括用于销售的商品以及用于管理的低值易耗品。

库存是一种闲置资源，不仅不会在生产经营中创造价值，反而还会因占用资金而增加企业的成本。但是，在实际的生产经营过程中，库存又是不可避免的，有时还是十分必要的。库存管理的核心问题就是如何在满足对库存需要的前提下，保持便是合理的库存水平。在企业的总资产当中，库存资产一般要占到 20%～40%，库存管理不当会造成大量资金的沉淀，影响到资金的正常周转，同时还会因库存过多增加市场风险，给企业经营带来负面影响。因此，必须对库存进行有效的管理，消除不必要的库存，提高库存周转率。

4.3.2 库存的类型

1．按库存的作用分类

（1）周转库存。为满足日常生产经营需要而保有的库存，周转库存的大小与采购批量直接有关。企业为了降低物流成本或生产成本，需要批量采购、批量运输和批量生产，这样便形成了周期性的周转库存，这种库存随着每天的消耗而减少，当降低到一定水平时需要补充库存。

（2）安全库存。为了防止不确定因素的发生（如供货时间延迟、库存消耗速度突然加快等）而设置的库存。安全库存的大小与库存安全系数或者说与库存服务水平有关。从经济性的角度看，安全系数应确定在一个合适的水平上。

（3）调节库存。用于调节需求与供应的不均衡、生产速度与供应的不均衡以及各个生产阶段产出的不均衡而设置的库存。

（4）在途库存。处于运输以及停放在相邻两个组织之间的库存，在途库存的大小取决于运输时间以及该期间内的平均需求。

（5）投机库存。是为除满足正常需求之外的原因而备的库存。例如，由于预期价格会上涨或材料匮乏、可能出现罢工等，为了批量折扣而购买的多于需求的材料。其中季节性库存是投机库存的一种形式，指在某季节开始前进行的库存积累。这种情况常发生在农产品和季节性产品中。时尚产品也有季节性，因为一年之中新的流行有很多次。返校季节就是一个特别重要的时间。

2．按生产过程分类

（1）原材料库存。它是指企业已经购买的，但还未投入生产工程的存货。

（2）在制品库存。它是指经过部分加工，但尚未完成的半成品存货。

（3）产成品库存。它是指已经制造完成并正等待装运发出的存货。

3．按用户对库存的需求特性分类

（1）独立需求库存。指用户对某种库存物品的需求与其他种类的库存无关，表现出对这种库存需求的独立性。消耗品、维修零部件和最终产品的库存属于独立需求库存。

（2）相关需求库存。指与其他需求有内在相关性的需求，根据这种相关性，企业可以精确地计算出它的需求量和需求时间，是一种确定型需求。例如，用户对企业完成品的需求一旦确定，与该产品有关的零部件、原材料的需求就随之确定，对这些零部件、原材料的需求就是相关需求。

库存需求特性的这种分类构成了库存管理的两大部分：一部分是对相关需求库存的管理。这种需求实际上是对完成品生产的物料需求，与完成品需求之间有确定的对应关系。其中的数量关系可用物料清单（BOM）来表示，时间关系可用生产周期、生产提前期、运输时间等通过计算得出。相关需求的库存控制实际上是生产计划与控制系统中的一部分，物料需求计划（MRP）就是用来解决相关需求的采购、库存及供应问题。

对于独立需求库存，由于其需求时间和数量都不是由企业本身所能控制的，所以不能像相关需求那样来处理，只能采用"补充库存"的控制机制，将不确定的外部需求问题转化为对内部库存水平的动态监视与补充的问题。

案例展示：使用库存管理提高利润率

美国重型设备制造商——拖拉机、联合收割机、棉花采摘机以及其他大型农场设备制造商，多年来效益一直不好。大量的因素，如多变的商业周期、缓慢的发展已使这个行业前景黯淡。然而，在 1996 年，这些公司却提高了利润率，为什么？

销售额小幅提升了，每年 3%~4%；利润率从 20 世纪 90 年代初的 7%提高到了大约 13%。利润提高的关键是改善了库存管理。

在过去，当商业繁荣时，设备经销商会准备足够的库存，满足 8~10 个月的销售。这使经销商不能够在需求开始减少时做出迅速反应。结果是设备大大打折以刺激需求。

Deere 以及其他主要设备制造商不断鼓励经销商保持不超过 4 个月的库存。制造商也在使自己的库存降低。

这些公司已经意识到，为了长期利润甚至公司生存进行卓越的库存管理的重要性。12 年前农场设备制造业有 20 个主要制造商，现在只有 5 个。在供应链的所有水平上削减库存使制造商和经销商在这个周期性极强的行业里的反应迅速多了。

4.3.3　库存的功能

制定库存政策，需要理解库存在生产和营销中所发挥的功能。在公司中，库存的功能表现为 5 个方面：使公司有可能达到规模经济；平衡供求；使制造专业化成为可能；保护公司少受需求和订货周期的不确定性的影响；在分配渠道中的关键界面间起缓冲器作用。

1. 规模经济

如果组织意识到采购、运输或制造中的规模经济总量，这需要考虑库存。例如，大批量订购原材料或产成品库存使制造商得以利用和订购数量有关的单位价格折让，这种折让是因为所需要的作业减少了。例如，订购 1 单位和 1 000 单位所需的管理作业通常是一样的，整车运输比零担货运的运输费率要低。

产成品库存使实现制造经济性成为可能。如果工厂进行长期生产且生产线变动较少，那么工厂利用率就会更高，从而使单位生产成本降低。小批量制造会导致短期生产，使变动成本增加。

然而，大批量生产可能需要一些产品在卖出之前存储相当长的一段时期。大批量生产可能还会使组织不能对缺货做出快速响应，因为大量生产意味着产品制造并非经常发生。

虽然频繁变换生产降低了必须持有的库存数量、缩短了在缺货发生时所需的前置时间，但是需要在产品制造上花费时间。而且，在生产流程开始时，生产线经常由于程序和设备需要磨合而运转得不是很有效率。

当工厂接近或恰在最大生产能力周围运转时，由于生产线频繁变换而导致的设备停机可能意味着利润的流失，因为没有足够的产品满足需求。在这种情况下，必须将损失的销售和变换生产线的成本与因进行长期生产而导致库存持有的成本的上升相比较。对此，包括本田美国制造公司在内的许多公司已开始努力线路变换次数，使较小批量的生产成为可能，并降低相应的生产线启动成本。

2. 平衡供求

季节性的供应或需求可能使公司必须持有库存。例如，一家盒装巧克力生产商的销售在圣诞节、情人节、感恩节和母亲节会剧增，相应地为应付这些高峰期而建的生产能力所花的成本也会非常大。另外，为了在高峰期临时满足需求，公司就得有闲置生产力和多余的劳动力。维持相对稳定的劳动力和较恒定的生产水平会使一年中不同时间的库存增加，但是对于公司来说总成本会较低。

另外，对某个产品的需求可能在一年之中较为稳定，但是原材料可能只能在一年中的特定时期获取（如罐头水果和蔬菜生产商）。这就要求在能获得原材料时生产产品并将其保存。

案例展示：贝纳通利用延迟策略改善全球库存管理

延迟——推迟产品完成直至最后时刻，是一项应对顾客需求变化的很好的方法。贝纳通只有一个配送中心（在意大利）为120个国家的商店服务。贝纳通生产其最一般的款式，称为"灰色"商品，或未染的衣服。当看到实际需求样式是某种特定颜色的背心时，它可迅速将商品染色然后发向市场。通过这种方式，贝纳通不会出现有过多浅绿色背心却无足够的黑色背心的情况。这就使贝纳通的库存最小化，既满足了顾客，又减少了季末剩余商品。因为它只有一个配送中心，而且基于实际需求进行再订货，因而库存不大可能流向并不需要的地方。

3．专业化

库存使公司的每个工厂都可以在其生产的产品上实现专业化。产成品可以运到现场仓库，在那里将其组合，以满足客户订单。长期生产和运输成本节约带来的经济性不只弥补了额外作业的成本。惠尔浦公司发现通过合并仓库可以大大节约成本，使公司的各工厂实现专业化生产。

4．防止不确定性的影响

持有库存可防止不确定性的影响，也就是说，在需求变动或补货周期变动的情况下防止缺货。生产所需之外的原材料库存可能源于推测而致的采购，因为管理层预测原材料价格将上涨或供应会短缺。另一个持有原材料库存的理由是维持供应源。不管持有库存的理由是什么，都应将持有库存的成本和因此而实现的节约或者支出进行比较。

最后，通过降低由于不可预期的需求或前置期的变动而造成缺货的可能性，产成品库存可用于提高客户服务水平。如果库存有盈余，那么增加的库存投资会使制造商拥有更高水平的产品可供性和更少的缺货率。盈余库存包含与预期需求相称的物品。

5．库存作为缓冲器

在整个供应链中持有库存，可以作为以下关键界面的缓冲器。

● 供应商—采购。
● 采购—生产。
● 生产—营销。
● 营销—分销。
● 分销—中间商。
● 中间商—使用者/消费者。

因为渠道成员在地理上是分开的，因而有必要将库存分布到整个供应链，以实现时间和地点效用。图4.3表明了在一个供应商－制造商－中间商－消费者供应链中典型的库存位置。

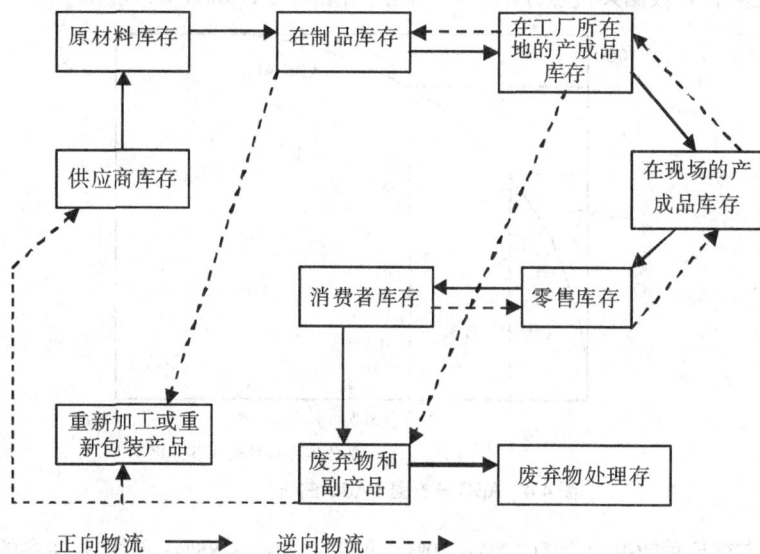

图 4.3　物料流动

原材料必须从供应源移至制造地点，在那里进入制造流程。在很多情况下，工厂都必须持有在制品库存。

一旦制造过程完成，产品就必须移至工厂所在地的产成品库存中。下一步就是进行战略部署，将产成品库存移至各现场，那里可能有公司自有的或租用的配送中心、公共仓库、批发商仓库、零售链配送中心，或者直接运至零售地点。这样，库存就到位了，供客户购买。类似地，客户也保有一定的库存以维持个人或机构的消费。

所有这些产品流动都是最终使用者或消费者购买决策的结果。整个过程依赖于从客户到企业再到企业供应商的信息流。信息沟通是物流系统不可缺少的部分，因为没有信息流也就不会发生产品流动。

经常会由于各种原因而使产品在渠道中逆向流动。例如，客户可能因为产品损坏而退货，或者制造商可能因为产品缺陷而将其召回。这些称为"逆向物流"。

4.4　库存控制方式

库存通常是为了达到一定的目的而采取的手段。为了达到不同的目的，存货的类型也不同，因而要求采用不同的方法对库存进行管理。进行库存控制的方法很多，但无论哪一种方法，都要以何时订货和订货多少这两个问题为中心进行分析。我们这里主要讨论 ABC 重点管理法、经济订货批量(EOQ)、订货点法、定期订货法等方法。

4.4.1　ABC 重点管理法

ABC 重点管理法的基本原理是：把物资按品种和占用资金的大小分类，再按各类重要程度不同分别控制，抓住重点，分清主次，以收到事半功倍的效果。一般来说，库存与资金占用之间存在这种规律：少数库存价值昂贵，占用大部分的库存资金；相反，大多数库存价格便宜，仅占用很小一部分的库存资金。因此，可根据库存种类数量与所占用资金比重之间的关系，将库存分为 ABC 三类，并根据其特点分别采取不同的管理方法，如图 4.4 所示。

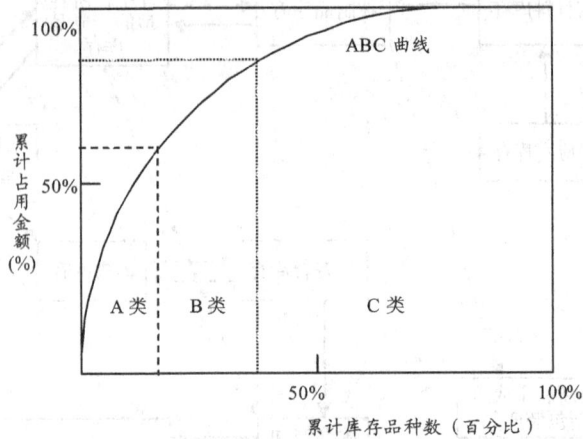

图 4.4　ABC 分析图（ABC 曲线）

A 类物品：库存品种数占总数的 10%～20%，价值占 70%～85%；应投入最多的精力和资源进行重点控制，努力降低库存水平，进行重点、严格的控制。

B 类物品：库存品种数占总数的 20%～30%，价值占 10%～20%，进行适当的控制。

C 类物品：库存品种数占总数的 50%～70%，价值仅占 5%～10%，只需进行简单控制，如每年 1 次到 2 次的盘存和检查、简单的库存记录等。

ABC 控制法操作简单，能够对库存控制做到重点与一般相结合，有利于降低库存，节约保管费用，减少节约占用，加速资金周转。

4.4.2　经济订购批量

1．库存成本分析

库存控制的目标之一就是对库存成本进行控制，因此，库存成本是决策的主要考虑因素。

（1）库存保管费用，是指为保管存储物资而发生的费用，包括存储设施的成本、搬运费、保险费、折旧费、税金以及资金的机会成本等。每次订货量越大，库存量也越大，保管费用也就越多。显然，这些费用随库存量的增加而增加。

（2）订货成本，是指每进行一次订货时所发生的费用，主要包括差旅费、通信费、运输费以及有关跟踪订单系统的成本。订货成本与每次订货量的多少无关，在需求量一定的情况下，订货次数越多，则每次订货量越少，而全年订货成本越大，分摊每次订货费也大。

（3）缺货成本，指由于缺货，不能为顾客服务所发生的费用，或由于紧急订货等而支付的特别费用，或由于丢失了对顾客的销售而没有得到预定的利益以及由于一些难以把握的因素，而造成信誉丢失所产生的不良后果等。增大库存量，可减少缺货，但储存保管费会大幅度增加。

确定向供应商订货的数量或要求生产部门生产的批量时，应该尽量使由以上 3 种成本综合引起的总成本达到最小。

2．经济订货批量模型

经济订货批量(Economic Order Quality, EOQ)是指库存总成本最小时的订货量。研究经济订货量的方法，用年库存管理的总费用和订货量的公式来表示，根据该公式确定最佳订货量。

（1）模型假设。每次订货的订货量相同，订货提前期固定，需求率固定不变，如图 4.5 所示。

（2）最佳订货批量的确定。通过使某项库存物资的年费用达到最小来确定相应的订货批量。

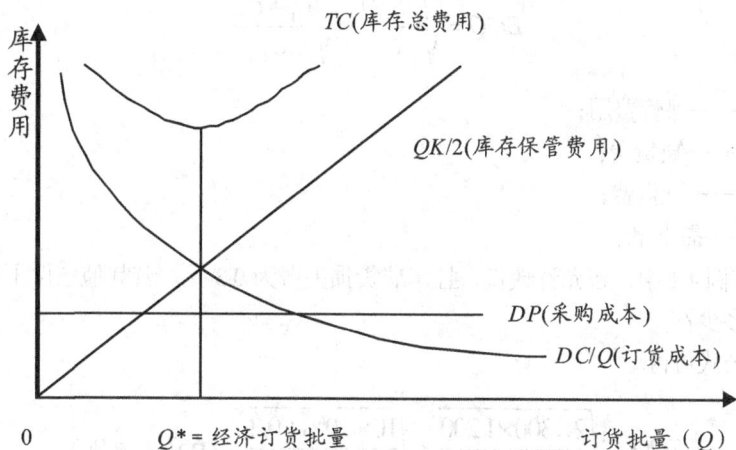

图 4.5　经济订货批量模型

从图 4.5 可见，保管费用（$QK/2$）随订购量增大而增大，订货费用（DC/Q）随订货量增大而减少，当两者费用相等或总费用（TC）曲线最低点时为 EOQ。

①理想的经济订货批量。理想的经济订货批量指不考虑缺货，也不考虑数量折扣以及其他问题的经济订货批量。在不允许缺货，也没有数量折扣等因素影响的情况下，库存物品的年度总费用(TC)=采购成本+订货成本+库存保管费用，即

$$TC = DP + \frac{DC}{Q} + \frac{QK}{2}$$

若使 TC 最小，将上式对 Q 求导后令其等于 0，得到经济订购批量 EOQ 的计算公式为

$$EOQ = \sqrt{\frac{2CD}{K}} \quad \text{或} \quad \sqrt{\frac{2CD}{PF}}$$

式中：D——某库存物品的年需求量(件/年)；

P——单位采购成本(元/件)；

C——单位订货成本(元/次)；

Q——每次订货批量(件)；

K，PF——单件库存平均年库存保管费用(元/件年)；

F——单件库存保管费用与单件库存采购成本之比。

例 4.1　设某企业年需某物资 1 200 单位，单价为 10 元/单位，年保管费率为 20%，每次订货成本为 300 元。求经济订购批量 EOQ。代入公式，得

$$EOQ = \sqrt{\frac{2 \times 1\,200 \times 300}{10 \times 20\%}} = 600 \quad (\text{单位})$$

$$库存总费用 = 1\,200 \times 10 + \frac{600 \times 10 \times 20\%}{2} + \frac{1\,200 \times 300}{600} = 13\,200 \quad (\text{元})$$

即在每次订购数量为 600 单位时，库存总费用最小，为 13 200 元。

② 允许缺货的经济订货批量。在实际生产活动中，订货到达时间或每日耗用量不可能稳定不变，因此有时不免要出现缺货。允许缺货经济批量是指订货费、保管费和缺货费最小时总费用最小的批量，计算公式如下。

$$EOQ = \sqrt{\frac{2C_3 D}{C_1}} \cdot \bullet \sqrt{\frac{C_1 + C_2}{C_2}}$$

式中：C_1——保管费用；

C_2——缺货费；

C_3——订货费；

D——需求量。

例 4.2   在例 4.1 中，若允许缺货，且年缺货损失费为 0.3 元。若其他条件不变，允许缺货的经济批量为多少？

根据上述公式可得

$$EOQ = \sqrt{\frac{2 \times 300 \times 1\,200}{10 \times 20\%}} \times \sqrt{\frac{10 \times 20\% + 0.3}{0.3}} = 1\,661 \text{（单位）}$$

③ 有数量折扣的经济订货批量。在实际应用 EOQ 公式时，除了考虑缺货费用以外，一般还必须考虑其他一些因素对总成本的影响，最常见的是，由于批量不同而带来的在采购价格和运输价格上的差异。

a. 考虑采购数量折扣的经济批量。为鼓励大批量购买，供应商往往在订购数量超过一定量时提供优惠的价格。在这种情况下，买方就要进行计算，以确定是否需要增加订货量去获得折扣。若接受折扣所产生的总成本小于订购 EOQ 所产生的总成本，则应接受折扣；反之，则按不考虑数量折扣计算的 EOQ 进行订购。

例 4.3   例 4.1 中，供应商给出的数量折扣条件是：若物资订货量小于 650 单位时，每单位为 10 元，订货量大于或等于 650 单位时，每单位为 9 元。若其他条件不变，最佳采购批量是多少？

根据供应商给出的上述条件，具体分析如下。

i. 按享受折扣价格时的批量(650 单位)采购时的总成本。

$$TC = DP + \frac{DC}{Q} + \frac{QK}{2} = 1\,200 \times 9 + \frac{1\,200 \times 300}{650} + \frac{650 \times 9 \times 20\%}{2} = 11\,938 \text{（元）}$$

ii. 按折扣单价计算的 EOQ。

$$Q_9 = \sqrt{\frac{2 \times 1\,200 \times 300}{9 \times 20\%}} = 632 \text{（单位）}$$

iii. 分析判断。

由于按折扣单价（9 元/单位）计算的经济批量小于可以享受批量折扣的 650 单位，说明此经济批量计算无效。也就是说，632 单位的批量不可能享受 9 元的优惠单价。又由于按 650 单位采购的总成本要低于按每单位 10 元采购进的 600 单位的总成本（13 200 元），因此，应该以 650 单位作为最佳批量采购。

若按折扣单价计算的经济批量大于可以享受批量折扣的 650 单位，则应按经济批量采购。如折扣单价为 8 元，经济批量为 670 单位，大于可以享受批量折扣的 650 单位，故应按 670 单位的批量采购。

b. 考虑运输数量折扣的经济批量。当运输费用由卖方支付的情况下，一般不大考虑运输费用对库存总成本的影响。但如果由买方支付，则会对库存总成本产生较大影响。当增大批量可以得到运价上的折扣时，就要考虑是否要加大购买批量。简单的方法是将有无运价折扣的两种情况进行总成本的对比，选择总成本低的方案。

例 4.4　在例 4.1 中，若定购批量小于 800 单位时，运输费率为 1 元/单位；当订购批量大于等于 800 单位时，运输费率为 0.75 元/单位。若其他条件不变，最佳定购批量为多少？

根据以上条件，分析如下。

i. 按 EOQ 计算的库存总成本。

库存总成本 = 存储成本 + 订货成本 + 运输成本

$$= \frac{600 \times 10 \times 20\%}{2} + \frac{1\,200}{600} \times 300 + 1 \times 1\,200 = 2\,400 \text{（元）}$$

ii. 按折扣运价批量计算的库存总成本。

库存总成本 = 存储成本 + 订货成本 + 运输成本

$$= \frac{800 \times 10 \times 20\%}{2} + \frac{1\,200}{800} \times 300 + 0.75 \times 1\,200 = 2\,150 \text{（元）}$$

iii. 分析判断：由计算结果可知，按照 800 单位批量采购可以节省库存费用 250 元，因此，应该将采购批量扩大到 800 单位。

4.4.3　订货点法（定量订货方式）

定量订货方式在制造业已经得到普遍采用，其代表性方法是订货点法。订货点法即库存量降到一定水平（订货点）时，按固定的订货数量进行订货的方式，如图 4.6 所示。

该模型的关键在于计算出订货点的储备量。订货点是指在库存物品的库存量下降到必须再次订货的时点时，仓库所具有的库存量。对于某种物品来说，当订货点和订货量确定后，就可以实现库存的自动管理。

1. 订货点的计算公式

订货点 = 平均消费速度 × 平均到货期间 + 保险储备量

公式当中的"平均消费速度"是根据过去的实际消费值计算出平均值后，通过修正后得到的。

"平均到货期间"是指库存下降到订货点以下开始，经过订货、送货、热门货、检验以及入库为止的全部时间。这里，不仅指送货时间，而且包括送货之前的订货事务以及货送达后的检验等时间。

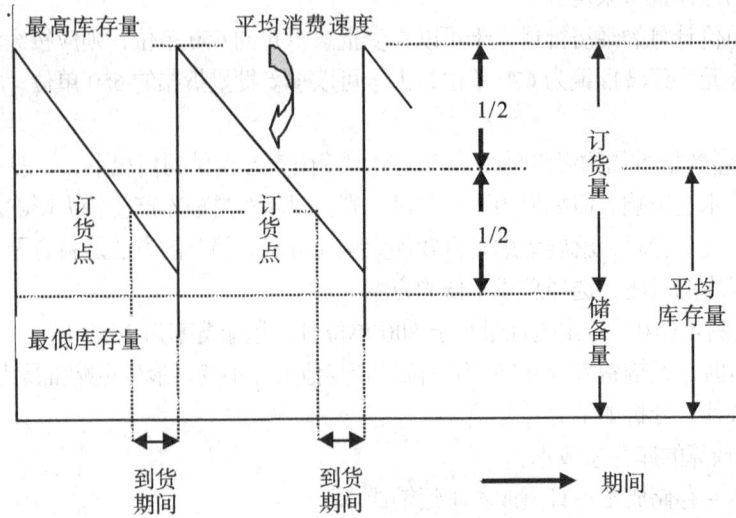

图4.6 订货点法（定量订货方式）

"到货期间"的单位与计算"平均消费速度"的单位应该一致。订货量一般根据经济订货批量来确定。

2．定量订货法（订货点法）的优点

（1）管理简便，订货时间和订货量不受人为判断的影响，保证库存管理的准确性。

（2）由于订货量一定，便于安排库内的作业活动，节省理货费用。

（3）便于按经济订货批量订货，节约库存总成本。

3．定量订货法（订货点法）的缺点

（1）不便于对库存进行严格的管理。

（2）订货之前的各项计划比较复杂。

4．定量订货法的适用范围

（1）单价比较便宜，而且不便于少量订购的物品，如螺栓、螺母。

（2）需求预测比较困难的维修物料。

（3）品种数量繁多，库存管理事务量大的物品。

（4）消费量计算复杂的物品。

（5）通用性强，需求问题比较稳定的物品等。

4.4.4　定量维持方式

定量维持方式是定量订货方式的一种，其特点是每次订货量发生变动，如图4.7所示。

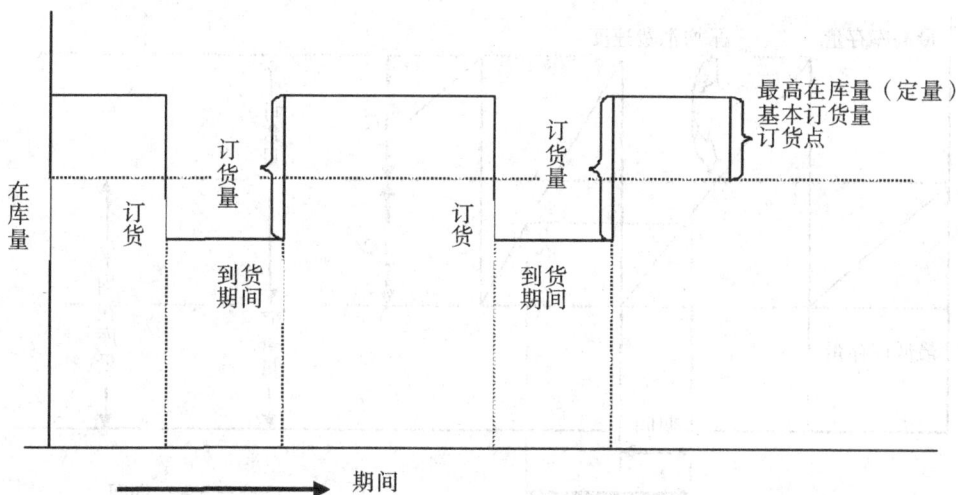

图 4.7　定量维持方式下的在库变动

订货点法的使用一般要以消费速度是一定的和连续的为前提，如果出库不规则，而且一次出库量较大时，库存量的减少就是间断的，库存会下降到远低于订货点的位置。对于具有这样消费特点的物品，订货数量以入库后的库存量到达按速度计算的理论上的最高库存量为计算。订货量的计算公式如下：

实际订货量 = 基准订货量 + （订货点 − 当时的库存量）

= （基准订货量 + 订货点）− 当时的库存量

基准订货量和订货点之和为常数，也就是补充订货后达到的最大库存量。当库存降到订货点以下时，补充订货量是这个定量与当时库存量之差，即：

实际库存量 = 最高库存量（定量）− 当时的库存量

例如，基准订货量为 35 个，订货点为 15 个，则最高库存量 = 35 + 15 = 50（定量）。但是，如果超过订货点后的库存量为 13，订货量为 37，库存量为 10 个，那么订货量为 40 个。

如果库存正好降到订货点的位置，则订货量就是基准订货量，与用订货点法计算时的情况是一样的。

适合于这种方式的物品是属于需求量不稳定，出库频率比较低的维修用品、特殊用品等。由于经常要维持在一个最高库存量，按照最高库存量补充订货，因此称为定量维持方式。

4.4.5　定期订货法

定期订货法又称定期盘点法定货方式，是指每隔一段时间即进行订货，订货时间固定，每次订货量不定。该模式的关键在于确定订货周期。订货间隔（订货周期）指从提出订货，发出订货通知到受到货物为止的时间间隔。采用定期订货方式，要预先掌握每个时期内订货点的库存量，如图 4.8 所示。

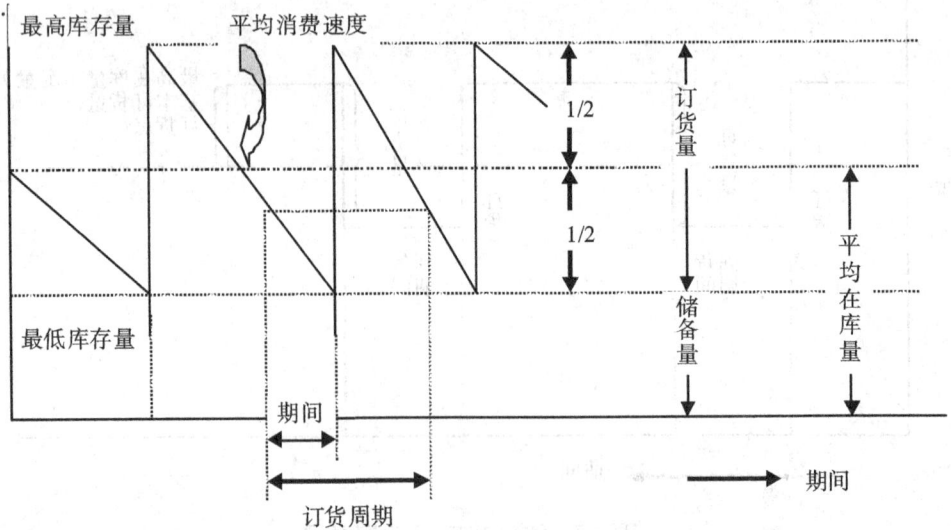

图 4.8　定期订货方式

每次订量的计算公式如下。

$$Q = \overline{D}(T + \overline{L}) + S - Q_0 - Q_1$$

式中：$\overline{L}$——平均订货时间；

　　　$\overline{D}$——平均日需求量；

　　　T——订货间隔时间；

　　　S——保险储备量；

　　　Q_0——现有库存量；

　　　Q_1——已订未达量。

定期订货法主要适合于下列物品。

（1）消费金额高，需要实施严密管理的重要物品，如 A 类物品。

（2）根据市场的状况和经营方针，需要经常调整生产或采购数量的物品。

（3）需求量变动幅度大，而且变动具有周期性，可以正确判断的物品。

（4）建筑工程、出口等实现可以确定的物品。

（5）设计变更风险大，像流行产品那样突然出现陈腐现象的物品等。

（6）受交易习惯的影响，需要定期采购的物品。

（7）多种商品一起采购可以节省运输费用的情况下。

（8）同一品种物品分散保管、同一品种物品向多家供货商订货、批量订货分期入库等订货、保管和入库不规则的物品。

（9）取得时间很长的物品、定期生产的物品。

（10）制造之前需要人员和物料的准备，只能定期制造的物品等。

4.4.6 安全库存

1．安全库存的必要性

安全库存（Safety Stock）又称保险库存，是为防止由于不确定因素（订货期间需求率增长、到货期延误等）引起的缺货而设置的一定数量的库存。

如果某一期间的需求是一定的，不会出现变动，则没有设置安全库存的必要。但是，市场需求和生产现场的消费大多数情况下是要发生波动的，补充库存的交货期也会出现或提前或延迟的现象。此外，生产过程中出现的破损，仓库台账上出现的记账误差以及物料计算差错等都会导致库存与需求发生偏差。安全库存正是为了避免出现库存不足和过剩，对库存进行适当管理的需要而设置的。

安全库存量是最低库存量，在一般情况下不动用，若一经动用，则应在下批订货到达后立即补齐。安全库存的数量除了受需求和供应的不确定性影响外，还与企业希望达到的顾客服务水平有关，这些是制定安全库存决策时的主要考虑因素。

安全库存确定的根据是建立在数理统计理论基础之上的。首先，假设库存的变动是围绕着平均消费速度发生变动，大于平均需求量和小于平均量的可能性各占一半。如果实际需求量大于平均量则会出现缺货。也就是说，按照平均消费速度确定的库存量，发生缺货的概率是50%，这在经营中是不允许的。为了避免出现缺货或降低缺货率，需要在库存降低到订货点之前，提前发出订单。高于订货点的部分就相当于安全库存。

安全库存越大，出现缺货的可能性就会越小。避免出现缺货是我们所期望的。但是，作为库存的一部分，库存量的大小有直接关系。安全库存过高，会导致剩余库存的出现，而且从经济性的角度看，保持100%的库存服务率付出的成本代价也越大。

表4.1是美国贝尔电话研究所做的一份调查，它反映了缺货率与必要库存量之间的关系。

表4.1 缺货率与必要库存调整表

发生缺货的允许概率	必要库存量
1年1次	76 000 美元
2年1次	100 000 美元
5年1次	134 000 美元
10年1次	167 000 美元
不发生缺货	276 000 美元

由表4.1可以看出，保证绝对不发生缺货付出的代价是非常高昂的。从经济的角度考虑，应根据不同物品的用途以及客户的要求，将缺货率保持在适当的水平上，允许一定程度缺货现象的存在。

2．安全库存的计算

（1）需求量变化，提前期固定。假设需求的变化情况服从正态分布，由于提前期是固定的数值，因而可以根据正态分布图直接求出提前期内的需求分布的均值和标准差，或通过直接的期望预测，以过去提前期内的需求情况为依据，确定需求的期望均值和标准差。在这种情况下，安全库存量的计算公式如下。

$$S = Z\sigma_d\sqrt{L}$$

式中：σ_d——提前期内需求量的标准差；

L——提前期的长短；

Z——一定顾客服务水平下需求量变化的安全系数，它可根据预定的服务水平由正态分布表查出。

顾客服务水平与 Z 的关系如图 4.9 所示。

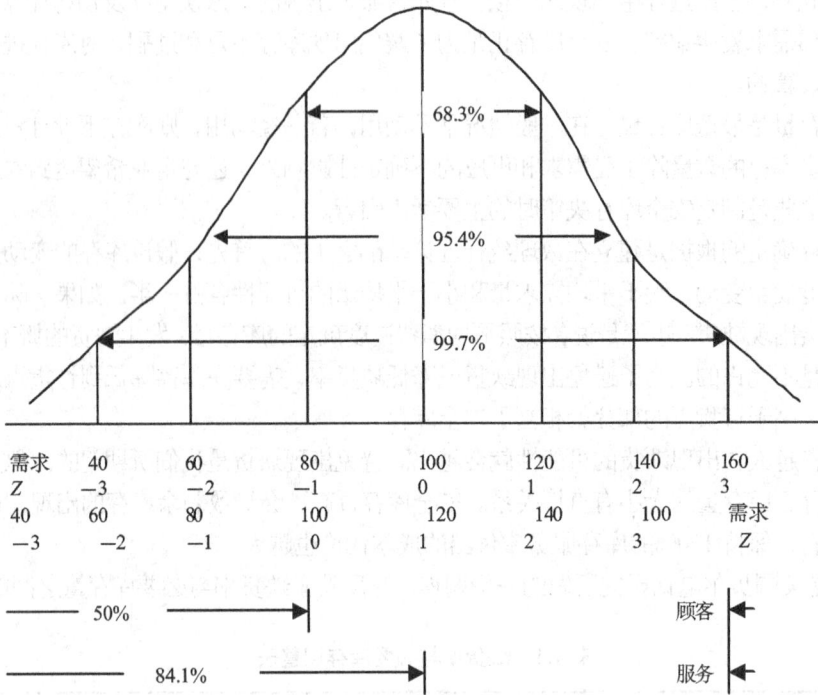

需求	40	60	80	100	120	140	160	
Z	-3	-2	-1	0	1	120	3	
40	60	80	100	120	140	100	需求
-3	-2	-1	0	1	2	3	Z

图 4.9 顾客服务水平与 Z 的关系

表 4.2 是顾客服务水平与安全系数对应关系的常用数据。

表 4.2 顾客服务水平与安全系数对应关系的常用数据

服务水准	0.9998	0.99	0.98	0.95	0.90	0.80	0.70
安全系数	3.5	2.33	2.05	1.65	1.29	0.84	0.53

例 4.5 某超市的某种食用油平均日需求量为 1 000 瓶，并且食用油的需求情况服从标准差为 20 瓶/天的正态分布，如果提前期是固定常数 5 天，如要求顾客服务水平不低于 95%，试确定安全库存量的大小。

根据题意可知：$\sigma_d = 20$ 瓶/天，$L = 5$ 天，且由 $F(Z) = 95\%$，查表得 $Z = 1.65$，代入公式得

$$S = 1.65 \times 20 \times \sqrt{5} = 74 \text{（瓶）}$$

即满足 95% 的顾客满意度的情况下，安全库存量为 74 瓶。

（2）需求量固定，提前期发生变化。当提前期内的顾客需求情况固定不变，提前期的长短随机变化时，安全库存量的计算类似于需求量变化、提前期固定的情况，不同的是提前期内的需求量是通过不变需求量与提前期的频数（提前期的标准差）相乘求出的。此时，安全库存量计算公式如下。

$$S = Zd\sigma_L$$

式中：Z——一定顾客服务水平下的安全系数；

　　　σ_L——提前期的标准差；

　　　d——提前期内的日需求量。

例 4.6 在例 4.4 中，如果食用油的日需求量为固定常数 1 000 瓶，提前期是随机变化的，而且服从均值为 5 天、标准差为 1 天的正态分布，求 95%的顾客满意度下的安全库存量。

根据题意：$\sigma_L = 1$（天），$d=1\,000$ 瓶/天，$F(Z) = 95\%$，$Z = 1.65$　代入公式得

$$S = 1.65 \times 1\,000 \times 1 = 1\,650（瓶）$$

即满足 95%的顾客满意度的情况下，安全库存量为 1 650 瓶。

（3）需求量和提前期都随机变化。在现实中，多数情况下提前期和需求都是随机变化的，此时，问题就比较复杂了，要通过建立联合概率分布来求出需求量水准和提前期延时的不同组合的概率（联合分布值域为从以最小需求量和最短提前期的乘积表示的水准，到以最大需求量和最长提前期的乘积表示的水准），然后把联合概率分布同上面导出的两个公式结合起来运用。因此，在这种情况下，如果我们假设顾客的需求和提前期是相互独立的，那么安全库存量的计算公式如下。

$$S = Z\sqrt{\sigma_d^2 \overline{L} + \overline{d^2}\sigma_L^2}$$

式中：σ_L、σ_d 含义同上；

　　　Z——一定顾客服务水平下的安全系数；

　　　$\overline{d}$——提前期内平均日需求量；

　　　$\overline{L}$——平均提前期长度。

例 4.7　在上面的例子中，假设日需求量和提前期是相互独立的，而且它们的变化均严格服从正态分布，日需求量满足均值为 1 000 瓶、标准差为 20 瓶/天的正态分布，提前期满足均值为 5 天，标准差 1 天的正态分布，求 95%的顾客满意度下的安全库存量。

根据题意：$\sigma_d = 20$ 瓶/天，$\sigma_L = 1$ 天，$d=1\,000$ 瓶/天，$F(Z) = 95\%$，$Z = 1.65$，代入公式得：

$$S = 1.65 \times \sqrt{20^2 \times 5 + 1\,000^2 \times 1^2} = 1\,652(瓶)$$

即满足 95%的供货服务率的情况下，安全库存量是 1 652 瓶。

案例展示：Atlas Copco 工具公司改变库存持有模式，提高绩效

当今，在配送方面正在发生一个变化：从储存结点的"链"，转向依赖于提供协调性的优秀信息系统的中心分发系统。Atlas Copco 工具公司是一家瑞典气力手动工具制造商，在全世界大约 50 个中央配送中心和 50 多个区域仓库和分支机构。这些点的每一个都保有库存。遗憾的是，似乎没有一个点持有合适的库存，因为：

① 销售部的产品可得率平均是 70%。

② 从中央配送中心到客户的前置期是 2 周。

③ 从生产到中央配送中心的前置期是 12～20 周。

④ 库存占用资金是年销售收入的 30%。

为了改善这种令人不满意的绩效，Atlas 重新配置了其系统，搬到了一个位于比利时的单个中央配送中心，取消了所有其他存货点。通过这种集中化策略，达到了如下目的。

① 减少了 1/3 的库存。

② 每年削减了 400 万美元的运营成本。

③ 大大减少了配送所需的劳动力。

④ 在欧洲范围内，将前置期从 2 周降到了 24～72 小时。

这样，考虑在多个节点保持大量库存和集中配送之间的平衡，Atlas 发现使用集中化策略会更成功。

4.5 供应链管理环境下的库存管理策略

电子商务环境下为了适应供应链管理的要求，对供应链下的库存管理方法必须做相应的改变。本节将结合国内外企业实践经验及理论研究成果，介绍几种先进的供应链库存管理技术与方法，包括 VMI 管理系统、联合库存管理、多级库存优化与控制等。

4.5.1 VMI 管理系统

长期以来，流通中的库存是各自为政的。流通环节中的每一个部门都是各自管理自己的库存，零售商、批发商、供应商都有各自的库存，各个供应链环节都有自己的库存控制策略。由于各自的库存控制策略不同，因此不可避免地产生需求的扭曲现象，即所谓的需求放大现象，无法使供应商快速地响应用户的需求。在供应链管理环境下，供应链的各个环节的活动都应该是同步进行的，而传统的库存控制方法无法满足这一要求。近些年来，在国外，出现了一种新的供应链库存管理方法——供应商管理用户库存（Vendor Managed Inventory, VMI），这种库存管理策略打破了传统的各自为政的库存管理模式，体现了供应链的集成化管理思想，适应市场变化的要求，是一种新的有代表性库存管理思想。

1．VMI 的基本思想

一般地讲，库存是由库存拥有者管理的。因为无法确切知道用户需求与供应的匹配状态，所以需要库存，库存设置与管理是由同一组织完成的。这种库存管理模式并不总是最有效的。例如，一个供应商用库存来应付不可预测的或某一用户不稳定的（这里的用户不是指最终用户，而是分销商或批发商）需求，用户也设立库存来应付不稳定的内部需求或供应链的不确定性。虽然供应链中每一个组织独立地寻求保护其各自在供应链的利益不受意外干扰是可以理解的，但不可取，因为这样做的结果影响了供应链的优化运行。供应链的各个不同组织根据各自的需要独立运作，导致重复建立库存，因而无法达到供应链全局的最低成本，整个供应链系统的库存会随着供应链长度的增加而发生需求扭曲。VMI 库存管理系统就能够突破传统的条块分割的库存管理模式，以系统、集成的管理思想进行库存管理，使供应链系统能够获得同步化的运作。

VMI 是一种很好的供应链库存管理策略。关于 VMI 的定义，国外有学者认为："VMI 是一种在用户和供应商之间的合作性策略，对双方来说都是以最低的成本优化产品的可获性，在一个相互同意的目标框架下由供应商管理库存，这样的目标框架被经常性监督和修正，以产生一种连续改进的环境。"

关于 VMI 也有其他的不同定义，但归纳起来，该策略的关键措施主要体现在如下几个原则中。

（1）合作精神（合作性原则）。实施该策略时，相互信任与信息透明是很重要的，供应商和用户（零售商）都要有较好的合作精神，才能够相互保持较好的合作。

（2）使双方成本最小（互惠原则）。VMI 不是关于成本如何分配或谁来支付的问题，而是关于减少成本的问题。通过该策略使双方的成本都获得减少。

（3）框架协议（目标一致性原则）。双方都明白各自的责任，观念上达成一致的目标。如库存放在哪里，什么时候支付，是否要管理费，要花费多少等问题都要回答，并且体现在框架协议中。

（4）连续改进原则。使供需双方能共享利益和消除浪费。VMI 的主要思想是供应商在用户的允许下设立库存，确定库存水平和补给策略，拥有库存控制权。

精心设计与开发的 VMI 系统，可以降低供应链的库存水平，降低成本。而且，用户外还可获得高水平的服务，改善资金流，与供应商共享需求变化的透明性和获得更高的用户信任度。

2．VMI 的实施方法

实施 VMI 策略，首先要改变订单的处理方式，建立基于标准的托付订单处理模式。首先，供应商和批发商一起确定供应商的订单业务处理过程所需要的信息和库存控制参数，然后建立一种订单的处理标准模式，如 EDI 标准报文，最后把订货、交货和票据处理各个业务功能集成在供应商一边。

库存状态透明性（对供应商）是实施供应商管理用户库存的关键。供应商能够随时跟踪和检查到销售商的库存状态，从而快速地响应市场的需求变化，对企业的生产（供应）状态做出相应的调整。为此需要建立一种能够使供应商和用户（分销、批发商）的库存信息系统透明连接的方法。

供应商管理库存的策略可以分如下几个步骤实施。

（1）建立顾客情报信息系统。要有效地管理销售库存，供应商必须能够获得顾客的有关信息。通过建立顾客的信息库，供应商能够掌握需求变化的有关情况，把由批发商（分销商）进行的需求预测与分析功能集成到供应商的系统中来。

（2）建立销售网络管理系统。供应商要很好地管理库存，必须建立起完善的销售网络管理系统，保证自己的产品需求信息和物流畅通。为此，必须保证自己产品条码的可读性和唯一性；解决产品分类、编码的标准化问题；解决商品存储运输过程中的识别问题。

目前已有许多企业开始采用 MRP II 或 ERP 企业资源计划系统，这些软件系统都集成了销售管理的功能。通过对这些功能的扩展，可以建立完善的销售网络管理系统。

（3）建立供应商与分销商（批发商）的合作框架协议。供应商和销售商（批发商）一起通过协商，确定处理订单的业务流程以及控制库存的有关参数（如再订货点、最低库存水平等）、库存信息的传递方式（如 EDI 或 Internet）等。

（4）组织机构的变革。这一点也很重要，因为 VMI 策略改变了供应商的组织模式。过去一般由会计经理处理与用户有关的事情，引入 VMI 策略后，在订货部门产生了一个新的职能负责用户库存的控制，库存补给和服务水平。

一般来说，在以下的情况下适合实施 VMI 策略：零售商或批发商没有 IT 系统或基础设施来有效管理他们的库存；制造商实力雄厚并且比零售商市场信息量大；有较高的直接存储交货水平，因而制造商能够有效规划运输。

3．电子商务环境下对 VMI 的支持技术

VMI 的支持技术主要包括：EDI/Internet、ID 代码、条码、条码应用标识符、连续补给程序等。

（1）ID 代码。供应商要有效地管理用户的库存，必须对用户的商品进行正确识别，为此对供应链商品进行编码，通过获得商品的标识（ID）代码并与供应商的产品数据库相连，以实现对用户商品的正确识别。目前国外企业已建立了应用于供应链的 ID 代码的类标准系统，如 EAN-13(UPC-12)、EAN-14(SCC-14)、SSCC-18 以及位置码等，我国也建有关于物资分类编码的国家标准，届时可参考使用。

供应商应尽量使自己的产品按国际标准进行编码，以便在用户库存中对本企业的产品进行快速跟踪和分拣。因为用户（批发商、分销商）的商品有多种多样，有来自不同的供应商的同类产品，也有来自同一供应商的不同产品。实现 ID 代码标准化有利于采用 EDI 系统进行数据交换与传送，提高了供应商对库存管理的效率。目前国际上通行的商品代码标准是国际物品编码协会（EAN）和美国统一代码委员会（UCC）共同编制的全球通用的 ID 代码标准。

（2）EDI/Internet。EDI 是一种在处理商业或行政事务时，按照一个公认的标准，形成结构化的事务处理或信息数据格式，完成计算机到计算机的数据传输。这里主要介绍 EDI 如何应用到 VMI 方法体系中，如何实现供应商对用户的库存管理。

供应商要有效地对用户（分销商、批发商）的库存进行管理，采用 EDI 进行供应链的商品数据交换，是一种安全可靠的方法。为了能够实现供应商对用户的库存进行实时地测量，供应商必须每天都能了解用户的库存补给状态。因此采用基于 EDIFACT 标准的库存报告清单能够提高供应链的运作效率，每天的库存水平（或定期的库存检查报告）、最低的库存补给量都能自动地生成，这样大大提高供应商对库存的监控效率。

分销商（批发商）的库存状态也可以通过 EDI 报文的方式通知供应商。

在 VMI 管理系统中，供应商一方有关装运与发票等工作都不需要特殊的安排，主要的数据是顾客需求的物料信息记录、订货点水平和最小交货量等，需求一方（分销商、批发商）唯一需要做的是能够接受 EDI 订单确认和或配送建议，以及利用该系统发放采购订单。

（3）条码。条码是 ID 代码的一种符号，是对 ID 代码进行自动识别且将数据自动输入计算机的方法和手段，条码技术的应用解决了数据录入与数据采集的"瓶颈"，为供应商管理用户库存提供了有力支持。

表 4.3 为 ID 代码与条码的对应关系。

表 4.3　ID 代码与条码的对应关系

代　码	国际条码标准	国际条码标准名称
EAN-13(UPC ~ 12)	EAN-13	《商品条码》GB12904
EAN—14(SCC ~ 14)	ITF-14 EAN/UCC-128	《储运单元条码》GB16830 或《贸易单元 128 条码》GB15425
SSCC ~ 18	EAN/UCC-128	《贸易单元 128 条码》GB15425
条码应用标识符	EAN/UCC-128	《贸易单元 128 条码》GB15425

条码是目前国际上供应链管理中普遍采用的一种技术手段。为有效实施 VMI 管理系统，应该尽可能地使供应商的产品条码化。条码技术对提高库存管理的效率是非常显著的，是实现库存管理的电子化的重要工具手段，它使供应商对产品的库存控制一直可以延伸到和销售商的 POS 系统进行连接，实现用户库存的供应链网络化控制。

（4）连续补给程序。连续补给程序策略将零售商向供应商发出订单的传统订货方法，变为供应商根据用户库存和销售信息决定商品的补给数量。这是一种实现 VMI 管理策略的有力工具和手段。为了快速响应用户"降低库存"的要求，供应商通过和用户（分销商、批发商或零售商）建立合作伙伴关系，主动提高向用户交货的频率，使供应商从过去单纯地执行用户的采购订单变为主动为用户分担补充库存的责任，在加快供应商响应用户需求的速度同时，也使用户方减少了库存水平。

4.5.2 联合库存管理

1．基本思想

VMI 是一种供应链集成化运作的决策代理模式，它把用户的库存决策权代理给供应商，由供应商代理分销商或批发商行使库存决策的权力。联合库存管理则是一种风险分担的库存管理模式。

联合库存管理的思想可以从分销中心的联合库存功能谈起。地区分销中心体现了一种简单的联合库存管理思想。传统的分销模式是分销商根据市场需求直接向工厂订货，如汽车分销商（或批发商），根据用户对车型、款式、颜色、价格等的不同需求，向汽车制造厂订的货，需要经过一段较长时间才能达到，因为顾客不想等待这么久的时间，因此各个推销商不得不进行库存备货，这样大量的库存使推销商难以承受，以至于破产。据估计，在美国，通用汽车公司销售 500 万辆轿车和卡车，平均价格是 18 500 美元，推销商维持 60 天的库存，库存费是车价值的 22%，一年总的库存费用达到 3.4 亿美元。而采用地区分销中心，就大大减缓了库存浪费的现象。图 4.10 为传统的分销模式，每个销售商直接向工厂订货，每个销售商都有自己的库存，而图 4.11 为采用分销中心后的销售方式，各个销售商只需要少量的库存，大量的库存由地区分销中心储备，也就是各个销售商把其库存的一部分交给地区分销中心负责，从而减轻了各个销售商的库存压力。分销中心就起到了联合库存管理的功能，分销中心既是一个商品的联合库存中心，同时也是需求信息的交流与传递枢纽。

从分销中心的功能我们得到启发，我们对现有的供应链库存管理模式进行了新的拓展和重构，提出了联合库存管理新模式——基于协调中心的联合库存管理系统。

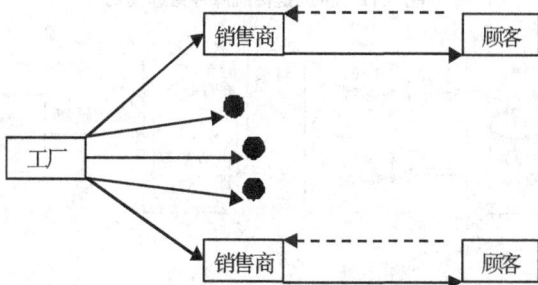

图 4.10　传统的分销模式

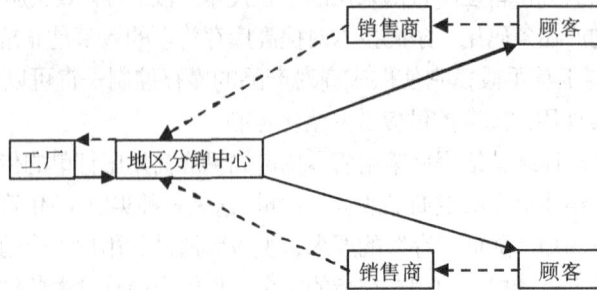

图 4.11 有地区分销中心的销售方式

近些年来，在供应链企业之间，更加强调双方的互利合作关系，联合库存管理就体现了战略供应商联盟的新型企业合作关系。

传统的库存管理，把库存分为独立需求和相关需求两种库存模式来进行管理。相关需求库存问题采用物料需求计划（MRP）处理，独立需求问题采用订货点办法处理。一般来说，产成品库存管理为独立需求库存问题，而在制品和零部件以及原材料的库存控制问题为相关需求库存问题。如图 4.12 为传统的供应链活动过程模型，在整个供应链过程中，从供应商、制造商到分销商，各个供应链节点企业都有自己的库存。供应商作为独立的企业，其库存（即其产品库存）为独立需求库存。制造商的材料、半成品库存为相关需求库存，而产品库存为独立的需求库存。分销商为了应付顾客需求的不确定性也需要库存，其库存也为独立需求库存。

联合库存管理是解决供应链系统中由于各节点企业的相互独立库存运作模式导致的需求放大现象，提高供应链的同步化程度的一种有效方法，如图 4.13 所示。联合库存管理和供应商管理用户库存不同，它强调双方同时参与，共同制定库存计划，使供应链过程中的每个库存管理者（供应商、制造商、分销商）都从相互之间的协调性考虑，保持供应链相邻的两个节点之间的库存管理者对需求的预期保持一致，从而消除了需求变异放大现象。任何相邻节点需求的确定都是供需双方协调的结果，库存管理不再是各自为政的独立运作过程，而是供需连接的纽带和协调中心。

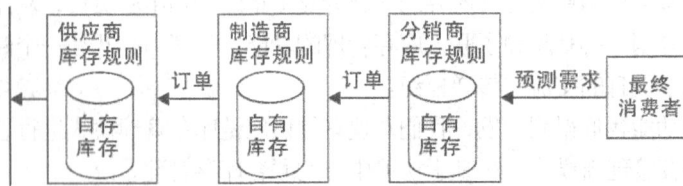

图 4.12 供应链传统库存管理模式

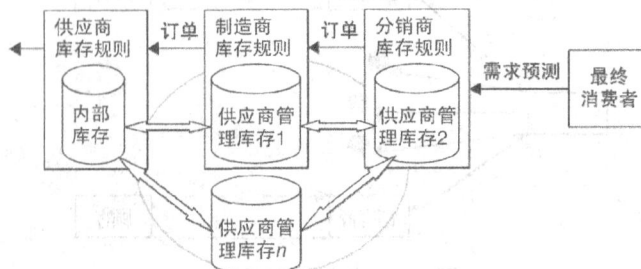

图 4.13 供应链 VMI 模式

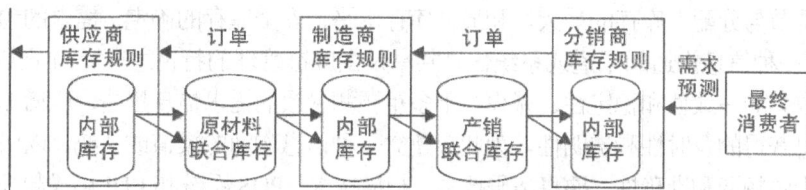

图 4.14　联合库存管理的供应链系统模型

基于协调中心的库存管理如图 4.14 所示，和传统的库存管理模式相比，有如下几个方面的优点。

（1）为实现供应链的同步化运作提供了条件和保证。

（2）减少了供应链中的需求扭曲现象，降低了库存的不确定性，提高了供应链的稳定性。

（3）库存作为供需双方的信息交流和协调的纽带，可以暴露供应链管理中的缺陷，为改进供应链管理水平提供依据。

（4）为实现零库存管理、准时采购以及精细供应链管理创造了条件。

（5）进一步体现了供应链管理的资源共享和风险分担的原则。

联合库存管理系统把供应链系统管理进一步集成为上游和下游两个协调管理中心，从而部分消除了由于供应链环节之间的不确定性和需求信息扭曲现象导致的供应链的库存波动。通过协调管理中心，供需双方共享需求信息，因而起到了提高供应链的运作稳定性作用。

2．实施策略

（1）建立供需协调管理机制。为了发挥联合库存管理的作用，供需双方应从合作的精神出发，建立供需协调管理的机制，明确各自的目标和责任，建立合作沟通的渠道，为供应链的联合库存管理提供有效的机制，图 4.15 为供应商与分销商协调管理机制模型。没有一个协调的管理机制，就不可能进行有效的联合库存管理。

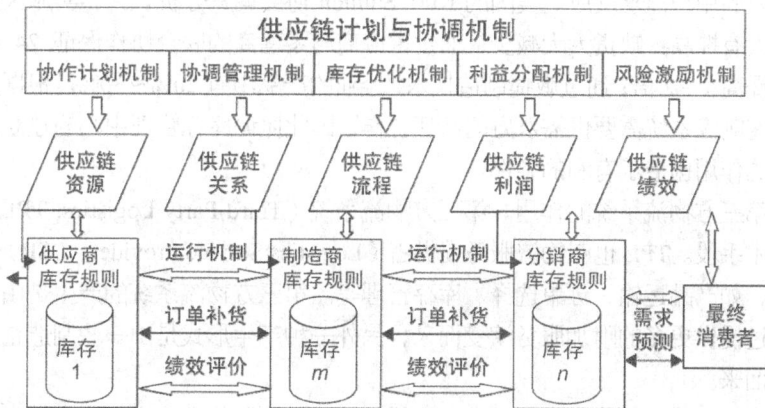

图 4.15　供应链协调库存管理机制模型

建立供需协调管理机制，要从以下几个方面着手。

① 建立共同合作目标要建立联合库存管理模式，首先供需双方必须本着互惠互利的原则，建立共同的合作目标。为此，要理解供需双方在市场目标中的共同之处和冲突点，通过协商形成共同的目标，如用户满意度、利润的共同增长和风险的减少等。

② 建立联合库存的协调控制方法联合库存管理中心担负着协调供需双方利益的角色，起协调控制器的作用。因此需要对库存优化的方法进行明确确定。这些内容包括库存如何在多个

需求商之间调节与分配，库存的最大量和最低库存水平、安全库存的确定，需求的预测等。

③ 建立一种信息沟通的渠道或系统信息共享是供应链管理的特色之一。为了提高整个供应链的需求信息的一致性和稳定性，减少由于多重预测导致的需求信息扭曲，应增加供应链各方对需求信息获得的及时性和透明性。为此应建立一种信息沟通的渠道或系统，以保证需求信息在供应链中的畅通和准确性。要将条码技术、扫描技术、POS 系统和 EDI 集成起来，并且要充分利用 Internet 的优势，在供需双方之间建立一个畅通的信息沟通桥梁和联系纽带。

④ 建立利益的分配、激励机制要有效运行基于协调中心的库存管理，必须建立一种公平的利益分配制度，并对参与协调库存管理中心的各个企业（供应商、制造商、分销商或批发商）进行有效的激励，防止机会主义行为，增加协作性和协调性。

（2）发挥两种资源计划系统的作用。为了发挥联合库存管理的作用，在供应链库存管理中应充分利用目前比较成熟的两种资源管理系统：MRP II 和 DRP。原材料库存协调管理中心应采用制造资源计划系统 MRP II,而在产品联合库存协调管理中心则应采用物资资源配送计划 DRP。这样在供应链系统中把两种资源计划系统很好地结合起来。

（3）建立快速响应系统。快速响应系统是在 20 世纪 80 年代末由美国服装行业发展起来的一种供应链管理策略，目的在于减少供应链中从原材料到用户过程的时间和库存，最大限度地提高供应来年的运作效率。

快速响应系统在美国等西方国家的供应链管理中被认为是一种有效的管理策略，经历了 3 个发展阶段。第一阶段为商品条码化，通过对商品的标准化识别处理加快订单的传输速度；第二阶段是内部业务处理的自动化，采用自动补货与 EDI 数据交换系统提高业务自动化水平；第三阶段是采用更有效的企业间的合作，消除供应链组织之间的障碍，提高供应链的整体效率，如通过供需双方合作，确定库存水平和销售策略等。

目前在欧美等西方国家，快速响应系统应用已到达第三阶段，通过联合计划、预测与补货等策略进行有效的用户需求反应。美国的 Kurt Salmon 协会调查分析认为，实施快速响应系统后供应链效率大有提高：缺货大大减少，通过供应商与零售商的联合协作保证 24 小时供货；库存周转速度提高 1 ~ 2 倍；通过敏捷制造技术，企业的产品中有 20% ~ 30% 是根据用户的需求而制造的。快速响应系统需要供需双方的密切合作，因此协调库存管理中心的建立为快速响应系统发挥更大的作用创造了有利的条件。

（4）发挥第三方物流系统的作用。第三方物流系统（Third Party Logistics, TPL）是供应链集成的一种技术手段。TPL 也叫物流服务提供者（Logistics Service Provider，LSP），它为用户提供各种服务，如产品运输、订单选择、库存管理等。第三方物流系统的产生是由一些大的公共仓储公司通过提供更多的附加服务演变而来，另外一种产生形式是由一些制造企业的运输和分销部门演变而来。

把库存管理的部分功能代理给第三方物流系统管理，可以使企业更加集中精力于自己的核心业务，第三方物流系统起到了供应商和用户之间联系的桥梁作用，为企业获得诸多好处（见图 4.16）。

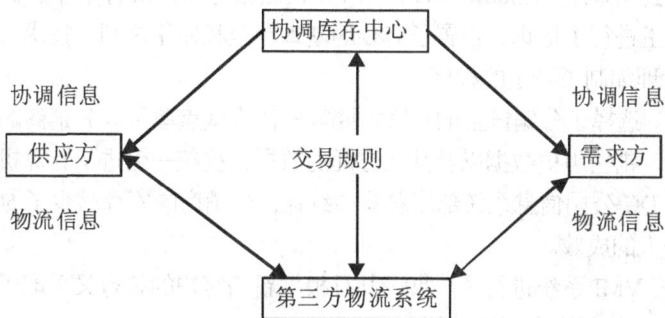

图 4.16　第三方物流系统在供应链中的作用

① 减少成本。
② 使企业集中于核心业务。
③ 获得更多的市场信息。
④ 获得一流的物流咨询。
⑤ 改进服务质量。
⑥ 快速进入国际市场。

面向协调中心的第三方物流系统使供应与需求双方都取消了各自独立的库存，增加了供应链的敏捷性和协调性，并且能够大大改善供应链的用户服务水平和运作效率。

4.5.3　多级库存优化与控制

基于协调中心的联合库存管理是一种联邦式供应链库存管理策略，是对供应链的局部优化控制，而要进行供应链的全局性优化与控制，则必须采用多级库存优化与控制方法。因此，多级库存优化与控制是供应链资源的全局性优化。

多级库存的优化与控制是在单级库存控制的基础上形成的。多级库存系统根据不同的配置方式，有串行系统、并行系统、纯组装系统、树形系统、无回路系统和一般系统。

供应链管理的目的是使整个供应链各个阶段的库存最小，但是，现行的企业库存管理模式是从单一企业内部的角度去考虑库存问题，因而并不能使供应链整体达到最优。

多级库存控制的方法有两种：一种是非中心化（分布式）策略，另一种是中心化（集中式）策略。非中心化策略是各个库存点独立地采取各自的库存策略，这种策略在管理上比较简单，但是并不能保证产生整体的供应链优化，如果信息的共享度低，多数情况产生的是次优的结果，因此非中心化策略需要更多信息共享。用中心化策略，所有库存点的控制参数是同时决定的，考虑了各个库存点的相互关系，通过协调的办法获得库存的优化。但是中心化策略在管理上协调的难度大，特别是供应链的层次比较多，即供应链的长度增加时，更增加了协调控制的难度。

案例展示：　达可海德(DH 服装公司的 VMI 系统)

美国达可海德（DH）服装公司把供应商管理的库存（VMI）看成增加销售量、提高服务水平、减少成本、保持竞争力和加强与客户联系的战略性措施。在实施 VMI 过程中，DC 公司发现有些客户希望采用 EDI 先进技术并且形成一个紧密的双方互惠、信任和信息共享的关系。

为对其客户实施 VMI，DC 公司选择了 STS 公司的 MMS 系统，以及基于客户机/服务器的

VMI 管理软件。DC 公司采用 Windows NT，用 PC 机做服务器，带有 5 个用户终端。在 STS 公司的帮助下，对员工进行了培训，设置了必要的基本参数和使用规则。技术人员为主机系统的数据和 EDI 业务管理编制了特定的程序。

在起步阶段，DC 选择了分销链上的几家主要客户作为试点单位。分销商的参数、配置、交货周期、运输计划、销售历史数据以及其他方面的数据，被统一输进了计算机系统。经过一段时间的运行，根据 DC 公司信息系统部副总裁的统计，分销商的库存减少了 50%，销售额增加了 23%，取得了较大的成效。

接着，DC 公司将 VMI 系统进行了扩展，并且根据新增客户的特点又采取了多种措施，在原有 VMI 管理软件上增加了许多新的功能。

（1）某些客户可能只能提供总存储量的 EDI 数据，而不是当前现有库存数。为此，DC 公司增加了一个简单的 EDI/VMI 接口程序，计算出客户需要的现有库存数。

（2）有些客户没有足够的销售历史数据用来进行销售预测。为解决这个问题，DC 公司用 VMI 软件中的一种预设的库存模块让这些客户先运行起来，直到积累起足够的销售数据后再切换到正式的系统中去。

（3）有些分销商要求提供一个最低的用于展示商品的数量。DC 公司与这些客户一起工作，一起确定他们所需要的商品和数量（因为数量太多影响库存成本），然后用 VMI 中的工具设置好，以备今后使用。

VMI 系统建立起来后，客户每周将销售和库存数据传送到 DC 公司，然后由主机系统和 VMI 接口系统进行处理。DC 公司用 VMI 系统，根据销售的历史数据、季节款式、颜色等不同因素，为每一个客户预测一年的销售和库存需要量。

为把工作做好，DC 公司应用了多种不同的预测工具进行比较，选择出其中最好的方法用于实际管理工作。在库存需求管理中，它们主要做的工作是：计算可供销售的数量和安全库存，安排货物运输计划，确定交货周期，计算补库订货量等。所有计划好的补充库存的数据都要复核一遍，然后根据下一周（或下一天）的业务，输入主机进行配送优化，最后确定出各配送中心装载/运输的数量。DC 公司将送货单提前通知各个客户。

一般情况下，VMI 系统需要的数据通过 ERP 系统获得，但是 DC 公司没有 ERP。为了满足需要，同时能够兼顾 VMI 客户和非 VMI 客户，DC 公司选用了最好的预测软件，并建立了另外的 VMI 系统数据库。公司每周更新数据库中的订货和运输数据，并且用这些数据进行总的销售预测。结果表明，DC 公司及其客户都取得了预期的效益。

4.6 本章小结

本章主要介绍仓储与库存管理及库存控制方式与策略。包含的主要知识点有：仓库的概念与类型、仓库的选址与布局、仓库的作业管理；仓储管理的概念与内容、仓储合理化；库存的功能与类型；库存控制方式；供应链管理环境下的库存管理策略。其中后两节的内容为本章的重点与难点，需要重点掌握。

4.7 复习思考题

1. 阐述储存合理化的标志及实现储存合理化的措施。
2. 为什么库存对于一个公司的有效管理来说非常重要？
3. 经济订货批量（EOQ）模型在数学上如何选择经济订货批量？

4.8 本章实训

主题： 大型超市仓储管理。

目的： 学生在学习完本章后，应理解并掌握电子商务模式下大型超市的库存与订货策略、库存规划与商品盘点等内容。学生通过到大型连锁超市观察商品的进出库流程、不同种类物品的储位管理策略、不同物品的盘点方式以及商品进货的时机与数量。

实训流程：

（1）观察商品进库流程，并进行实际的单证操作。

（2）观察不同种类商品在超市仓库的储存位置。

（3）观察商品盘点的方式与程序。

（4）调查 POS 系统下商品订货的方式。

（5）完成以上仓储管理内容的调查报告。

具体任务：

（1）了解实训的目的。

（2）分组，每个小组负责超市仓储管理某一个方面内容，主要分为进出库流程、商品储存管理、商品盘点、商品订货、商场商品管理 5 个小组。

（3）深入观察并学习各个仓储岗位的业务内容与流程。

（4）完成对本次实训的原始资料记录和实习总结。

（5）以小组为单位进行实训交流。

PART 5

第 5 章
电子商务物流包装与流通加工

在社会再生产过程中，包装处于生产过程的末尾和物流过程的开头，既是生产的终点，又是物流的始点。在现代物流观念形成以前，包装被天经地义地看成生产的终点，是出厂前的最后一道工序，因而一直被视为生产领域的活动。包装的设计往往主要是从生产终结的要求出发，使得它常常不能满足流通的要求。物流的研究认为，包装与物流的关系，比之与生产的关系要密切得多，其作为物流始点的意义比作为生产终点的意义要大得多。因此，包装应进入物流系统之中，且是一个十分重要的组成部分。

5.1 包装基础知识

案例展示：糖果包装

蜡纸是一种传统的以扭结方式包装糖果的包装材料；单向拉伸 PVC 是典型的以扭结方式包装糖果的塑料薄膜。但这两种包装材料及其包装方式由于防潮和保香性能差而渐渐地退出了这一市场。枕式袋包装因为密封性较扭结包装好，加之可选用阻隔包装材料以起到防潮、防湿、保香性作用、含水率低的糖果其防潮性要求更高；而香味较浓的糖果要求有较好的保香性能。

糖果包括硬质糖果、乳脂糖果、凝胶糖果、巧克力制品等。硬质糖果是以白砂糖和淀粉糖浆为原料，经浓缩而成的硬、脆无定形糖块。这类糖的特点是含水率极低，很容易吸收空气中的湿气而引起返潮，所以宜用枕式袋包装而不宜用扭结式包装。乳脂糖果含有高成份的乳品和脂肪，并以细小的球滴分散在体系中，在常温下有一定的硬度，但受热极易变形，分散的脂肪容易扩散到糖果表面，所以包装时除了考虑防潮外，还应防止形体收缩、香味流失、脂肪被氧化，最好的包装应选用阻氧、隔紫外线（特别是短波紫外线）、保香的材料并以枕式袋方式包装。

推荐的包装：消光 KOP22／PE25：KOP22／VMCPP25 或者 PET12／VMCPP25。

案例展示：蛋糕包装

蛋糕类食品的特点是高油脂、高水分、高蛋白、浓香、含糖，所以其包装必须具备以下功能。

（1）防油脂氧化。不饱和油脂易被空气中的氧所氧化，其结果是不饱和键断裂，表现为脂肪酸败，酸败的脂肪会发出刺喉的哈喇味，这是因为脂肪酸氧化分解形成了低分子脂肪酸，如己酸、辛酸就是这种哈喇味。这严重影响蛋糕的品质。

5.1.3 包装的分类及常用材料

包装一般可分为商业包装和运输包装。

商业包装：是以促进销售为主要目的包装，这种包装的特点是外形美观，有必要的装潢，包装单位适于顾客的购买量以及商店陈设的要求。在流动过程中，商品越接近顾客，越要求包装有促进销售的效果。

运输包装：是指强化输送、保护产品为目的的包装。运输包装的重要特点，是在满足物流要求的基础上使包装费用越低越好。为此，必须在包装费用和物流时的损失两者之间寻找最优的效果。

我们会根据商品流动的方向和侧重点的不同来对商品进行包装以满足不同商品的不同阶段时的需要和要求。

包装时材料的选择尤为重要，不同产品要求达到不同效果也就要选择具有不同属性的包装材料，常用的包装材料有以下几类。

（1）纸及纸制品：牛皮纸、玻璃纸、植物羊皮纸、沥青纸、板纸、瓦楞纸板。

（2）塑料及塑料制品：聚乙烯、聚丙烯、聚苯乙烯、聚氯乙烯、钙塑材料。

（3）木材及木制品。

（4）金属：镀锡薄板、涂料铁、铝合金。

（5）玻璃、陶瓷。

（6）复合材料。

对于不同的需求来选择合适的包装材料，结合不同商品的特性、流向、材料的性价比等要素来进行选择和包装设计。

5.1.4 包装技术分类

1. 防震保护技术

防震包装又称缓冲包装，在各种包装方法中占有重要的地位。产品从生产出来到开始使用要经过一系列的运输、保管、堆码和装卸过程，置于一定的环境之中。在任何环境中都会有力作用在产品之上，并使产品发生机械性损坏。为了防止产品遭受损坏，就要设法减小外力的影响，防震包装就是指为减缓内装物受到冲击和振动，保护其免受损坏所采取的一定防护措施的包装。

图 5.1 防震包装

防震包装主要有以下 3 种方法。

（1）全面防震包装方法。全面防震包装方法是指内装物和外包装之间全部用防震材料填满进行防震的包装方法。

（2）部分防震包装方法。对于整体性好的产品和有内装容器的产品，仅在产品或内包装的拐角或局部地方使用防震材料进行衬垫即可。所用包装材料主要有泡沫塑料防震垫、充气型塑料薄膜防震垫和橡胶弹簧等（见图 5.1）。

（3）悬浮式防震包装方法。对于某些贵重易损的的物品，为了有效地保证在流通过程中不被损坏，外包装容器比较坚固，然后用绳、带、弹簧等将被装物悬吊在包装容器内，在物流中，无论是什么操作环节，内装物都被稳定地悬吊而不与包装容器发生碰撞，从而减少损坏。

2．防破损保护技术

缓冲包装有较强的防破损能力，因而是防破损包装技术中有效的一类。此外，还可以采取以下几种防破损保护技术。

（1）捆扎及裹紧技术（见图 5.2）。捆扎及裹紧技术的作用，是使杂货、散货形成一个牢固整体，以增加整体性、便于处理及防止散堆来减少破损。

图 5.2 防破损包装

（2）集装技术。利用集装，减少与货体的接触，从而防止破损。

（3）选择高强保护材料。通过外包装材料的高强度来防止内装物受外力作用破损。

3．防锈包装技术

（1）防锈油防锈蚀包装技术。大气锈蚀是空气中的氧、水蒸气及其他有害气体等作用于金属表面引起电化学作用的结果。如果使金属表面与引起大气锈蚀的各种因素隔绝（将金属表面保护起来），就可以达到防止金属大气锈蚀的目的。防锈油包装技术就是根据这一原理将金属涂封防止锈蚀的。

用防锈油封装金属制品，要求油层要有一定厚度，油层的连续性好，涂层完整。不同类型的防锈油要采用不同的方法进行涂复。

（2）气相防锈包装技术。气相防锈包装技术就是用气相缓蚀剂（挥发性缓蚀剂），在密封包装容器中对金属制品进行防锈处理的技术。气相缓蚀剂是一种能减慢或完全停止金属在侵蚀性介质中的破坏过程的物质，它在常温下即具有挥发性，它在密封包装容器中，在很短的时间内挥发或升华出的缓蚀气体就能充满整个包装容器内的每个角落和缝隙，同时吸附在金属制品的表面上，从而起到抑制大气对金属锈蚀的作用。

4．防霉腐包装技术

在运输包装内装运食品和其他有机碳水化合物货物时，货物表面可能生长霉菌，在流通过程中如遇潮湿，霉菌生长繁殖极快，甚至伸延至货物内部，使其腐烂、发霉、变质，因此要采取特别防护措施。

包装防霉烂变质的措施，通常是采用冷冻包装、真空包装或高温灭菌方法。冷冻包装的原理是减慢细菌活动和化学变化的过程，以延长储存期，但不能完全消除食品的变质；高温杀菌法可消灭引起食品腐烂的微生物，可在包装过程中用高温处理防霉。有些经干燥处理的食品包装，应防止水汽浸入以防霉腐，可选择防水汽和气密性好的包装材料，采取真空和充气包装。

真空包装法也称减压包装法或排气包装法。这种包装可阻挡外界的水汽进入包装容器内，也可防止在密闭着的防潮包装内部存有潮湿空气，在气温下降时结露。采用真空包装法，要注意避免过高的真空度，以防损伤包装材料。

防止运输包装内货物发霉，还可使用防霉剂，防霉剂的种类甚多，用于食品的必须选用无毒防霉剂。

机电产品的大型封闭箱，可酌情开设通风孔或通风窗等相应的防霉措施。

5．防虫包装技术

防虫包装技术，常用的是驱虫剂，即在包装中放入有一定毒性和嗅味的药物，利用药物在包装中挥发气体杀灭和驱除各种害虫。常用驱虫剂有苯、对位二氯化苯、樟脑精等。也可采用真空包装、充气包装、脱氧包装等技术，使害虫无生存环境，从而防止虫害。

6．危险品包装技术

危险品有上千种，按其危险性质，交通运输及公安消防部门规定分为十大类，即爆炸性物品、氧化剂、压缩气体和液化气体、自燃物品、遇水燃烧物品、易燃液体、易燃固体、毒害品、腐蚀性物品、放射性物品，有些物品同时具有两种以上危险性能。危险品包装上要有明显标志，如图5.3所示。

对有毒商品的包装要明显地标明有毒的标志。防毒的主要措施是包装严密不漏、不透气。如重铬酸钾（红矾钾）和重铬酸钠（红矾钠），为红色带透明结晶，有毒，应用坚固附桶包装，桶口要严密不漏，制桶的铁板厚度不能小于1.2毫米。对有机农药一类的商品，应装入沥青麻袋，缝口严密不漏。如用塑料袋或沥青纸袋包装的，外面应再用麻袋或布袋包装。用作杀鼠剂的磷化锌有剧毒，应用塑料袋严封后再装入木箱，箱内用两层牛皮纸、防潮纸或塑料薄膜衬垫，使其与外界隔绝。

图5.3　危险品包装

对有腐蚀性的商品，要注意商品和包装容器的材质发生化学变化。金属类的包装容器，要在容器壁涂上涂料，防止腐蚀性商品对容器的腐蚀。例如，包装合成脂肪酸的铁桶内壁要涂有耐酸保护层，防止铁桶被商品腐蚀，从而商品也随之变质。再如，氢氟酸是无机酸性腐蚀物品，有剧毒，能腐蚀玻璃，不能用玻璃瓶作为包装容器，应装入金属桶或塑料桶，然而再装入木箱。甲酸易挥发，其气体有腐蚀性，应装入良好的耐酸坛、玻璃瓶或塑料桶中，严密封口，再装入坚固的木箱或金属桶。

对黄磷等易自燃商品的包装，宜将其装入壁厚不少于 1 毫米的铁桶中，桶内壁须涂耐酸保护层，桶内盛水，并使水面浸没商品，桶口严密封闭，每桶净重不超过 50 公斤。再如，遇水引起燃烧的物品（如碳化钙），遇水即分解并产生易燃的乙炔气，对其应用坚固的铁桶包装，桶内充入氮气。如果桶内不充氮气，则应装置放气活塞。

对于易燃、易爆商品，如有强烈氧化性的，遇有微量不纯物或受热即急剧分解引起爆炸的产品，防爆炸包装的有效方法是采用塑料桶包装，然后将塑料桶装入铁桶或木箱，每件净重不超过 50 公斤，并应有自动放气的安全阀，当桶内达到一定气体压力时，能自动放气。

7．特种包装技术

（1）充气包装。充气包装是采用二氧化碳气体或氮气等不活泼气体置换包装容器中空气的一种包装技术方法，因此也称为气体置换包装。这种包装方法是根据好氧性微生物需氧代谢的特性，在密封的包装容器中改变气体的组成成分，降低氧气的浓度，抑制微生物的生理活动、酶的活性和鲜活商品的呼吸强度，达到防霉、防腐和保鲜的目的。

（2）真空包装。真空包装是将物品装入气密性容器后，在容器封口之前抽真空，使密封后的容器内基本没有空气的一种包装方法。图 5.4 所示是常见的真空包装机。

图 5.4　真空包装机

一般的肉类商品、谷物加工商品以及某些容易氧化变质的商品都可以采用真空包装，真空包装不但可以避免或减少脂肪氧化，而且抑制了某些霉菌和细菌的生长。同时在对其进行加热杀菌时，由于容器内部气体已排除，因此加速了热量的传导。提高了高温杀菌效率，也避免了加热杀菌时，由于气体的膨胀而使包装容器破裂。

（3）收缩包装。收缩包装就是用收缩薄膜裹包物品（或内包装件），然后对薄膜进行适当加热处理，使薄膜收缩而紧贴于物品（或内包装件）的包装技术方法。收缩薄膜是一种经过特殊拉伸和冷却处理的聚乙烯薄膜，由于薄膜在定向拉伸时产生残余收缩应力，这种应力受到一定热量后便会消除，从而使其横向和纵向均发生急剧收缩，同时使薄膜的厚度增加，收缩率通常为 30%～70%，收缩力在冷却阶段达到最大值，并能长期保持。

（4）拉伸包装。拉伸包装是 20 世纪 70 年代开始采用的一种新包装技术，它是由收缩包装发展而来的，拉伸包装是依靠机械装置在常温下将弹性薄膜围绕被包装件拉伸、紧裹，并在其末端进行封合的一种包装方法。由于拉伸包装不需进行加热，所以消耗的能源只有收缩包装的二十分之一。拉伸包装可以捆包单件物品，也可用于托盘包装之类的集合包装。

（5）脱氧包装。脱氧包装是继真空包装和充气包装之后出现的一种新型除氧包装方法。脱氧包装是在密封的包装容器中，使用能与氧气起化学作用的脱氧剂与之反应，从而除去包装容器中的氧气，以达到保护内装物的目的。脱氧包装方法适用于某些对氧气特别敏感的物品，使用于那些即使有微量氧气也会促使品质变坏的食品包装中。

5.1.5　包装技术与产业的发展方向

随着科学技术的飞速发展，商品包装已成为促进销售、增强竞争力的重要手段。许多新技术、新工艺、新思维已被应用于包装设计、包装工艺、包装设备、包装新材料、包装新产业等方面。

1．包装设计的趋势

包装设计已迈入了计算机化时代，一种适用于更新换代快的借助于电脑和各种信息系统的设计方法已经出现。当今的设计人员，必须具备包装设计的基本技能，更主要的是会思考、会欣赏、懂创意，而计算机技术则是建立在前述技能基础上。包装设计者同时还必须知道相关的包装制作工艺，如何选材，如何利用现代化的包装制造设备，如印前工艺设备、印后处理设备等。

计算机和包装软件是未来包装设计的主要硬件。设计人员的欣赏能力是包装设计成败的关键。

2．包装工艺的发展

包装工艺主要指包装制作过程中的制造工艺，如包装的成型工艺、包装的修饰（整饰工艺）等都经历了一个个改进完善的过程。

包装的成型包括了金属包装的成型、塑料包装的成型、纸品包装的成型以及其他复合材料包装的成型。塑料包装用的挤压、热压、冲压等成型，已逐渐用到了纸板包装的成型上，过去纸板类纸盒包装压凸（凹）成型较为困难，现在已基本解决。很多不同材质的包装成型已借助于气压、冲击、湿法处理、真空技术来实现其工艺的简化与科学化。

包装干燥工艺，也由过去的普通热烘转向紫外光固化，使其干燥成型更为节能、快速和可靠。

包装的印刷工艺，也更为多样化。特别是高档商品的包装印刷已采用了丝印和凹印。

还有防伪包装制作工艺，已由局部印刷或制作转向整体式大面积印刷与制作防伪。

综上所述，包装工艺是发展最快、变化最快、种类最多的技术。

3．包装设备的发展

目前包装机械的特征趋于"三高"：高速、高效、高质量。重点趋于节能降耗、质量和性能可靠、自动控制水平先进、稳定性好、自重轻、结构紧凑、占地空间小、噪声低、效率高、外观造型适应环境和操作人员心理要求，有利于环保等。

近些年来，发达国家一方面为满足现代商品包装多样化的需求，发展适应多品种、小批量的通用包装技术及设备；另一方面又紧跟当代高科技发展步伐，不断应用先进的技术，发展和开发应用高新技术的现代化专用型包装机械。所应用到的新技术有航天工业技术（热管类）、微电子技术、磁性技术、信息处理技术、传感技术（光电及化学）、激光技术、生物技术、以及新的加工工艺、新的机械部件结构（如锥形同步齿形带传动等）、新的光纤材料等，使许多包装机械已趋于智能化。

国内包装机械发展趋势，在引进消化、吸收的基础上，有了一定的创新，产品科技含量也正在不断提高，这些包装机械产品正在向机电结合、主辅机结合、成套连线方向发展。

多功能组合包装设备也是方向。目前，我国在包装机械方面，与发达国家相比，某些加工工艺和元器件还过不了关，有些关键性材料还达不到要求，因此，这将是包装机械领域应重点突破和解决的问题。

4．包装材料的新趋势

包装材料是整个包装行业中最为活跃的研究方向。包装质量的好坏，绝大部分取决于包装材料的性能。包装新材料与包装新技术都是每一个包装企业或科研院所首选的方向。不利于环保的包装材料，亟待取代。新型的包装材料正需开发，有的已初见成效。主要有下面几大类。

（1）以 EPS 快餐盒为代表的塑料包装将被新型的纸质类包装所取代。EPS 类包装制品亟需研制替代的还有 EPS 工业包装衬垫。

（2）塑料袋类包装材料正朝水溶性无污染方向发展。

（3）木包装正在寻求替代包装材料。由于美国等西方国家以中国出口产品中的木包装发现"天牛"为借口，限制我国产品出口，凡是用木包装的产品必须进行复杂的特殊处理或用其他材料的包装。即使是用重型瓦楞纸箱包装也难以胜任，因此目前我国已在进行攻关，推荐用蜂窝瓦楞纸代替，但必须解决托盘的装卸和承重受重力和装卸强度问题。

（4）其他新型的辅助包装材料也亟待研究，如黏合剂、表现处理剂、油墨等。

5．包装新技术的发展

（1）包装固化技术：固化与干燥能源在更新，从热能转向光能。

（2）包装切割成型技术：新型切割与成型器械。

（3）包装与加工结合技术：包装与加工相结合。

（4）包装功能借用技术：包装功能超出包装，有增值作用。

（5）包装功能保护技术：在包装材料中加入保鲜、杀菌、防潮、防静电、防异味等功能性成分。

上述最有前途的是包装与加工结合技术。它解决了很多处理工艺，直接借用包装机理，实现包装加工一体化，使包装更具潜力和作用。

6．包装产业化发展

包装产业化发展是通过技术与产品相结合在市场上增加市场占有率而实现的。有好的产品必须有好的包装，有好的包装才有好的市场，相辅相成。未来的包装产业既要有特色，更要有规模。包装产业必须要以行业为依托，设备和技术做后盾，走集团化道路。专业化和技术创新是包装产业立于竞争不败的根本法宝。

5.2 包装合理化

包装与生产及物流都有密切的联系，因此，包装必须合理化。从现代物流观点看，包装合理化不单是包装本身合理与否的问题，而是整个物流合理化前提下的包装合理化。"好的开始是成功的一半"包装作为物流活动的起点，一个合理的商品包装是保证物流质量的必要条件。

5.2.1 合理化包装的指导思想

1. 标准化原则
按国家相关标准讲行包装设计及执行。

2. 作业机械化、成本低廉化、包装单位大型化、绿色化原则
商品包装标记：根据商品本身的特征用文字和阿拉伯数字等在包装上的明显位置规定的记号。

商品包装标记的种类：一般描述性标记、商品收发货地点和单位标记、牌号标记、等级标记。

商品包装标志：是用来指明包装商品的性质和物流活动安全以及理货分运需要的文字和图像的说明。

商品包装标志的种类：运输标志、注意标志、警告性标志。

5.2.2 包装的设计要点

国内外关于设计的定义多种多样，但从根本上来说，它是一个为明天工作的概念，与维系社会发展与进步的经济有着密切的联系。我们甚至可以说：设计的属性主要在于经济，经济属性是第一位的，艺术属性是第二位的。包装设计作为设计范畴的一个分支，其个性突出地体现在经济属性方面。正因为如此，全面了解其经济属性不仅有助于深化对设计本质意义的认识，而且对准确把握包装设计的过程及其在社会经济生活中的应用效果，有着十分重要的意义。

众所周知，包装设计的目的是要帮助被包装商品实现两大功能——自然功能和社会功能，设计者要探究两者优化结合的规律和方法。在包装设计的两大功能中，自然功能主要是指为容纳、保护、储运、销售、消费产品提供保证和多种方便，为社会带来物质效益，而社会功能则指包装满足人们的心理需要，促进商品销售，美化生活环境，为社会带来精神效益。按照现今的简要说法，两者的优化结合是包装符合"科学、适用、美观、经济"的原则。尽管包装设计承载了上述两大功能，要求必须体现科学、适用、美观和经济原则，产出无论是自然功能，还是社会功能，无论是科学原则，还是适用原则及美观原则，均以经济原则为准绳，均受到经济原则的影响和制约，是建立在经济原则的基础之上的。因为在人类社会尚未发展到超经济阶段的过程中，按照经济学的原则，人类的生产活动行为总是存在着投入与产出之间的矛盾，即总是企图以尽可能少的投入，获取尽可能多的产出。说到底，人类的经济活动的最佳值在于：人们希望实现投入和回报之间的最优极值。这种情况既体现在影响包装设计总体方案的资本投入中，又决定于被包装商品价值所拥有的潜在市场；既反映在包装设计方案所要求的技术与生产环节中，又取决于社会大众对被包装商品的消费心理和消费能力等方面，甚至在包装的使用完成以后的废弃物的回收利用上还有所体现。

结合以上所述包装的三大特性、四大功能，在设计产品的包装上应注意以下几点。

1. 区别产品，提供信息
包装要做的就是美化商品，使商品更可信，更容易让人接受。包装不仅仅体现的是外表和商品本身，更应该了解企业经营的文化理念，商品的包装只是作为企业与消费者沟通的一个手

段，最重要的不是将现有的商品卖出去，而是要在消费者心里建立一个长久的品牌，品牌形象的形成用包装来传达也是一个比较巧妙的方式。对产品包装设计就应该要了解不同行业、不同客户群体、不同消费水平的差异化，使设计更加贴切行业特点及消费的需求。包装提供包装物的信息，以帮助人们区别产品。信息的提供对于顾客了解产品非常重要。例如，产品的属性、出厂日期、质量标准验证及物品的摆放方式等，包装上都予以注明。向物流人员提供相关信息是包装的一个重要作用。仓库中的存货必须正确标示以便存放和搬运，因此包装应尽量相仓库工作人员提供充足信息。

2．保护商品

包装主要是在产品的运输，搬运和存储的过程中起保护作用，因此物流人员更关心工业包装。在运输途中，包装会受到货物搬运时的冲击，受到运输途中车辆产生的震动和颠簸；在库存时包装要承受堆积在它上面的货物的重量；因此，就要求包装必须能承受这些外力，保护包装内的货物不受损伤。商品的包装还可以使商品从出厂到售出不会损坏，保持清洁，有的厂家在制作包装时，出厂的商品全部密封，商品的保质期就会相当长，这样做也有利于商品在销售时间不超过保质期的时间，厂家不会蒙受损失。

包装的保护功能保障了运输的质量，物流的是以商品为中心的，而物品的完整性直接决定着物流的有效性。故物流管理就要在包装上投入许多的精力。营销部门和运输部门需要共同协作来研究包装的保护功能。

3．方便物流，提高搬运效率

适当的包装有利于提高物料搬运效率。包装设计的目的之一就是使之最易于搬运和转移，同时货物的包装单位应该根据搬运设备的能力而定。包装的形状、体积必须便于操作综合考虑仓库、运输工具、托盘空间利用条件以及物料搬运设备的限制。

4．提高客户服务水平

客户服务在物流规划中所起到的作用日益重要，所以包装设计时也要考虑与客户使用的搬运、储存设备相适应。这样做的成本可能相对较高，但却能大大提高客户服务水准，从而吸引大批客户。

5.2.3　包装设计合理化

早在十多年前，我国商品曾因包装不善成为制约出口的一大"障碍"。有统计说，当时由于包装质量不过关，包装设计低层次，不少我国出口商品虽质量上乘，但仍竞争不过国外同类产品，曾导致我国出口产品每年损失达 1 亿美元。可是，当包装行业在无规则限制下以 15%的速度连年递增之后，过度包装的问题开始显现出来，成为备受社会关注的问题，例如每年中秋，以月饼为代表的商品过度包装问题都要成为舆论的焦点，其包装追求越来越豪华，情况却越演越烈，带来了许多社会问题。

商品过度包装涉及食品保健品、化妆品等诸多商品类别，包装材料大部分为纸箱袋、玻璃瓶、塑料制品及金属盒罐，在部分商品领域也不乏高档用材，包装回收率不足 20%。商品过度包装不仅造成大量资源浪费，产生大量的垃圾废弃物，引起严重的环境污染，同时导致商品价格虚高，损害了消费者和经营者的利益，扰乱了市场经济秩序，助长了奢侈浪费、畸形消费等不良现象。商品过度包装不符合建设资源节约型、环境友好型社会的要求，必须采取有力措施从根本上加以治理。

近年来，我国各地政府也出台了多项措施来治理商品过度包装，如 2011 年，消费者彭小姐花费 40 000 多元在佛山市某大型超市购买吉祥如意大礼包。礼包外包装仿如一条空调被般大小（45×21×31），印有华丽炫目的图案，分别是"丹麦曲奇饼干""老公杏仁饼干""进口瑞士糖"等，打开发现都是顺德和中山生产的饼干和硬糖，消费者大失所望，认为商品货不对板，投诉到佛山市消费者委员会。佛山市消费者委员会认真查看发现所有食品体积不到外包装的一半容量，总重量只有 1 308 克，用其中小包装的饼盒就能装下所有的饼干和糖果。根据《限制商品过度包装要求》，国家强制要求一般食品的包装空隙率应该小于外包装的 45% 体积。显然这种礼品盒属于过度包装，且有模仿其他知名食品包装图样的嫌疑，商品标识名称与实际不符，涉嫌欺诈消费者，佛山市消费者委员会决定将其转往有关部门处理。经查处，执法部门没收违法所得 2 623 元；没收库存商品 617 袋；处罚款 185 783 元。又如 2013 年，兰州市政府办公厅下发了《关于进一步加强商品过度包装治理工作的通知》，就加强兰州市商品过度包装治理工作提出具体要求，根据要求，各县区、各部门从源头杜绝商品过度包装，对在联合检查、督查过程中发现的过度包装典型将予以曝光。

另外，由于商品绝大部分包装使用的是纸张，因此，从环保的角度来看，过度包装投入的"成本"更大。如果我们减少过度包装，将为地球多留一片森林，为环保多添一份力。而在今后商品包装的流行趋势中，"环保"需求显得尤为重要。使用环保的包装产品将是企业走向世界市场的"绿色通行证"，这是摆在我们面前的又一课题。

商品包装对于企业的发展至关重要，主要从以下几个方面去体现。

（1）从影响包装设计总体方案的资本投入来说，它不仅决定了整个设计思想、设计的定位，而且还影响了设计的结果。我们知道，资本是投放于企业生产和经营活动的固定资产和流动资金的价值形态，和资产、资金的概念相通。经典理论的揭示和社会发展实际充分表明：资本是商品经济社会中最活跃的因素，它可以投入到生产和贸易活动中去，还可以在资本市场中经营。不论是在生产和贸易活动中，还是在资本市场中，资本运行的最终目的是增值，而从整个社会发展来看，这种增值应该建立在不断扩大和增加的商品生产基础之上。商品生产规模的扩大和产量增加的因素中，包括产品的包装设计，这种设计是使资本增值的有效途径。然而，没有设计工作环境、设计的技术装备和设计材料，包装设计只能停留在口头上，就少了一个增值的环节。

对于绝大多数设计师来说，往往有这样一种感受或认识，在决定包装设计形态的众多因素中，设计者个人的水平固然很重要，但对于一个高水平的设计师来说，其设计能力和水平能否得到正常的发挥与表现，资本起了至关重要的作用。我们姑且不论设计费的高低对于设计者能否发挥水平之间存在的刺激作用，单就用户资本对于设计者的限制来说，会制约包装的造型、结构、色彩、材料、成型工艺等诸多方面。例如，同一种品质的商品，对于设计师来说，可以用纸、塑料、木材、金属、陶瓷或玻璃等作为包装材料，由于这些材料本身的质感差别、价值高下，会产生不同的视觉冲击力，再加上设计师的创意水平和表现技法的差异，使设计出来的包装本身的价值和附加值有着巨大的差别。同是一件商品的包装，人们可以用随意的简易材料捆、扎、糊、贴等方法进行包装，仅仅实现商品包装的部分功能，其在商品销售中所带来的增值也就甚微；一般的设计师则通过对材料的取舍、搭配，基本上发挥商品包装的功能，那么，其在商品销售中就会由此带来一定的增加值；而杰出的设计师则通过对各种包装材料的撷取，运用巧妙科学的造型结构，恰如其分地装饰，在充分实现包装功能的同时，会使商品大大增值，其包装价值甚至超过商品本身的价值。

（2）从被包装商品价值所拥有的潜在市场来说，设计是引导消费、形成时尚的重要因素。在经济活动中，有卖方与买方，才能使交换成为可能。有的商品供不应求，这与商品的性质、用途、质量、价格有很大关系，但是，诱使消费者购买的第一感觉往往不是这些根本性的东西，而是产品的包装。正因为如此，在市场营销界，有的学者把包装称为与市场营销 4P 组合平行的第 5 个 P。不错，在市场营销实践中，企业利用包装把成千上万的商品装扮得五彩缤纷，魅力无穷，其目的是要尽可能地占有市场，使商品的潜在市场尽可能地被挖掘。世界上最大的化学公司——杜邦公司的营销人员经过周密的市场调查后，发明了著名的杜邦定律，即 63% 的消费者是根据商品的包装和装潢做出购买作决策的；到超级市场购物的家庭主妇，由于精美包装和装潢的吸引，所购物品通过常超过她们出门时打算购买数量的 45%。

作为包装的设计者，应该清醒地认识到商品包装的设计必须放眼市场，使商品通过自己的设计成为一种消费时尚。那么，怎样才能使商品包装的设计充分与市场结合？这实质又回到了本文的主题——经济意识。

（3）从包装技术的设计方案所要求的技术环境来说，没有设计就没有生产，特别是在现代社会生产条件下，技术落后就意味着生产落后，而设计师在设计过程中可以选择技术支撑，也可以改进有的甚至更新原有的技术。

对于包装设计来说，虽然不属于高、尖、精技术领域，但是，由于各种包装新材料的出现，以及计算机、印刷技术的突飞猛进，现在的包装设计的技术因素已大大增强。我们抛开各种新材料成型、综合对于技术的要求不说，单就计算机在包装设计中的运用而言，作为一种设计的辅助工具，它以手工和机械无可比拟的优越性而成为当今设计的必要手段。计算机在包装设计中的应用，并非单纯工具意义上的变化，它对设计思维、设计语言、设计审美、设计过程，乃至"设计—生产—消费"整个体系，都有全新概念和处理的要求。

技术的改进与设计是相辅相成的，作为属于综合性、边缘性领域的包装设计，在设计过程中必须借助于数学、物理学、力学、化学、生物学、微生物学等自然科学和众多自然技术科学理论和方法，使设计的完美体现，需要依赖经济学、心理学、文化、艺术、法律、历史、民俗等社会科学和多门社会技术科学理论和方法。高明的设计师要设计出完美的方案，要使自己的设计方案能够投入生产，必须熟悉和适应各类技术，设计创新必须善用各类技术。从这层意义上说，也验证了科学技术就是生产力的真理，因此，我们可以说，设计就是力量，设计就是生产力，因为作为生产力的三个要素——劳动者、生产工具和生产资料，其中的生产工具和生产资料都属于"物"的范畴，它们只有通过"人"的要素，才能形成创造价值、生产财富的生产力。"简单劳动"的劳动者和"复杂劳动"的劳动者之间的差别，在于劳动者的"创造力"上，富有创造力的人，带有"设计"品格参与生产过程的人，才能创造出更多的财富。

（4）从包装设计方案与最终被批量物化的关系而言，设计需要生产是生存性的、价值性的和成就性的。反过来，生产是实现和保证设计方案经济属性实现的关键步骤。

生产是把自然的人力和物力转化成社会必须的物质资料的关键环节，而决定生产的产品的设计方案，是第一个环节。当然，从包装的时效性、地域性等来看，其设计方案无疑是动态的，需要因时因地而不断变化。特别是在市场经济竞争日趋激烈的情况下，生产对设计的需要是结构性的、发展性的和开放性的。

包装设计方案对其生产起着决定作用，另外，设计从生产线上分离出来以后，一部分仍留在企业，一部分走上社会，但仍然面向企业，为企业的生产作设计，靠生产转化设计成果，以生产的需要为生计，以生产为自己的价值体现。拿现实中的包装为例，如酒鬼酒，红塔山香烟，这两包烟，一个为容器设计，一个为包装盒设计，交给企业生产后，产量超过几千万、几百亿，装上酒和香烟之后产值达几千亿元。这是何等的价值体现？假如这些设计方案没有被采纳，被封存或被当成废纸，结果有如天壤之别。由此，可以看出，包装设计的价值体现，不是暂时的、固定的，它一直体现在生产过程，与整个包装的延续生产相始终，衡量一个包装设计方案的价值不能简单地以花了多少创意制作时间、耗材多少等来衡量，一个优秀的包装，其经济价值无法估量。

（5）从市场消费来看，如果说设计方案决定了生产的话，那么大众的消费心理和消费能力，左右了生产延续性时间，决定了设计方案最终能带来的经济价值的大小。

消费是经济的终极环节，生产创造物质资料，包括以物质为形式的文化艺术资料，由流通分配到社会的方方面面，然后在满足物质文化生活的过程被消费，消费决定生产和市场。从市场经济来说，消费需要什么就生产什么，市场就买卖什么，这样经济才有活力，才会有经济效益，设计师必须非常认真地认识和应用这一真理，在设计中牢牢地把握住这一真理。也许，有人会认为这一真理只是适合于产品设计，对包装设计来说，无关紧要。实质上，包装设计与产品设计对消费者来说，在一定意义上是一体两面。如前所述，在市场经济条件下，面对众多品牌的产品，消费者选择何种品牌，包装起了很大的作用，所以，包装设计者在设计时，除了充分认识被包装商品特征、品质之外，应该深入研究消费，摸清消费的结构，找出发展和变化的规律，努力掌握社会各个阶层的消费心理，并利用和影响这种心理。具体而言，行之有效的设计不外乎3个方面：一是使设计成为最稳定的设计；二是使设计成为被空缺的消费；三是使设计成为即将到来的消费。总之，要把消费作为包装设计的动力、环境与条件，作为设计灵感的源泉和通向成功的桥梁。唯有如此，包装设计才能促进企业产品的销售，才能为企业创造出更多的附加值。

有关专业人士给绿色包装设计提出了6个方面的建议。

① 包装设计人员应尽量采用绿色包装材料并设计长寿命的包装材料，能极大地减少包装物废弃后对环境的污染。

② 包装减量化。在一些发达国家，不少超市鼓励消费者使用能多次使用的尼龙购物袋，而少用一次性塑料袋，在包装设计中使用的材料尽量减少，尽可能消除不必要的包装，提倡简朴包装，以节省资源。

③ 包装材料单一化。采用的材料尽量单纯，不要混入异种材料，以便于回收利用。

④ 包装设计可拆卸化。需要复合材料结构形式的包装应设计成可拆卸式结构，有利于拆卸后回收利用。

⑤ 重视包装材料的再利用。采用可回收，复用和再循环使用的包装，提高包装物的生命周期，从而减少包装废弃物。

⑥ 包装材料的无害化。《欧洲包装与包装废物指令》规定了重金属含量水平（铅、汞和铬等），例如，铅的含量少于 100PPM。我国也应以立法的形式规定禁止使用或减少使用某些含有铅、汞、锡等有害成分的包装材料，并规定重金属允许含量。

目前，我国的经济和设计都处在快速的发展过程中，包装设计在国民经济中的地位越来越重要。我国包装工业 2002 年的产值在国民经济各主要行业中的排位已由 20 世纪 80 年代的第 37 位上升到了第 14 位，这充分说明，我国包装设计工作者在设计中，已经充分地认识到了其蕴含的经济属性。但是，我们也应该认识到，与发达国家的包装设计相比，我们的包装设计还存在相当大的差距，这种差距虽然与国内包装设计发展历史有关，但也与人们对于包装的认识和重视程度紧密相关，摆在我们面前的一个任务就是要创造合理的包装方案去适应我们的市场，满足我们的顾客且为物流活动提供更为优良的实施环境。

5.3 流通加工基础知识

案例展示：某超市配送中心的生鲜食品的流通加工作业

1．冷冻加工
为解决鲜肉、鲜鱼在流通中保鲜及搬运装卸的问题，采取低温冷冻方式的加工。这种方式也用于某些液体商品、货品等。

2．分选加工
农副产品规格、质量离散情况较大，为获得一定规格的产品，采取人工或机械分选的方式加工称为分选加工。广泛用于果类、瓜类、谷物、棉毛原料等。

3．精制加工
农、牧、副、渔等产品精制加工是在产地或销售地设置加工点，但大大方便了购买者，而且还可以对加工的淘汰物进行综合利用。比如，鱼类的精制加工所剔除的内脏可以制成某些药物或饲料，鱼鳞可以制高级黏合剂，头尾可以制鱼粉等；蔬菜的加工剩余物可以制作饲料、肥料等。

4．分装加工
许多生鲜食品零售起点较小，而为保证高效输送出厂，包装则较大，也有一些是采用集装运输方式运达销售地区。这样为了便于销售，在销售地区按所要求的零售起点进行新的包装，即大包装改小、散装改小包装、运输包装改销售包装。这种方式称分装加工。

因此，流通加工这一环节的发展，使流通与加工总体过程更加合理化。流通加工的内容一般包括袋装、定量化小包装、配货、拣选、分类、混装、拴牌子、贴标签、刷标记等。生产的外延流通加工包括剪断、打孔、折弯、拉拔、挑扣、组装、改装、配套以及混凝土搅拌等。

商品流通是以货币为媒介的商品交换，它的重要职能是将生产及消费（或再生产）联系起来，起"桥梁和纽带"作用，完成商品所有权利实物形态的转移。因此，流通与流通对象的关系，一般不是改变其形态而创造价值，而是保持流通对象的已有形态，完成空间的他移，实现其"时间效用"及"场所效用"。

流通加工则与此有较大的区别，总体来讲，在流通过程中进行辅助性的加工活动称为流通加工。流通与加工的概念本不属同一范畴。加工是改变物质的形状和性质，形成一定产品的活动；而流通则是改变物质的空间状态与时间状态，流通加工在流通中，仍然和流通总体一样起"桥梁和纽带"作用。但是它却不是通过"保护"流通对象的原有形态而实现这一作用的。它是和生产一样通过改变或完善流通对象的原有形态来实现"桥梁和纽带"作用的。

5.3.1 流通加工的概念

生产通过改变物的形态来创造价值，流通则保持物的原有形态和使用价值。但是，随着流通现代化的发展，上述概念已发生了很大变化。现在，工业发达国家广泛开展流通过程中的加工活动，以使流通过程更加合理。流通加工这一新事物之所以会得到很大的发展，是因为在社会生产中，生产环节的加工活动往往不能完全满足消费（或再生）的需要。从生产方面，要想保持生产的高效率，要想使产品顺利地流通，产品的规模就不能太复杂；而从消费方面，则要求产品是多种多样的。因此，需要对生产出来的定型产品再做进一步的加工。这种加工过去往往是由用户来进行的，有很多缺点，如设备的投资大、利用率低、物资利用率不高、加工质量差等。于是，人们就将这种加工从生产和使用环节中抽出来，设置于流通环节，这就诞生了流通加工。

流通加工是流通中的一种特殊形式。流通加工是为了弥补生产过程加工不足，更有效地满足用户或本企业的需要，使产需双方更好的衔接，将这些加工活动放在物流过程中完成，而成为物流的一个组成部分。

流通加工是在物品从生产领域向消费领域流动的过程中，为厂促进销售、维护产品质量和提高物流效率，对物品进行加工，使物品发生物理、化学或形状的变化。

1．流通加工和一般生产型加工的区别

流通加工和一般生产型加工在加工方法、加工组织、生产管理方面并无显著区别，但在加工对象、加工程度方面差别较大，其差别的主要如下。

（1）加工对象的区别。流通加工的对象是进入流通过程的商品，具有商品的属性。以此来区别多环节生产加工中的一环。流通加工的对象是商品而生产加工对象不是最终产品，而是原材料、零配件、半成品。

（2）加工程度的区别。流通加工程度大多是简单加工，而不是复杂加工，一般来讲，如果必须进行复杂加工才能形成人们所需的商品，那么，这种复杂加工应专设生产加工过程，生产过程理应完成大部分加工活动，流通加工对生产加工则是一种辅助及补充。特别需要指出的是，流通加工绝不是对生产加工的取消或代替。

（3）附加价值的区别。从价值观点看，生产加工目的在于创造价值及使用价值，而流通加工则在于完善其使用价值并在不做大改变情况下提高价值。

（4）加工责任人的区别。流通加工的组织者是从事流通工作的人，能密切结合流通的需要进行这种加工活动，从加工单位来看，流通加工由商业或物资流通企业完成，而生产加工则由生产企业完成。

（5）加工目的的区别。商品生产是为交换为消费而生产的，流通加工一个重要目的，是为了消费（或再生产）所进行的加工，这一点与商品生产有共同之处。但是流通加工也有时候以自身流通为目的，纯粹是为流通创造条件，这种为流通所进行的加工与直接为消费进行的加工从目的来讲是有区别的，这又是流通加工不同于一般生产的特殊之处。

2．流通加工与其他流通环节的区别

流通加工在社会再生产中处于生产和消费之间，与其他流通环节共同构成了生产和消费的桥梁和纽带。但是以其自身所具有的生产特征和特殊地位，与其他流通环节存在明显差别。

（1）流通加工与商流的采购、销售相比具有明显的生产特征。

（2）流通加工与物流的包装、储存、运输等环节相比，它改变着流通客体的物理形态，甚至化学性能。

（3）流通加工的目的和结果是以消费者为导向的，它比其他物流功能更接近消费领域和生产企业，这在生产与消费之间个性化的矛盾日益突出的今天意义尤其突出。

（4）流通加工的不断发展和在不同领域的深化，引发和催化了"流通加工产业"的形成。如"净菜"、"冷冻食品"产业等，均与流通加工相联系。

3．流通加工常见的加工形式

（1）为了运输方便，如铝制门窗、自行车、缝纫机等如果在制造厂装配成完整的产品，在运输时将耗费很高的运输费用。一般都是将它们的零部件，如铝制门窗框架的杆材、自行车车架和车轮分别集中捆扎或装箱，到达销售地点或使用地点以后，再分别组装成成品，这样，既运输方便又经济。而作为加工活动的组装环节是在流通过程中完成的。

（2）由于用户需要的多样化，必须在流通部门按照顾客的要求进行加工，如平板玻璃以及铁丝等，在商店根据顾客需要的尺寸临时配置。

（3）为了综合利用，在流通中将货物分解，分类处理。例如，猪肉和牛肉等在食品中心进行加工分装，将肉、骨、内脏等分离，其中肉只占一定比例，这样向零售店输送时就能大大提高输送效率。骨头则送往饲料加工厂，制成骨粉加以利用。

流通加工作业是商品配送作业的增值性业务。它能起到满足各环节的多样化需求，保护商品、提高配送效率以及促进销售的作用。

5.3.2　流通加工的地位及作用

1．流通加工在物流中的地位

（1）流通加工有效地完善了流通。流通加工在实现时间场所两个重要效用方面，确实不能与运输和储存相比，因而，不能认为流通加工是物流的主要功能要素。流通加工的普遍性也不能与运输、储存相比，流通加工不是所有物流中必然出现的。但这绝不是说流通加工不甚重要，实际上它也是不可轻视的，是起着补充、完善、提高增强作用的功能要素，它能起到运输、储存等其他功能要素无法起到的作用。所以，流通加工的地位可以描述为是提高物流水平、促进流通向现代化发展的不可少的形态。

（2）流通加工是物流中的重要利润源。流通加工是一种低投入高产出的加工方式，往往以简单加工解决大问题。实践证明，有的流通加工通过改变装潢使商品档次跃升而充分实现其价值，有的流通加工将产品利用率一下子提高 20%~50%，这是采取一般方法提高生产率所难以企及的。根据我国近些年的实践，流通加工单仅就向流通企业提供利润一点，其成效并不亚于从运输和储存中挖掘的利润，是物流中的重要利润源。

（3）流通加工在国民经济中也是重要的加工形式。在整个国民经济的组织和运行方面，流通加工是其中一种重要的加工形态，对推动国民经济的发展和完善国民经济的产业结构和生产分工有一定的意义。

2．流通加工的作用

（1）提高原材料的利用率。利用流通加工环节进行集中下料，是将生产厂直运来的简单规格产品，按使用部门的要求进行下料。例如，将钢板进行剪板、切裁，将钢筋或圆钢裁制成毛坯，将木材加工成各种长度及大小的板、方等。集中下料可以优材优用、小材大用、合理套裁，有很好的技术经济效果。

北京、济南、丹东等城市曾经对平板玻璃进行流通加工（集中裁制、开片供应），玻璃利用率从 60% 左右提高到 85%~95%。

（2）对商品进行初级加工，方便用户。用量小或临时需要的使用单位，缺乏进行高效率初级加工的能力，依靠流通加工可使使用单位省去进行初级加工的投资、设备及人力从而搞活供应，方便了用户。一般的生产企业所需要的原材料种类繁多，其中有许多是未加工的初级产品。

通过流通加工环节，对某些原材料按用户的要求进行简单的初级加工，可使用户省去进行初级加工的投资、设备及人力。这种初级加工对那些本身没有能力加工的企业，以及虽然进行初级加工但经济上并不合算的企业更为重要。

目前发展较快的初级加工有净菜加工、将水泥加工成生混凝土、将原木或板方材加工成门窗、冷拉钢筋及冲制异型零件、钢板预处理、整形、打孔等。

（3）提高加工效率及设备利用率。由于建立集中加工点，可以采用效率高、技术先进、加工量大的专门机具和设备。这样做的好处：一是提高了加工质量，二是提高了设备利用率，三是提高了加工效率。其结果是降低了加工费用及原材料成本。

例如，一般的使用部门在对钢板下料时，采用气割的方法，需要留出较大的加工余量，不但出材率低，而且由于热加工容易改变钢的组织，加工质量也不好。集中加工后可设置高效率的剪切设备，在一定程度上防止了上述缺点。

（4）充分发挥各种输送手段的最高效率。通过流通加工，改变了商品的形态和包装，更能合理地组织输送配送，提高物流效益。流通加工环节将实物的流通分成两个阶段。一般说来，由于流通加工环节设置在消费地，因此，从生产厂到流通加工这第一阶段输送距离长，而从流通加工到消费环节的第二阶段距离短。第一阶段是在数量有限的生产厂与流通加工点之间进行定点、直达、大批量的远距离输送，因此，可以采用船舶、火车等大量输送的手段；第二阶段则是利用汽车和其他小型车辆来输送经过流通加工后的多规格、小批量、多用户的产品。这样可以充分发挥各种输送手段的最高效率，加快输送速度、节省运力运费。

（5）改变功能，提高收益。在流通过程中进行一些改变产品某些功能的简单加工，其目的除上述几点外还在于提高产品销售的经济效益。

例如，内地的许多制成品（如洋娃娃玩具、时装、轻工纺织产品、工艺美术品等）在深圳进行简单的装潢加工，改变了产品外观功能，仅此一项就可使产品售价提高20%以上。

流通加工不仅能够提高物流系统效率，对于生产的标准化和计划化，对于提高销售效率、提高商品价值、促进销售将越来越重要。流通加工受技术革新的影响，今后将越来越趋向多样化。为适应消费的多样化和由激烈的市场竞争而引起的特色化战略的展开，流通加工的意义日益增加。所以，在物流领域中，流通加工可以成为高附加价值的活动。这种高附加价值的形成，主要着眼于满足用户的需要、提高服务功能而取得的，是贯彻物流战略思想的表现，是一种低投入、高产出的加工形式。

流通加工是生产加工在流通领域中的延伸，也可以看成是流通领域为了提供更好的服务，在职能方面的扩大。

3．几种重要生产资料的流通加工

（1）钢材的流通加工。经过流通加工的钢材数量，在工业发达国家所占的百分比较高。

（2）水泥的流通加工。目前实行以下3种加工方式：第一，将大批量、长途、散装输送来的水泥，转换为纸袋包装或小规模的散装；第二，将出厂的熟料运到使用地区分散磨制成水泥；第三，将水泥与砂石一起加工搅拌成各种标号及特性的生混凝土作为商品出售。

（3）木材的流通加工。基本上有两种方式：一种是将木材磨制成碎屑，制成造纸原料，然后进行配送或输送；另一种是将木材加工成各种规格甚至加工成成品，如将原木加工成板材、方材、胶合板等。

（4）燃料的流通加工。对燃料进行流通加工的目的，主要是为了便于输送。

5.4 流通加工合理化

流通加工在现代物流中的地位虽不能与运输、仓储等主要功能要素相比拟，但它能起到运输、仓储等主要要素无法起到的作用。流通加工是一种低投入、高产出的加工方式，往往通过这种简单的加工解决了大问题。实践证明，有的流通加工通过改变装潢便使商品档次跃升而充分实现其价值，有的流通加工可使产品利用率一下子提高 20%～50%。所以流通加工是物流企业的重要利润源，它在物流中的地位是必不可少的，属于产品增值服务范围。

世界上许多国家和地区的物流中心或仓库经营中都大量存在着物资流通加工业务。流通加工活动是一项具有广阔前景的经营形式，它必将为流通领域带来巨大的社会效益。

商流是物流的前提，物流是商流的保证。在商流与物流的联系中，流通加工的表现最为直接（除不经任何加工即可消费的产品外）。流通加工的最根本的目的是市场销售，与之相联系的运输方式、储存手段、配送形式等只能看成流通加工多样化目的。流通加工弥补生产加工的不足、方便了用户、满足了市场要求，为流通部门增加了收益，为配送创造了条件，是物流配送的组成部分。

1. 不同用途的流通加工要求

由于流通加工的目的不同、作用不同，使的每种流通加工种类的合理化倾向也不同。为了充分体现流通加工对物流服务功能的增强，流通加工的种类很多，每种加工实现的目的也不同，以下是不同种类的流通加工对合理性的倾向。

（1）为弥补生产领域加工不足的深加工。有许多产品在生产领域的加工只能到一定程度，这是由于存在许多限制因素限制了生产领域不能完全实现终极的加工。例如，钢铁厂的大规模生产只能按标准规定的规格生产，以使产品有较强的通用性，使生产能有较高的效率和效益；木材如果在产地完成木材制成木制品的话，就会造成运输的极大困难，所以原生产领域只能加工到圆木、板方材这个程度。进一步的下料、切裁、处理等加工则由流通加工完成。

这种流通加工实际是生产的延续，是生产加工的深化，对弥补生产领域加工不足有重要意义。

（2）为满足需求多样化进行的服务性加工。从需求角度看，需求存在着多样化和变化两个特点，为满足这种要求，经常是用户自己设置加工环节，例如，生产消费型用户的再生产往往从原材料初级处理开始。

就用户来讲，现代生产的要求，是生产型用户能尽量减少流程，尽量集中力量从事较复杂的技术性较强的劳动，而不愿意将大量初级加工包揽下来。这种初级加工带有服务性，由流通加工来完成，生产型用户便可以缩短自己的生产流程，使生产技术密集程度提高。

对一般消费者而言，则可省去繁琐的预处置工作，而集中精力从事较高级能直接满足需求的劳动。

（3）为保护产品所进行的加工。在物流过程中，直到用户投入使用前都存在对产品的保护问题，防止产品在运输、储存、装卸、搬运、包装等过程中遭到损失，使使用价值能顺利实现。和前两种加工不同，这种加工并不改变进入流通领域的"物"的外形及性质。这种加工主要采取稳固、改装、冷冻、保鲜、涂油等方式。

（4）为提高物流效率，方便物流的加工。有一些产品本身的形态使之难以进行物流操作。如鲜鱼的装卸、储存操作困难；过大设备搬运、装卸困难；气体物运输、装卸困难等。进行流通加工，可以使物流各环节易于操作，如鲜鱼冷冻、过大设备解体、气体液化等。这种加工往往改变"物"的物理状态，但并不改变其化学特性，并最终仍能恢复原物理状态。

（5）为促进销售的流通加工。流通加工可以从若干方面起到促进销售的作用。如将过大包装或散装物（这是提高物流效率所要求的）分装成适合一次销售的小包装的分装加工；将原以保护产品为主的运输包装改换成以促进销售为主的装潢性包装，以起到吸引消费者、指导消费的作用；将零配件组装成用具、车辆以便于直接销售；将蔬菜、肉类洗净切块以满足消费者要求等。这种流通加工可能是不改变"物"的本体，只进行简单改装的加工，也有许多是组装、分块等深加工。

（6）为提高加工效率的流通加工。许多生产企业的初级加工由于数量有限加工效率不高，也难以投入先进科学技术。流通加工以集中加工形式，解决了单个企业加工效率不高的弊病。以一家流通加工企业代替了若干生产企业的初级加工工序，促使生产水平有一个发展。

（7）为提高原材料利用率的流通加工。流通加工利用其综合性强、用户多的特点，可以实行合理规划、合理套裁、集中下料的办法，这就能有效提高原材料利用率，减少损失浪费。

（8）衔接不同运输方式，使物流合理化的流通加工。在干线运输及支线运输的节点，设置流通加工环节，可以有效解决大批量、低成本、长距离干线运输多品种、少批量、多批次未端运输和集货运输之间的衔接问题，在流通加工点与大生产企业间形成大批量、定点运输的渠道，又以流通加工中心为核心，组织对多用户的配送，也可在流通加工点将运输包装转换为销售包装，从而有效衔接不同目的的运输方式。

（9）以提高经济效益，追求企业利润为目的流通加工。流通加工的一系列优点，可以形成一种"利润中心"的经营形态，这种类型的流通加工是经营的一环，在满足生产和消费要求基础上取得利润，同时在市场和利润引导下使流通加工在各个领域中能有效地发展。

（10）生产——流通一体化的流通加工形式。依靠生产企业与流通企业的联合，或者生产企业涉足流通，或者流通企业涉足生产；形成的对生产与流通加工进行合理分工、合理规划、合理组织，统筹进行生产与流通加工的安排，这就是生产—流通一体化的流通加工形式。这种形式可以促成产品结构及产业结构的调整，充分发挥企业集团的经济技术优势，是目前流通加工领域的新形式。

2．不合理的流通加工形式

流通加工是在流通领域中对生产的辅助性加工，从某种意义来讲它不仅是生产过程的延续，实际是生产本身或生产工艺在流通领域的延续。这个延续可能有正、反两方面的作用，即一方面可有效地起到补充完善的作用，但是，也必须估计到另一方面可能性，即对整个过程的负效应。各种不合理的流通加工都会产生抵消效益的负效应。

几种不合理流通加工形式如下。

（1）流通加工地点设置不合理。流通加工地点设置即布局状况是使整个流通加工是否能有效的重要因素。一般而言，为衔接单品种大批量生产与多样化需求的流通加工，加工地设置在需求地区，才能实现大批量的干线运输与多品种未端配送的物流优势。

如果将流通加工地设置在生产地区，其不合理之处如下。

第一，多样化需求要求的产品多品种、小批量由产地向需求地的长距离运输会出现不合理。

第二，在生产地增加了一个加工环节，同时增加了近距离运输、装卸、储存等一系列物流活动。

所以，在这种情况下，不如由原生产单位完成这种加工而无需设置专门的流通加工环节。

一般而言，为方便物流的流通加工环节应设在产出地，设置在进入社会物流之前，如果将其设置在物流之后，即设置在消费地，则不但不能解决物流问题，又在流通中增加了一个中转环节，因而也是不合理的。

即使是产地或需求地设置流通加工的选择是正确的，还有流通加工在小地域范围的正确选址问题，如果处理不善，仍然会出现不合理现象。这种不合理主要表现在交通不便、流通加工与生产企业或用户之间距离较远、流通加工点的投资过高（如受选址的地价影响），以及加工点周围社会、环境条件不良等。

（2）流通加工方式选择不当。流通加工方式包括流通加工对象、流通加工工艺、流通加工技术、流通加工程度等。流通加工方式的确定实际上是与生产加工的合理分工。分工不合理，本来应由生产加工完成的，却错误地由流通加工完成，本来应由流通加工完成的，却错误地由生产过程去完成，都会造成不合理现象。

流通加工不是对生产加工的代替，而是一种补充和完善。所以，一般而言，如果工艺复杂，技术装备要求较高，或加工可以由生产过程延续或轻易解决者都不宜再设置流通加工，尤其不宜与生产过程争夺技术要求较高、效益较高的最终生产环节，更不宜利用一个时期市场的压迫力使生产者变成初级加工或前期加工，而流通企业完成装配或最终形成产品的加工。如果流通加工方式选择不当，就会出现与生产夺利的恶果。

（3）流通加工作用不大，形成多余环节。有的流通加工过于简单，或对生产及消费者作用都不大，甚至有时流通加工的盲目性，同样未能解决品种、规格、质量、包装等问题，相反却实际增加了环节，这也是流通加工不合理的重要形式。

（4）流通加工成本过高，效益不好。流通加工之所以能够有生命力，重要优势之一是有较大的产出投入比，因而有效地起着补充完善的作用。如果流通加工成本过高，则不能实现以较低投入实现更高使用价值的目的。除了一些必要的、从政策要求即使亏损也应进行的加工外，都应看成是不合理的。

3．流通加工合理化

流通加工合理化的含义是实现流通加工的最优配置，不仅做到避免各种不合理，使流通加工有存在的价值，还要做到最优的选择。

为避免各种不合理现象，对是否设置流通加工环节，在什么地点设置，选择什么类型的加工，采用什么样的技术装备等，需要做出正确抉择。目前，国内在进行这方面合理化的考虑中已积累了一些经验，取得了一定成果。

实现流通加工合理化主要考虑以下几方面。

（1）加工和配送相结合。这是将流通加工设置在配送点中，一方面，按配送的需要进行加工，另一方面，加工又是配送业务流程中分货、拣货、配货之一环，加工后的产品直接投入配货作业，这就无需单独设置一个加工的中间环节，使流通加工有别于独立的生产，而使流通加工与中转流通巧妙地结合在一起。同时，由于配送之前有加工，可使配送服务水平大大提高。这是当前对流通加工做合理选择的重要形式，在煤炭、水泥等产品的流通中已表现出较大的优势。

（2）加工和配套相结合。在对配套要求较高的流通中，配套的主体来自各个生产单位，但是，完全配套有时无法全部依靠现有的生产单位来实现，进行适当流通加工，可以有效促成配套，大大增强流通的桥梁与纽带的作用。

（3）加工和合理运输相结合。前文已提到过流通加工能有效衔接干线运输与支线运输，促进两种运输形式的合理化。利用流通加工，在支线运输转干线运输或干线运输转支线运输这本来就必须停顿的环节，不进行一般的支转干或干转支，而是按干线或支线运输合理的要求进行适当加工，从而大大提高运输及运输转载水平。

（4）加工和合理商流相结合。通过加工有效促进销售，使商流合理化，也是流通加工合理化的考虑方向之一。

加工和配送的结合，通过加工，提高了配送水平，强化了销售，是加工与合理商流相结合的一个成功的例证。

此外，通过简单地改变包装加工，形成方便的购买量，通过组装加工解除用户使用前进行组装、调试的难处，都是有效促进商流的例子。

（5）加工和节约相结合。节约能源、节约设备、节约人力、节约耗费是流通加工合理化重要的考虑因素，也是目前我国设置流通加工，考虑其合理化的较普遍形式。

对于流通加工合理化的最终判断，是看其是否能实现社会的和企业本身的两个效益，而且是否取得了最优效益。对流通加工企业而言，与一般生产企业一个重要不同之处是，流通加工企业更应树立社会效益为第一观念，只有在补充完善为己任前提下才有生存的价值。如果只是追求企业的微观效益，不适当地进行加工，甚至与生产企业争利，这就有违于流通加工的初衷，或者其本身已不属于流通加工范畴了。

5.5　流通加工的市场化、社会化和网络化

1．流通加工的市场化

（1）流通加工瞄准市场需求。

（2）流通部门对流通加工在市场中重新定位。

（3）流通加工使流通的功能更趋于完善，并成为组织国民经济运行的一个重要方面。

2．流通加工的社会化

流通加工的社会化是指流通加工要打破部门分割、条块分割，由各体的单向加工形式转变为面向社会的专职综合流通加工为主的加工体系。流通加工社会化的表现如下。

（1）流通加工企业要把自己放到市场经济的环境中，根据市场的需要选择流通加工项目，根据用户的要求进行流通加工生产。

（2）生产企业逐步减少生产预备加工的数量，应考虑放弃已往的"内部一应俱全"的、不经济的加工活动，而把生产预备加工尽可能让渡给流通企业。

（3）流通加工要打破行业、系统、部门的界限，生产资料的流通加工不再是物资部门的垄断和专利。物资部门的流通加工也必须打破自己传统经营的局限性，可将流通加工的项目在市场经济条件下走向多样化和综合化。

（4）流通加工社会化将得到众多企业家的关注。他们会以多种形式与流通加工企业合作建立流通加工中心，也可以以自己的能力投入这一有广阔发展前途的产业。

（5）流通加工除了与其他物流环节密切相关的职能继续得到深化外，它还会以不同的形式与商流相结合，为企业创造更多的商机，为社会提供更多的服务。

（6）流通加工的深加工和浅加工、集约化经营和粗放式经营、"大而全"与"小而活"的加工多种加工形式并存的局面将在我国较长时间延续。受我国生产力发展水平的制约，我国流通加工的技术水平、加工的服务深度和广度尚不可能在短时间内出现本质的变化。但是，可以肯定地预见：我国流通加工的社会化程度一定会大幅度提高。

3．流通加工产业的网络化

流通加工产业的网络化是指根据运筹学理论，将流通加工产业在区域范围内的合理布局，并将流通加工机构网络状连接起来的一种组织形式。

（1）流通加工产业区域化分布。

（2）流通加工企业的合理设置。

（3）在经济发达地区的中心城市设置综合流通加工中心。

（4）流通加工产业的分布与组合。

5.6　本章小结

包装是在物流过程中为保护产品，方便储运，促进销售，按一定技术方法采用容器、材料及辅助物等将物品包封并予以适当装饰和标志的工作总称。包装有三大特性，即保护性、单位集中性及便利性，这三大特性具有保护商品、方便物流、促进销售、方便消费的四大功能。

流通加工是流通中的一种特殊形式。流通加工是为了弥补生产过程加工不足，更有效地满足用户或本企业的需要，使产需双方更好地衔接，将这些加工活动放在物流过程中完成，而成为物流的一个组成部分。

流通加工是在物品从生产领域向消费领域流动的过程中，为促进销售、维护产品质量和提高物流效率，对物品进行加工，使物品发生物理、化学或形状的变化的工作。

流通加工合理化则是指实现流通加工的最优配置，不仅做到避免各种不合理，使流通加工有存在的价值，而且做到最优的选择。

5.7　复习思考题

1. 包装与捆包的区别是什么？
2. 包装的功能有哪些？包装技术有几类？
3. 未来包装产业的发展趋势有哪几个方向？
4. 什么是流通加工？它与生产加工的区别有哪些？
5. 流通加工合理化强调几个要素？
6. 举例说明常见的几种流通加工形式。

5.8　本章实训

主题： 针对某一商品帮其设计包装，并分析该商品经过哪些流通加工程序。

目的： 学生应能针对特定商品分析其商品流向、商品属性、消费群体、注意事项等各方面要素，对其包装材设计，充分考虑各种需求，选择适当包装材料。通过实际包装设计了解包装的用途及作用。且能够对该产品的流通加工程序进行实例还原，掌握流通加工的要点和流程，分析该流通加工在物流或销售中的作用。

实训流程：

（1）了解作业的目的。

（2）收集有关信息。

（3）分析实际物品属性及特征，物流方向。

（4）提出方案。

（5）研究该设计及方案的可行性。

具体任务:

（1）了解本次作业的目的。

（2）确定设计的对象。

（3）资料收集，物品分析。

（4）起草设计的大纲。

（5）做出设计与方案。

（6）分析是否可行，是否满足企业要求，设计是否合理。

（7）确定方案，并完成详细计划书。

（8）陈述。

PART 6

第 6 章
电子商务物流配送与配送中心

你在网上订购了一本书，三到五天后物流公司便可将书交到你手上。你是否知道物流公司是如何把书从出版社运到你手中的？大家都熟悉"商品配送"这个词，但配送不是像大家想的直接用车子送东西那么简单，在车辆按计划驶出配送中心之前，有很多细节工作要做，这就是配送中心作业管理，配送中心作业效率的高低直接影响着配送效率，通俗一点讲就是决定你第几天拿到书。

▎案例展示：华联超市的配送体系建设

华联超市股份有限公司（简称华联超市）成立于 1992 年 7 月。在华联超市的发展过程中，公司领导非常重视配送中心的建设和配送体系的构筑。配送体系主要包含以下几个方面。

1．配送服务

华联超市构筑物流系统的目的就是向门店（或客户）提供满意的物流服务，其物流服务项目如下。

（1）商品结构与库存问题。

（2）配送过程如何确保商品品质。

（3）门店紧急追加送货的弹性。

（4）确定配送时间安排。

（5）缺货率控制。

（6）退货问题。

（7）流通加工中的拆零工作。

（8）配送中心的服务半径。

（9）废弃物的处理与回收。

（10）建立客户服务窗口。

华联超市已实现网上订货。在物流二期工程中，将把这种电子订货提升为"智能化的自动订货系统"，把门店的商品管理水平提到一个新的台阶。华联超市配送的拆零商品已达 2 500 个品种，正在研究采用现代化的"电子标签拆零商品拣选系统"，以进一步扩大拆零商品的品种数，提高拆零商品的拣选速度和准确率，从而满足加盟店的需要。

2．配送管理创新

从 1997 年开始，华联超市在各门店推选"零仓经营"，配送中心则实行 24 小时的即时配销制度。各门店因取消了店内小仓库，营业面积相对增加，相当于新开了 16 家 300 平方米的门店，零仓经营的好处是降低了库存资金占有额，减少了商品周转次数，提高了资金周转率。

为有效降低总成本，华联超市非常注重抓配送中心的"配送商品破损率"和"配送准点率"。为降低商品的破损率，公司广泛深入地进行调查研究，加强对配送过程的全面控制，做到事前控制、事中控制和门店及时反馈后的退货处理。

为了提高配送水平的准点率，公司对配送中心的人力资源和运输总量进行了统计分析，并结合配送信息，对运载方式和时段进行合理调整。加强了准点率的考核力度，规定卡车抵达门店的数据与车队调度通知门店的"到店时间"，误差在±15分钟之间为准点。门店在收货的签收单上，注明收到商品的时间，总执办根据记录，每月对配送中心的准点率进行考核。这一举措取得了显著成效。

3. 配送中心建设

2000年8月，华联超市新建的现代化配送中心正式启动。该配送中心主体建筑物是高站台、大跨度的单层物流设施；为了充分利用理货场上方的空间，配送中心的局部为两层钢筋混凝土框架结构的建筑物。通过市区和向外辐射的能力很强。

配送中心实行"单向行驶，分门进出"。其南北两侧，建有4米宽的装卸平台，站台高出室外道路1米；当厢式卡车尾部停靠站台时，车厢抱垫板与站台面基本处于同一平面，将商品的装卸作业变成水平移动，大大减少了装卸作业环节的劳动强度。

华联超市配送中心的优势主要体现在以下几方面。

（1）仓储立体化。华联超市配送中心采用高层立体货架和拆零商品拣选架相结合的仓储系统，大大提高了仓库利用率。在整托盘（或整箱）商品存货区，底层为配货区，存放7 000种整箱出货的商品，上面四层为储存区，用于向配货区补货；在拆零商品配货区，拆零货架上旋转了25 000种已拆开物流包装纸箱的商品，供拆零商品拣选用。

（2）装卸搬运机械化。华联超市配送中心采用前移式蓄电池叉车、电动搬运车、电动拣选车和托盘，实现装卸搬运作业机械化。既减轻了劳动强度，又大大缩短了卸车的时间，提高了卡车的运输效率。

（3）拆零商品配货电子化。华联超市的配送中心拆零商品的配货作业采用电子标签拣选系统，只要把门店的订单输入计算机，存放各种拆零商品的相应货格的货位指标灯和品种显示器就会立刻显示出需拣选商品在货架上的具体位置以及所需数量，作业人员便可从货格里取出商品，放入拣货周转箱，然后按按钮，货位指标灯和品种显示器熄灭，订单商品配齐后进入理货环节。电子标签拣选货系统自动引导拣货人员进行作业，大大提高了商品处理速度，减轻了作业强度，并大幅度降低差错率。

（4）物流管理条码化与配送过程无纸化。华联超市配送中心采用无线通信的计算机终端，开发条形码技术，从收货、验货、入库到拆零、配货，全面实现条码化、无纸化。

4. 配送体系建设

为促进配送体系的完善，在原配送中心的基础上，华联超市建成了10 000平方米的区域性配送基地，库存量达20万箱、日均配送量8 000箱，为位于南京以外的江苏、安徽两省直营店和加盟店配货。

根据公司全力开拓北京大市场的战略，又在北京选址，与中国第三方物流"大哥大"——中远集装箱运输有限公司共同开发了华联超市的北京配送中心。北京配送中心拥有4 000平方米的库房、1 000平方米的理货场，日均配送能力4 000箱，库存量8万箱。随着公司加大对北京市场的开发力度，已开始策划第二期扩展计划，库存将扩大到20万箱，承担为北京和天津地区100家门店的供货任务。

目前，华联超市已开始了物流二期工程工作。二期工程将征地 200 亩，新建 8 万平方米的现代化大型配送中心。实现仓储立体化、装卸机械化、作业无纸化和整箱商品分拣作业的自动化，车辆安装卫星定位系统（GPS），把科技带入连锁经营和物流配送领域。

随着华联超市配送体系的不断完善，它渐渐走上了社会化配送的发展道路。

6.1 配送的概念及分类

6.1.1 配送的概念

配送是英文 Delivery 的意译，根据国家标准《物流术语》（GB/T 18354—2001），配送的定义为："在经济合理区域范围内，根据用户要求，对物品进行拣选、加工、包装分割、组配等作业，并按时送达指定地点的物流活动。"配送是以社会分工为基础的、综合性、完善化和现代化的送货活动，是物流中一种特殊的、综合的活动形式。

配送是商流与物流紧密结合，包含了商流活动和物流活动，也包含了物流中若干功能要素。从物流来讲，配送是物流的一个缩影或在某小范围中物流全部活动的体现。一般的配送集装卸、包装、保管、运输于一体，通过这一系列活动完成将货物送达的目的。特殊的配送则还要以加工活动为支撑，所以包括的面更广。但是，配送的主体活动与一般物流却有所不同，一般物流是运输与保管，而配送则是运输与分拣配货。分拣配货是配送的独特要求，也是配送中有特点的活动，以送货为目的的运输则是最后实现配送的主要手段。

从商流来讲，配送和物流不同之处在于，物流是商物分离的产物，而配送则是商物合一的产物，配送本身就是一种商业形式。虽然配送具体实施时，也有以商物分离形式实现的，但从配送的发展趋势看，商流与物流越来越紧密的结合，是配送成功的重要保障。

配送应以最合理的方式进行，不宜过分强调"按用户要求"进行，因为用户受自身的局限所提的要求，有时实际会损害自我或双方的利益。对于配送者来讲，必须以"要求"为据，但是不能盲目，应该追求合理性，进而指导用户，实现共同受益的商业原则。

6.1.2 配送的分类

在不同的市场环境下，为适应不同的生产需要和消费需要，表现出不同的形态。根据配送形态上的差异情况，配送可进行以下分类。

1. 根据节点差异进行分类

（1）配送中心配送。一般来说，配送中心的经营规模都比较大，其设施和工艺结构是根据配送活动的特点和要求专门设计和配置的，并且专业化、现代化程度比较高。由于配送中心是专门从事货物配送活动的流通企业，因此，它的设施、设备比较齐全。与此相关，其货物配送能力也比较强。具体表现是：不仅可以进行远距离配送，而且可以进行多品种货物的配送；不仅可以向工业企业配送主要原材料，而且可以向批发商进行补充性货物配送。

（2）仓库配送。这对于配送活动的组织者来说，是其职能的扩大化。在一般情况下，仓库配送是利用仓库原有的设备、设施开展业务活动。由于传统仓库的设施和设备不是按照配送活动的要求专门设计和专门配置的，所以在利用原有设施和设备时，必须对它进行技术改造。

（3）商业门店配送。在流通实践中，商店配送有兼营和专营两种运作形式。兼营配送是从事销售活动的商店，除了批发、零售商品以外，还兼营从事配送活动。其做法是：根据顾客的要求，将本店经营的商品配齐，或者代顾客外购一部分本店平时不经营的商品和本店经营的商品配备在一起，单独或与期货企业合作运送货物到用户门前。专营配送指的是商店不从事销售活动，而是凭借其原有资源渠道等优势专门从事配送活动，为零星需要者提供物流服务。通常在商店所处的地理位置不好，不适宜门市销售而又有经营优势时，可采用这种经营方式。

2．根据配送对象的种类和数量进行分类

（1）单品种大批量配送。生产企业所需要的物资种类繁多，在向这类用户供货时，就发货量而言，有些物资，单独一个品种或几个品种即可凑成一个装卸单元，达到批量标准，这种物资不需要再与其他产品混装同载，而是由专业性很强的配送组织进行大批量配送。这样的配送活动即为单品种大批量配送。我国开展的"工业配煤"配送活动实际上就属于这种类型的配送。

（2）多品种、小批量配送。在现代社会，生产消费和市场需求纷繁复杂。不同的消费者其需求状况差别很大。有些生产企业，其产品所消耗的品种很多，但单位时间内每种物资的需求量又都不是很大，呈现出多品种、小批量、多批次的状态。因此，相应的配送体系要按照用户的要求，将所需要的各种物资选好、配齐，少量而多次地运达客户指定的地点。这种配送作业难度较大，技术要求高，使用的设备复杂，因而操作时要求有严格的管理制度和周密的计划进行协调。

（3）配套型配送。这是按照生产企业或建设单位的要求，将其所需要的多种物资配齐后直接运送到生产厂或建设工地的一种配送形式。通常，生产零配件的企业向总厂供应协作件时多采用这种形式配送物资。

3．根据时间和数量差别进行分类

（1）定时配送。定时配送是指配送企业根据与用户签订的协议，按照商定的时间准时配送货物的一种运动形式。在物流实践中，定时配送的时间间隔长短不等，短的仅几个小时，长的可达几天。目前在一些国家，定时配送有两种表现形态，即日配和看板供货。

① 日配形式。日配是定时配送中广泛实行的一种形式。日配的时间要求是：在接到用户的订单之后，24 小时之内将所需要的货物运送到指定的接货点。在一般情况下，上午接单下午运抵或下午接单次日上午送到。

② 看板供货形式。看板供货形式是物资供应与产品生产同步运转的一种表现。看板供货要求配送企业根据生产节奏和生产程序准时将货物运送到生产场所。它具有以下特点。

① 配送的货物无需入库。

② 配送作业需要有高水平的物流系统和各种先进的物流设备来支撑。

③ 配送的服务对象不太广泛，常常是一对一地进行配送。

（2）定量配送。定量配送是在一定的时间范围内（配送时间不严格限定），按照规定的批量配送货物的一种行为方式。定量配送的最大特点是：配送的货物数量是固定的，实际操作中可根据托盘、集装箱的载货量进行测算和定量。由于这种配送方式能够充分利用托盘、集装箱及车辆的装载能力，可以大大提高配送的作业效率。

（3）定时定量配送。定时定量配送即按照商定的时间和规定的数量配送货物的运动形式。它具有定时、定量两种配送方式的优点。由于这种形式的配送计划较强、准确度高，因此，只适合于在生产稳定、产品批量大的用户中推行。

（4）定时定线路配送。定时定线路配送指按照运行时刻表，沿着规定的运行路线进行配送。实施这种配送，用户须提前提出供货的数量和品种，并且须按规定的时间和在确定的线路上收取货物，适用于消费者比较集中的地区，并且一次配送的品种、数量不能太多，所以，这种方式又有一定的局限性。

（5）即时配送。即时配送是根据用户提出的时间要求和供货数量、品种及时地进行配送的形式。从另一方面来说，由于即时配送完全是按照用户的要求运行的，客观上能促使需求者压缩自己的库存，使其货物的"经常库存"趋于零。

4．按配送组织形式分类

（1）集中配送。集中配送是由专门从事配送业务的配送中心对多家用户进行配送。集中配送的品种多、数量大，一次可同时对同一线路中的多家用户进行配送，因而配送效果明显。

（2）共同配送。共同配送是为提高物流效率，对许多企业一起进行配送。共同配送的主体既可以是作为物流需求方的制造商、批发商和零售商，也可以是作为物流服务供应方的运输企业和仓库企业。

共同配送的具体形式有两种：一种是中小生产企业之间分工合作，实行共同配送；另一种是几个中小型配送中心之间实行联合，共同配送。共同配送不仅可减少企业的配送费用，弥补配送能力薄弱的不足，而且有利于缓和城市交通拥挤状况，提高配送车辆的利用率。

由于共同配送涉及的面比较广，涉及的单位较多，因此，组织工作难度较大。在靠近、实施这种配送模式时，不但必须建立起庞大的信息网络，而且更需要建立起层次性的管理系统。显然，只有大型的专业流通组织才有能力、有条件组织这类活动。

（3）分散配送。分散配送是指对小量、零星货物或临时需要而进行的配送业务。一般由商业销售网点进行。商业销售网点具有分布广、数量多、服务面宽等特点，比较适合开展对距离近、品种繁多而用量小的货物配送。

5．按经营形式分类

（1）销售配送。销售配送是指配送企业是销售性企业，或销售企业进行的促销型配送。销售配送的对象往往是不固定的，配送的经营状况也取决于市场状况，配送随机性较强，而计划性较差。

（2）供应配送。供应配送是指企业为了自己的供应需要所采取的配送形式，往往由企业或企业集团组建配送节点，集中组织大批量进货，然后向本企业配送或向本企业集团的若干企业配送。用配送方式进行供应，是保证供应水平、提高供应能力、降低供应成本的重要方式。

（3）供销一体化配送。供销一体化配送是销售企业对于基本固定的客户和基本确定的配送产品在自己销售的同时承担对客户执行有计划供应的职能，它既是销售者同时又成为客户的供应代理人。

供销一体化配送方式能使销售者获得稳定的客户和销售渠道，有利于形成稳定的供需关系，有利于采取先进的计划手段和技术手段，保持流通渠道的畅通稳定。

6.1.3　配送的作用

配送制的试行范围已经扩大到了很多国家和地区。在发达国家，配送不但广为实行，而且早已成为企业经营活动的重要组成部分，从而发挥了优化经济结构、节约社会劳动及充分发挥物流优势的作用，具体表现如下。

1．推行配送有益于物流运动实现合理化

配送不仅能够把流通推上专业化、社会化的道路，更重要的是，它能以其特有的运动形态

和优势调整流通结构，使物流运动演化为规模经济运动。所以推行配送制可以形成高效率和高效益，并减少车辆的空驶，以达到减少空气污染的目的。

2．完善了输送及整个物流系统

配送环节处于支线运输，灵活性、适应性、服务性都较强，能将支线运输与小搬运统一起来，使运输过程得以优化和完善。

3．提高了末端物流的经济效益

采用配送方式，可以做到经济地进货。它可以将各种商品配齐集中起来向用户发货，也可将多个用户小批量集中在一起进行发货，以降低商品的单位物流成本。

4．通过集中库存可使企业实现低库存或零库存

生产企业可以解放出大量储备资金，改善财务状况，降低营业成本。

5．简化手续、方便用户

用户只需要向配送中心一处订购，就能达到向多处采购的目的，减少订货等一系列的费用开支。

6．提高供应保证程度

用户因缺货影响生产的风险大大减小了。

6.1.4 电子商务下的配送

电子商务下的配送是指配送企业采用网络化的计算机技术和现代化的硬件设备、软件系统及先进的管理手段，针对社会需求，严格、守信地按用户的订货要求，进行一系列分类、编配、整理、分工及配货等理货工作，定时、定点且定量地交给没有范围限制的各类用户，满足其对商品的需求。这种配送使商品流通中较传统的配送方式更容易实现信息化、自动化、社会化、智能化、合理化和简单化，使货畅其流，物尽其用，既减少生产企业库存，加速资金周转，提高配送效率，降低配送成本；又刺激了社会需求，有利于整个社会的宏观调控，也提高了整个社会的经济效益，促进市场经济的健康发展。

1．电子商务物流配送的冲击和影响

电子商务以数字化网络为基础进行商品、货币和服务交易，目的在于减少信息社会的中间商业环节，缩短周期，降低成本，提高经营效率和服务质量，使企业有效地参与竞争。配送定位于为电子商务客户提供服务，需要根据电子商务的特点，对整个配送体系实行统一的信息管理和调度。这一先进、优化的流通方式对流通企业提高服务质量、降低物流成本、优化社会库存配置，从而提高企业的经济效益具有重要意义，配送制作为现代物流的一种有效的组织方式，代表了现代市场营销的主方向，因而得以迅速发展。电子商务对物流配送的冲击和影响可概述为以下几点。

（1）给物流配送观念带来深刻的革命。传统的物流配送企业需要置备一定面积的仓库，而电子商务系统网络化的虚拟企业将散置在各地的分属不同所有者的仓库通过网络系统连接起来，使之成为"虚拟仓库"，进行统一管理和调配，服务半径和货物集散空间被扩大了。这样的企业在组织资源的速度、规模、效率和资源的合理配置方面都是传统的物流配送所不可比拟的，相应的物流观念也必须是全新的。

（2）网络对物流配送的控制代替了物流配送管理程序。一个先进系统的使用，会给一个企业带来全新的管理方法。物流配送过程是由多个业务流程组成的，受人为因素影响和时间影响很大。网络的应用可以实现整个过程的实时监控和实时决策。新型物流配送的业务流程都由网络系统连接。当系统的任何一个神经末端收到一个需求信息时，该系统都可以在极短的时间内做出反应，并可以拟订详细的配送计划，通知各环节开始工作。这一切工作都是由计算机根据人们事先设计好的程序自动完成的。

（3）物流配送的持续时间在网络环境下会大大缩短，对物流配送速度提出了更高的要求。

在物流配送管理中，由于信息交流的限制，完成一个配送过程的时间比较长，但这个时间随着网络系统的介入会变得越来越短，任何一个有关配送的信息和资源都会通过网络管理在极短的时间内传到有关环节。

（4）网络系统的介入，简化了物流配送的过程。

传统物流配送整个环节极为繁琐，在网络化的新型物流配送中心里，可以大大缩短这一过程。

在网络环境下，成组技术被广泛地使用，物流配送周期会缩短，其组织方式也会发生变化；计算机系统管理使整个物流配送管理过程变得简单和容易；网络上的营业推广使用户购物和交易过程变得更有效率、费用更低；提高了物流配送企业的竞争力；随着物流配送业的普及和发展，行业竞争的范围和残酷性大大增加，信息的掌握、信息的有效传播及其易得性，便利用传统方法获得超额利润的时间和数量越来越少；网络的介入，使人们从简单的重复劳动中解放出来，计算机和网络代替人们完成那些机械的工作，人们有更多的时间和精力从事那些有激励、挑战性的工作，从而使人们的潜能得以充分发挥，人们自我实现的需求得到充分满足。

2．电子商务下物流配送的基本特征

电子商务下的配送除具备传统配送的特征外，还具备以下基本特征。

（1）信息化。通过网络使配送由信息化来管理和控制。实行信息化管理是新型配送的基本特征，也是实现现代化和社会化的前提保证。

（2）现代化。传统的配送虽然也具备相当的现代化程度，但要求并不是十分严格，与电子商务下的配送相比，无论在水平、范围及层次等方面都有很大的不足和缺陷。现代化程度的高低是区别新型配送与传统配送的一个重要特征。

（3）社会化。同现代化一样，社会化程度的高低也是区别新型配送和传统配送的一个重要特征。很多传统配送中心往往是某一企业为本企业或本系统提供配送服务而建立起来的，有些配送中心虽然也有为社会服务业务，但与电子商务下的新型配送相比，其社会服务局限性很大。

6.2　电子商务配送合理化

电子商务环境下，消费者分布可能非常分散，在进行配送的决策时必须全面、综合地决策，应避免由于不合理配送出现所造成的损失。但有时某些不合理现象是伴生的，在追求合理时，可能会产生某些不合理。一般来说经济效益是配送的首要衡量标志，但在决策时常常需要考虑多方面的因素，有时即使是赔本的买卖也要做。对于配送的决策优劣，不能简单处之，也没有一个绝对的标准。了解不合理配送的形式对于进行合理配送益处甚大。

6.2.1 不合理配送的表现形式

不合理配送的表现形式主要有以下几种类型。

1．资源筹措不合理

配送是利用较大批量来筹措资源的。通过筹措资源的规模效益来降低资源筹措成本，使配送资源筹措成本低于用户自行筹措的资源成本，从而取得优势。如果不是集中多个用户需要进行批量筹措资源，而仅仅是为某一两户代购代筹，对用户来讲，不仅不能降低资源筹措费用，相反还要多支付一笔配送企业的代筹代办费，很显然这是不合理的。

资源筹措不合理还有其他表现形式，如配送量计划不准、资源筹措过多或过少、在资源筹措时不考虑建立与资源供应者之间长期稳定的供需关系等。

2．库存决策不合理

配送应充分利用集中库存总量低于各用户分散库存总量，从而大大节约社会储存成本，同时降低用户实际平均分摊库存负担。因此，配送企业必须依靠科学管理来实现一个低总量的库存，否则就仅表现为库存转移，而出现不能实现社会库存降低的不合理。

配送企业库存决策不合理还表现在储存量不足，不能保证随机需求，失去了应有的市场。

3．价格不合理

一般地，配送的价格应低于不实行配送时，用户自己进货时产品购买价格加上自己提货、运输、进货之成本总和，这样才会使用户实现购买力节余。有时，由于配送有较高服务水平，价格稍高，用户也是可以接受的，但这并不是普遍的原则。如果配送价格普遍高于用户自己进货价格，损伤了用户利益，就是一种不合理的表现。

定价过低，使配送企业处于无利或亏损状态下运行，会损害销售者的利益，这也是不合理的。

4．配送的决策不合理

一般的配送总是增加了环节，但是环节的增加，可降低用户平均库存水平，以此不但足以补偿增加环节的支出，而且还能取得剩余效益。但是如果用户使用批量大，可以直接通过社会物流系统均衡批量进货，较之通过配送中转送货则更可能节约费用。在这种情况下，不直接进货而通过配送，就属于不合理范畴。

5．送货中的不合理运输

配送与用户自提相比较，尤其是对多个小用户来说，可以集中配装一车送几家，这比一家一户自提，大大节省了运力和运费。如果不能利用这一优势，仍然是一户一送，而车辆达不到满载，则就属于不合理。

此外，其他不合理运输的表现形式在配送中亦可能出现，使配送变得不合理。

6．经营观念的不合理

在配送实施中，有许多是经营观念不合理，使配送优势无从发挥，相反却损坏了配送的形象。这是在开展配送时尤其需要注意克服的不合理现象。例如，配送企业利用配送手段，向用户转嫁资金、库存困难，在库存过大时，强迫用户接货，以缓解自己库存压力；在资金紧张时，长期占用用户资金；在资源紧张时，将用户委托资源挪做他用等。

6.2.2 配送合理化的判断标志

对于配送合理化与否的判断，是配送决策系统的重要内容，目前国内外尚无一定的技术经济指标体系和判断方法，一般地，判断配送合理与否应考虑以下几个标志。

1．库存标志

库存是判断配送合理与否的重要标志。具体指标有以下两方面。

（1）库存总量。库存总量在一个配送系统中，从分散于各个用户转移给配送中心，配送中心库存数量加上各用户在实行配送后库存量之和应低于实行配送前各用户库存量之和。

库存总量是一个动态的量，上述比较应当是在一定经营量前提下。当用户生产规模扩大而引起库存总量上升，这是扩大再生产的必要条件，在分析库存总量时必须扣除这一因素的影响，才能对库存总量是否下降做出正确的判断。

（2）库存周转。由于配送企业的调剂作用，以低库存保持高的供应能力，库存周转一般总是快于原来各企业库存周转。从各个用户角度进行判断，各用户在实行配送前后的库存周转比较，也是判断合理与否的标志。

一般来说，以库存储备资金来计算库存，而不以实际物资数量来计算。

2．资金标志

总的来讲，实行配送应有利于资金占用降低及资金运用的科学化。具体判断标志如下。

（1）资金总量。用于资源筹措所占用流动资金总量，随储备总量的下降及供应方式的改变必然有一个较大的降低。

（2）资金周转。从资金运用来讲，由于整个节奏加快，资金充分发挥作用，同样数量资金，过去需要较长时期才能满足一定供应要求，配送之后，在较短时期内就能达此目的。所以资金周转是否加快，是衡量配送合理与否的标志。

（3）资金投向的改变。资金分散投入还是集中投入，是资金调控能力的重要反映。实行配送后，奖金必然应当从分散投入改为集中投入，以能增加调控作用。

3．成本和效益

总效益、宏观效益、微观效益、资源筹措成本都是判断配送合理化的重要标志。对于不同的配送方式，侧重点可能也不同。例如，配送企业、用户都是各自独立的以利润为中心的企业，则不但要看配送的总效益，而且还要看对社会的宏观效益及两个企业的微观效益，不顾及任何一方，都必然出现不合理。又如，如果配送是由用户集团组织的，配送主要强调保证能力和服务性，那么，效益主要从总效益、宏观效益和用户集团企业的微观效益来判断，不必过多顾及配送企业的微观效益。

由于总效益及宏观效益难以计量，在实际判断时，常以按国家政策进行经营，完成国家税收及配送企业及用户的微观效益来判断。

对于配送企业而言，企业利润反映配送合理化程度。对于用户企业而言，在保证供应水平或提高供应水平（产出一定）前提下，供应成本的降低，反映了配送的合理化程度。

成本及效益对合理化的衡量，还可以具体到储存、运输具体配送环节，使判断更为精细。

4．供应保证标志

实行配送，各用户的最大担心是害怕供应保证程度降低，这是个心态问题，也是承担风险的实际问题。配送的重要一点是必须提高而不是降低对用户的供应保证能力，才算实现了合理。

配送企业的供应保障能力，是一个相对的概念，而不是无限的概念。具体来讲，如果供应保障能力过高，超过了实际的需要，是浪费，属于不合理。所以追求供应保障能力的合理化也是有限度的。供应保证能力可以从以下方面判断。

（1）缺货次数。实行配送后，对各用户来讲，该到货而未到货以致影响用户生产及经营的次数，必须下降才算合理。

（2）配送企业集中库存量。对每一个用户来讲，其数量所形成的保证供应能力高于配送前单个企业保证程度，从供应保证来看才算合理。

（3）即时配送的能力及速度。即时配送的能力及速度是用户出现特殊情况的特殊供应保障方式，这一能力必须高于未实行配送前用户紧急进货能力及速度才算合理。

5．社会运力节约标志

末端运输是目前运能、运力使用不合理，浪费较大的领域，因而人们寄希望于配送来解决这个问题。这也成了配送合理化的重要标志。

运力使用的合理化是依靠送货运力的规划和整个配送系统的合理流程及与社会运输系统合理衔接来实现的。送货运力的规划是任何配送中心都需要花力气解决的问题，而其他问题则有赖于配送及物流系统的合理化，判断起来比较复杂。可简化判断如下。

（1）社会车辆总数减少，而承运量增加为合理。

（2）社会车辆空驶减少为合理。

（3）一家一户自提自运减少，社会化运输增加为合理。

6．用户企业仓库、供应、进货人力和物力节约标志

配送的重要观念是以配送代劳用户。因此，实行配送后，各用户库存量、仓库面积、仓库管理人员减少为合理；用于订货、接货、供应的人应减少才为合理。真正解除了用户的后顾之忧，配送的合理化程度则可以说是一个高水平了。

7．物流合理化标志

配送必须有利于物流合理。可从以下几方面判断。

（1）是否降低了物流费用。

（2）是否减少了物流损失。

（3）是否加快了物流速度。

（4）是否发挥了各种物流方式的最优效果。

（5）是否有效衔接了干线运输和末端运输。

（6）是否不增加实际的物流中转次数。

（7）是否采用了先进的技术手段。

物流合理化的问题是配送要解决的大问题，也是衡量配送本身的重要标志。

6.2.3　配送合理化可采取的做法

国内外推行配送合理化，可供借鉴的办法主要如下。

1．推行一定综合程度的专业化配送

通过采用专业设备、设施及操作程序，取得较好的配送效果并降低配送过分综合化的复杂程度及难度，从而追求配送合理化。

2．推行加工配送

通过加工和配送结合，充分利用本来应有的中转，而不增加新的中转求得配送合理化。同时，加工借助于配送，加工目的更明确和用户联系更紧密，更避免了盲目性。两者有机结合，不过多增加投入却可追求两个优势、两个效益，是配送合理化的重要经验。

3．推行共同配送

共同配送是在核心组织（配送中心）的同一计划、同一调度下展开的，故协调指挥机构必须有较强的组织能力。对于参与协作的配送企业来说，可以借此扩大销售渠道和开展联合经营。对于用户来说，可以保证重点建设项目的需要。通过共同配送，可以以最近的路程、最低的配送成本完成配送，从而追求合理化。

4．实行送取结合

配送企业与用户建立稳定、密切的协作关系。配送企业不仅成了用户的供应代理人，而且承担用户储存据点，甚至成为产品代销人。在配送时，将用户所需的物资送到，再将该用户生产的产品用同一车运回，这种产品也成了配送中心的配送产品之一，或者作为代存代储，免去了生产企业库存包袱。这种送取结合，使运力充分利用，也使配送企业功能有更大的发挥，从而追求合理化。

5．推行准时配送

准时配送即按照商定的时间和规定的数量配送货物的运动形式。准时配送是配送合理化重要内容。配送做到了准时，用户才有资源把握，可以放心地实施低库存或零库存，可以有效地安排接货的人力、物力，以追求最高效率的工作。另外，保证供应能力，也取决于准时供应。准时供应配送系统是现在许多配送企业追求配送合理化的重要手段。

6．推行即时配送

即时配送是根据用户提出的时间要求和供货数量、品种及时地进行配送的形式。由于即时配送完全是按照用户的要求运行的，客观上能促使需求者压缩自己的库存，使其货物的"经常库存"趋于零。即时配送是最终解决用户企业担心断供之忧，大幅度提高供应保证能力的重要手段。即时配送是配送企业快速反应能力的具体化，是配送企业能力的体现。即时配送成本较高，但它是整个配送合理化的重要保证手段。

6.3　配送中心概述

配送是一种特殊形式的服务，要实现特定货物的空间位移，必须有完成空间位移的活动主体来承担。配送中心就是专门完成特定货物空间位移服务的组织。配送中心的工作质量的好坏决定了配送活动的效率。故有必要认识一下配送活动的主体配送中心。

6.3.1　配送中心的概念

配送中心是从供应者手中接受多种大量的货物，进行倒装、分类、保管、流通加工和情报处理等作业，然后按照众多需要者的订货要求备齐货物，以令人满意的服务水平进行配送的设施。配送中心是专门从事配送工作的物流中心，是最典型、最高形态的物流中心。

配送中心有的是完全承担送货，有的是利用社会运输企业完成送货，从我国国情来看，在开展配送的初期，用户自提的可能性是不小的。所以，对于送货而言，配送中心主要是组织者而不是承担者。

6.3.2　配送中心的类别

配送中心是专门从事货物配送活动的经济实体。随着商品流通规模的日益扩大，配送中心的数量也在不断增加。在为数众多的配送组织中，由于各自的服务对象、组织形式和服务功能不尽一致，因此，从理论上又可以把配送中心分成若干类型。

1．按经济功能分类

（1）供应型配送中心。供应型配送中心是专门为某个或某些用户（如联营商店、联合公司）组织供应，充当供应商角色的配送中心。在物流实践中，那些接受客户委托、专门为生产企业配送零件、部件及专为大型商业组织供应商品的配送中心即属于供应型配送中心。例如，为大型连锁超级市场组织供应的配送中心；代替零件加工厂送货的零件配送中心，使零件加工厂对装配厂的供应合理化；我国上海地区六家造船厂的配送钢板中心，也属于供应型配送中心。

由于供应型配送中心担负着向多家用户供应商品的任务，因此为了保证生产和经营活动能正常开展，这种类型的配送中心一般都建有大型的现代化仓库和存储了一定数量的商品。因而，供应型配送中心的占地面积一般都比较大。例如，成立于 1987 年 3 月的英国斯温登 HONDA 汽车配件配送中心，其占地面积为 150 万平方米，经营的配件有 6 万种。该中心存储货物的能力，大型配件可达 1 560 间格，小型配件为 5 万箱。

（2）销售型配送中心。销售型配送中心是以销售经营为目的，以开展配送为手段而组建的配送中心属销售型配送中心。在竞争激烈的市场环境下，许多生产者和商品经营者为了扩大自己的市场份额，采取了种种降低流通成本和完善其服务的办法和措施，其中包括代替客户理货、加工和送货等，为用户提供系列化、一体化的物流服务。与此同时，改造和完善了物流设施，组建了专门从事加工、分货、拣选、配货、送货等活动的配送组织——配送中心。

因隶属单位不同，销售配送中心大体有 3 种类型：第一种是生产企业为本身产品直接销售给消费者的配送中心，在国外，这种类型的配送中心很多；第二种是流通企业作为本身经营的一种方式，建立配送中心以扩大销售，我国目前拟建的配送中心大多属于这种类型的配送中心；第三种是流通企业和生产企业联合的协作性配送中心。比较起来看，国外和我国的发展趋向，都向以销售配送中心为主的方向发展。

（3）储存型配送中心。这是一种有很强储存功能的配送中心，一般来讲，在买方市场下，企业成品销售需要有较大库存支持，其配送中心可能有较强储存功能；在卖方市场下，企业原材料，零部件供应需要有较大库存支持，这种供应配送中心也有较强的储存功能。大范围配送的配送中心，需要有较大库存，也可能是储存型配送中心。

我国目前拟建的配送中心，都采用集中库存形式，库存量较大，多为储存型。瑞士 GIBA-GEIGY 公司的配送中心拥有世界上规模居于前列的储存库，可储存 4 万个托盘；美国赫马克配送中心拥有一个有 163 000 个货位的储存区，可见存储能力之大。

2．按服务范围和服务对象分类

（1）城市配送中心。即只能向城市范围内众多用户提供配送服务的物流组织。由于城市范围一般处于汽车运输的经济里程，这种配送中心可直接配送到最终用户，且采用汽车进行配送。因此，这种配送中心往往和零售经营相结合，由于运距短，反应能力强，对于从事多品种、少批量、多用户的配送较有优势。我国已建的"北京食品配送中心"、无锡各专业物资配送中心都属于这种类型。

（2）区域配送中心。以较强的幅射能力和库存准备，向省（州）际、全国乃至国际范围的用户配送的配送中心。这种配送中心配送规模较大，一般而言，用户也较多，配送批量也较大，而且，往往是配送给下一级的城市配送中心，也配送给营业所、商店、批发商和企业用户。

区域配送中心有 3 个特征：其一，经营规模比较大，设施和设备齐全，并且数量较多、活动能力强，如美国沃尔玛公司的配送中心，建筑面积有 12 万平方米，投资 7 000 万美元，每天可为分布在 6 个州的 100 家连锁店配送商品，经营的商品有 4 万种；其二，配送的货物批量比较大而批次较少；其三，在配送实践中，区域配送中心虽然也从事零星的配送活动，但这不是它的主要业务。很多区域配送中心常常向城市配送中心和大的工商企业配送商品，这种配送中心是配送网络或配送体系的支柱结构。

6.3.3　配送中心的功能

配送中心是专门从事货物配送活动的经济组织。它又是集加工、理货、送货等多种职能于一体的物流节点。配送中心实际上是集货中心、分货中心、加工中心功能之综合。

1．存储功能

配送中心的服务对象是为数众多的生产企业和商业网点，配送中心的职能和作用是：按照用户的要求及时将各种配装好的货物送交到用户手中，满足生产需要和消费需要。为了顺利而有序地完成任务及更好地发挥保障生产和消费需要的作用，通常，配送中心都要兴建现代化的仓库并配备一定数量的仓储设备，存储一定数量的商品。某些区域性大型配送中心和开展代理交货配送业务的配送中心，不但要在配送货物的过程中存储货物，而且它所存储的货物数量更大、品种更多。

配送中的储存有储备及暂存两种形态。配送储备是按一定时期的配送经营要求，形成的对配送的资源保证。这种类型的储备数量较大，储备结构也较完善，视货源及到货情况，可以有计划地确定周转储备及保险储备结构及数量。配送的储备保证有时在配送中心附近单独设库解决。另一种储存形态是暂存，是具体执行日配送时，按分拣配货要求，在理货场地所做的少量储存准备。由于总体储存效益取决于储存总量，所以，这部分暂存数量只会对工作方便与否造成影响，而不会影响储存的总效益，因而在数量上控制并不严格。当然在配送过程中还会有另一种形式的暂存，即是分拣、配货之后，形成的发送货载的暂存，这个暂存主要是调节配货与送货的节奏，暂存时间不长。

2．分拣功能

作为物流节点的配送中心，其服务对象是为数众多的企业。在这些为数众多的客户中，彼此之间存在着很多差异：不仅各自的性质不尽相同，而且其经营规模也不一样。在订货或进货的时候，不同的客户对于货物的种类、规格、数量等会提出不同的要求。面对这种情况，为了有效地进行配送，配送中心必须采取适当的方式对组织进来的货物进行拣选，按照配送计划分装和配装。这样，在商品流通实践中，配送中心除了能够存储货物，具有存储功能之外，它还有分拣货物的功能，能发挥分拣中心的作用。

3．集散功能

在物流实践中，配送中心凭借其特殊的地位和所拥有的各种先进的设施和设备能够将分散在各个生产企业的产品集中到一起，经过分拣、配装，向多家用户发运。配送中心也可以把各个用户所需要的多种货物有效地组合在一起，形成经济、合理的货载批量。配送中心在流通实践中所表现出的这种功能亦即集散功能，也称之为配货、分放功能。

集散功能是配送中心所具备的一项基本功能。实践证明，利用配送中心集散货物，可以提高载货汽车的满载率，并由此可以降低物流成本。

4．衔接功能

通过开展货物配送活动，配送中心能把各种工业品和农产品直接运送到用户手中，客观上可以起到媒介生产和消费的作用。这是配送中心衔接功能的一种重要表现。此外，通过集货和存储货物，配送中心又有平衡供求的作用，由此，能有效地解决季节性货物的产需衔接问题。这是配送中心衔接功能的另一种表现。

5．流通加工功能

为了扩大经营范围和提高配送水平，目前国内外许多配送中心都配备了各种加工设备，由此而形成了一定的流通加工能力。这些配送组织能够按照用户提出的要求和根据合理配送商品的原则，将组织进来的货物加工成一定的规格、尺寸和形状，由此而形成了加工功能。

加工货物是某些配送中心的重要活动。配送中心具备上述功能，积极开展加工业务，不但大大方便了用户、省却了后者不少繁琐劳动，而且也利于提高物质资源的利用率和配送效率。此外，对于配送活动本身来说，客观上则起着强化其整体功能的作用。

6.3.4　配送中心的作业流程

不同类型，不同功能的配送中心或物流节点的配送活动,其作业流程的长短不一,但作为一个整体，其作业流程又是统一、一致的。配送的一般流程如图6.1所示。

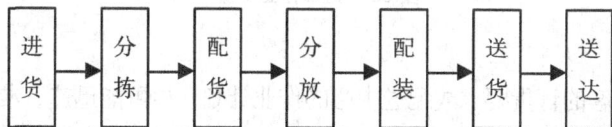

图6.1　配送的一般流程

无论从事何种货物配送活动，配送组织都有明确的服务对象。无论何种类型的配送中心，其经营活动都是有目的的经济活动。在未曾进行实质性的配送活动之前，都有专门的机构以各种方式收集用户的订货通知单并汇总订单。收集和汇总用户的订货单是配送中心组织、调度诸如进货、理货、送货等活动的重要依据。

1．进货

配送企业收到和汇总用户的订货单以后，首先要确定配送货物的各类和数量，然后要查询本系统现有库存物资中有无所需要的现货。如有现货，则转入拣选流程；如果没有，或虽然有现货但数量不足，则要及时向供应商发出订单、进行订货。有时，配送企业也会根据各用户需求情况或商品销售情况以及与供货商签订的协议，提前订货，以备发货。

配送企业的有关人员接到供应商发来的货物后，采取一定的手段对货物进行检验，若与订货合同要求相符，则很快转入下一道工序；若不符合合同要求，配送企业将详细记载差错情况，并且拒收货物。

进货作业过程又包括许多环节，如图6.2所示。

```
┌─────────────┐
│  采购计划   │
└──────┬──────┘
       ↓
┌─────────────┐
│ 进货作业计划 │
└──────┬──────┘
       ↓
┌─────────────┐
│  商品送达   │
└──────┬──────┘
       ↓
┌─────────────┐
│   卸货      │
└──────┬──────┘
       ↓
┌─────────────┐
│   拆装      │
└──────┬──────┘
       ↓
┌─────────────┐
│ 商品分类及标识 │
└──────┬──────┘
       ↓
┌─────────────┐
│ 查核进货信息 │
└──────┬──────┘
       ↓
┌─────────────┐
│  商品验收   │
└──────┬──────┘
       ↓
┌─────────────┐
│ 进货信息处理 │
└──────┬──────┘
       ↓
┌─────────────┐
│   储存      │
└─────────────┘
```

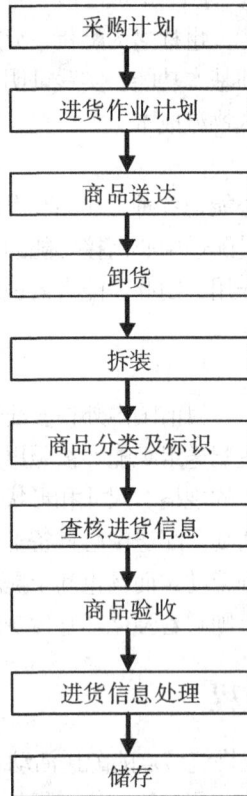

图 6.2　进货作业步骤

2．分拣

分拣是指依据顾客的订货要求或配送中心的作业计划，尽可能迅速、准确地将商品从其储位或其他区域拣取出来的作业过程。在拣货作业中，根据配送的业务范围和服务特点，即根据顾客订单所反映的商品特性、数量多少、服务要求、送货区域等信息，采取科学的拣货方式，完成分拣作业，其步骤如图 6.3 所示。

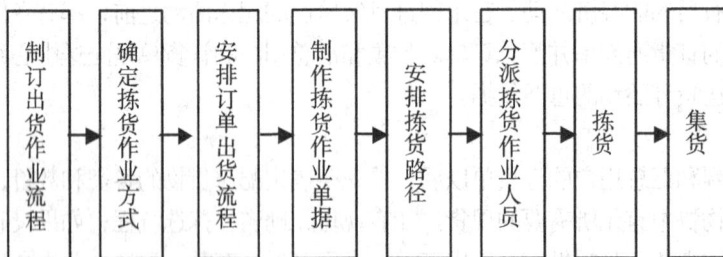

```
┌──────┐  ┌──────┐  ┌──────┐  ┌──────┐  ┌──────┐  ┌──────┐  ┌────┐  ┌────┐
│制订出│→│确定拣│→│安排订│→│制作拣│→│安排拣│→│分派拣│→│拣货│→│集货│
│货作业│  │货作业│  │单出货│  │货作业│  │货路径│  │货作业│  │    │  │    │
│流程  │  │方式  │  │流程  │  │单据  │  │     │  │人员  │  │    │  │    │
└──────┘  └──────┘  └──────┘  └──────┘  └──────┘  └──────┘  └────┘  └────┘
```

图 6.3　分拣作业步骤

拣货的主要方式如下。

（1）按订单拣取。按订单拣货是针对每一份订单，作业员巡回于仓库内，按订单所列的商品及数量，将客户所订购的商品逐一从仓库储位或其他作业区中取出，然后集中的拣货方式。

订单拣取的优点是作业前置时间短，作业方法单纯；作业人员责任明确，易于安排人力；拣货后不用进行分类作业。其缺点在于，商品种类多时，拣货行走路径长，拣货效率降低；拣货区域大时，搬运系统设计困难；拣货数量少、次数多时，容易造成拣货路径重复，效率低下。

订单拣取弹性较大，临时性生产能力调整较容易，适合于订单大小差异较大，订单数量变化频繁，季节性强的商品配送。

（2）批量拣取。批量拣取即把多张订单集合成一批次，按商品品种汇总后再进行拣取，然后按客户或不同订单做分类处理。

批量拣货的优点是可以缩短拣取货物时的行走路线，增加单位时间的拣货量；对量少、次数多的配送，批量拣货更有效。批量拣货的缺点是，必须等订单积累到一定数量时进行拣货作业，作业时间延长不适合紧急订单。

批量拣货适合订单变化较小，订单数量稳定的配送中心和外形较规则、固定的商品。另外，需进行流通加工的商品也可采用批量拣取，拣取完后再进行批量加工，分类配送，这有利于提高拣货及加工效率。

（3）复合拣取。复合拣取为订单拣取及批量拣取的组合，即根据订单的品种、数量及出库频率决定哪些订单适于订单拣取，哪些适合批量拣取，分别采用不同的拣货方式。

（4）分类式拣取。分类式拣取是一次处理多张订单，且在拣取各种商品的同时，把商品按照客户订单分类放置的方式。分类式拣取对提升拣货效益更有利，较适合每张订单量不大的情况。

（5）分区、不分区拣取。分区作业就是将拣取作业场地做区域划分，每一个作业员负责拣取固定区域内的商品。分区方式又可分为拣货单位分区、拣货方式分区及工作分区。

（6）接力拣取。接力拣取先决定拣货员各自分担的产品基础上或料架的责任范围，各拣货员只拣取拣货单中自己所负责的部分，然后以接力的方式交给下一位拣货员。

（7）订单分割拣取。订单分割拣取是将订单分成若干个子订单，由不同的拣货人员同时进行拣货作业的方式。当一张订单所订购的商品项目较多，或打算设计一个讲求及时快速处理的拣货系统时，就可以采取订单分割拣取方式。订单分割方式必须与分区方式联合运用才能有效发挥长处。

3. 配货

配货作业是指把拣取分类完成的货物经过配货检查过程后，装入容器和做好标示，再运到配货准备区。

分货就是把拣货完毕的商品按用户或配送路线进行分类的工作。分类方式一般有以下几种。

（1）人工分货。人工分货是指所有分货作业过程全部由人工根据订单或其他传递过来的信息进行，而不借助任何电脑或自动化的辅助设备。

（2）自动分类机分货。自动分类机分货是指利用电脑和自动分辨系统完成分货工作。这种方式快速省力、准确，尤其适应于多品种业务繁忙的配送。

（3）旋转架分类。旋转架分类是将旋转架的每一格位当成客户的出货框，分类时只要在计算机中输入各客户的代号，旋转架即会自动将货架转至作业员面前。

配货检查作业是指根据用户信息和车次对拣送物品进行商品号码和数量的核实，以及对产品状态、品质的检查。配货检查最简单的做法是人工检查，即将货品一个个点数并逐一核对出货单，进而查验配货的品质及状态情况。目前，配货检查常用的方法有商品条形码检查法、声音输入检查法、重量计算检查法等。

出货包装是配货作业中重要的一项，它起到保护商品，便于搬运、储存，提高用户购买欲望以及易于辨认的作用。包装的设计不仅要考虑生产终结的要求，而且要考虑流通的要求，尽是做到包装合理化，即包装简洁化、包装标准化、包装机械化、包装单位大型化、资源节约化。

4．分放

分放是指将分拣好的配货在配货准备区按配装的要求进行堆放，以利于配装作业。

5．配装

合理配装是充分利用运输车辆容积、载重量和降低物流成本的重要手段。实现配装满载满容的基本方法是以车辆的最大容积和载重量为限，并根据各种货物的容量、单件货物的体积建立相应的数学模型，通过计算求出最佳方案。配送企业的装车作业有两种表现形式：其一是使用机械装载货物，其二是利用人力装车。通常，批量较大的商品都将其放在托盘上，用叉车进行装车。有些散装货物，或用吊车装车，或用传送设备装车。因各配送企业普遍推选混载送货方式，故装车作业有如下要求：按送货点的先后顺序组织装车，先到的要放在混载货体的上面或外面，后到的放在下面或里面；要做到轻者在上，重者在下，重不压轻。

6．送货

在一般情况下，配送企业都使用自备的车辆进行送货作业。有时也借助于社会上专业运输组织的力量，联合进行送货作业。此外，为适应不同用户的需要，配送中心在进行送货作业时，常常做出多种安排：有时是按照固定时间、固定路线为固定用户送货；有时也不受时间、路线的限制，机动灵活地进行送货作业。

送货作业是配送最终直接面对用户的服务，具有以下几个特点。

（1）时效性。送货是从客户订货至交货各阶段中的最后一个阶段，也是最容易引进时间延误的环节，而客户对送货的时效性是非常重视的。因此，必须在认真分析各种因素的前提下，用系统化的思想和原则，有效协调，综合管理，选择合理的配送线路、配送车辆和送货人员，使每位客户在预定的时间收到所订购的货物。

（2）可靠性。可靠性要求货物完好无损地送到目的地。在配送过程中，货物的装卸作业、运送过程中的机械振动和冲击及其他意外事故、客户地点及作业环境、送货人员的素质等都可能损坏货物。因此，在配送管理中必须注意可靠性的原则。

（3）便利性。配送的宗旨是限度地满足客户要求。因此，应尽可能通过采用高弹性的送货系统，如采用急送货、顺道送货与退货、辅助资源回收等方式，为客户提供真正意义上的便利服务。

（4）经济性。实现一定的经济利益是企业动作的基本目标。所以，送货不仅要满足客户的要求，提供高质量、及时方便的配送服务，还必须提高配送效率，加强成本管理与控制。

7．送达

送达是配送的货物运到用户之地后，采用适当的卸货方式在用户指定的卸货地点完成货物的卸载，并有效、方便地处理相关手续进而完成结算。

6.3.5 电子商务下的配送中心

在网络化管理的新型配送中心，大量的简单重复劳动由计算机和网络来完成，留给人们的是能够给人以激励、挑战的工作。在电子商务时代，信息化、现代化和社会化的新型配送中心具有以下几个特征。

1．配送反应速度快

新型配送服务提供者对上游、下游的配送需求的反应速度越来越快，前置时间越来越短，配送时间越来越短，配送速度越来越快，商品周转次数越来越多。

2．配送功能集成化

新型配送着重于将物流与供应链的其他环节进行集成，包括物流渠道与商流渠道的集成、物流渠道之间的集成、物流功能的集成以及物流环节与制造环节的集成等。

3．配送服务系列化

电子商务下，新型配送除强调配送服务功能的恰当定位与完善化、系列化，还在外延上扩展至市场调查与预测、采购及订单处理，向下延伸至配送咨询、配送方案的选择与规划、库存控制策略建议、货款回收与结算、教育培训等增值服务，在内涵上提高了以上服务决策的支持作用。

4．配送作业规范化

电子商务下的新型配送强调功能作业流程的标准化和程序化，使复杂的作业变成简单的易于推广与考核的动作。

5．配送目标系统化

新型配送从系统角度统筹规划各种配送活动，处理好配送活动与商流活动及公司目标之间、配送活动相互之间的关系，不求单个活动的最优化，只求整体活动的最优化。

6．配送手段现代化

电子商务下的新型配送使用先进的技术、设备与管理为销售提供服务，生产、流通和销售规模越大，范围越广，配送技术、设备及管理越需要现代化。

7．配送组织网络化

为了保证对产品促销提供快速、全方位的物流支持，新型配送要有完善、健全的配送网络体系，网络上点与点之间的配送活动保持系统性、一致性，这样可以保证整个配送网络有最优的库存总水平及库存分布，运输与配送快捷、机动，既能铺开又能收拢。分散的配送单体只有形成网络才能满足现代生产与流通的需要。

8．配送经营市场化

新型配送的具体经营遵循市场机制，无论是企业自己组织配送，还是采用第三方配送，都以"服务——成本"的最佳配合为目标。

9．配送流程自动化

配送流程自动化是指运送规格标准、仓储货、货箱排列装卸以及搬运等按照自动化标准作业，商品按照最佳配送路线移动。

10．配送管理法制化

宏观上，要在健全的法规、制度和规则；微观上，新型配送企业要依法办事，按章行事。

新型配送中心面对着成千上万的供应厂商和消费者以及瞬息万变的市场，承担着为众多用户的商品配送和及时满足他们不同需要的任务，这就要求新型配送中心必须具备以下条件。

（1）高水平的企业管理。新型配送中心作为一种全新的流通模式和动作结构，其管理水平要求达到科学和现代化。只有通过采用现代化的管理方法和手段进行科学的管理，才能确保配送中心基本功能和作用的发挥，从而保障相关企业和用户整体效益的实现。管理科学的发展为流通管理的现代化、科学化提供了条件，促进流通产业的有序发展和企业内部管理水平的提升，开拓了市场。同时，还要加强对市场的监管和调控力度，使之有序化和规范化。总之，一切以市场为导向，以管理为保障，以服务为中心，加快科技进步是新型配送中心的根本出路。

（2）新型配送中心对人员的要求。新型配送中心能否充分发挥其各项功能和作用，完成其应承担的任务，人才配置是关键。为此，新型配送中心的人才配置要求必须建立数量合理、具有一定专业知识和较强组织能力且结构合理的决策人员、管理人员、技术人员和操作人员队伍，以确保新型配送中心的高效运转。

（3）新型配送中心对装备配置的要求。新型配送中心必须配备现代化装备和应用管理系统，具备必要的物质条件，尤其是要重视计算机网络的运用。通过计算机网络可以广泛收集信息，及时进行分析比较，通过科学的决策模型，迅速做出正确的选择。同时采用现代化的配送设施和配送网络，进行专业化生产，促进社会化大流通格局的形成。具体来说，新型配送中心需要配置以下设备装置。

① 硬件系统。

a.仓储工具。包括料架、栈板、电动堆高机、拣货台车、装卸省力设备和流通加工设备。

b.配动设备。包括厢式大小货车、手推车。

c.咨询设备。包括网络连线设备、计算机系统设备、电子标签拣货设备和通信设备。

d.仓储设施。包括仓库库房及辅助设施。

② 软件系统。

a.仓管系统。包括优秀的仓库管理和操作人员、仓储流程规划、储存安全管理、存货管理等。

b.配运系统。包括优秀的配运人员、配送路径规划、配运安全管理和服务态度。

c.资讯系统。包括进货管理系统、储位管理系统、补货管理系统、出货检取系统、车辆排程系统、流通加工管理系统、签单核单系统、物流计费系统、EIQ、MIS、EIS、EDIVAN、Internet及资讯系统规划等。

6.4 配送中心规划设计

配送中心是现代物流发展的产物，是运输发展的重要阶段。它综合了传统与现代运输的优点，是以后运输组织形式发展的方向。伴随着配送而出现的是一种现代化的多功能、集约化的物流接点。配送中心的设计与管理直接影响着配送的效率。配送中心的规划与设计是一个系统工程，设计的好坏直接影响企业的运营效率。

6.4.1 建设配送中心的决策准备

配送中心的建设是一个庞大的系统工程，配送中心的规划和设计不仅要求自动化和省力化，还要求站在一个更高的视野来认识。在投资建设配送中心之前应该做好以下几点准备。

1．明确目标

在准备新建或者改建配送中心时必须明确以下规划和设计目标。

（1）规划和设计最适宜的配送中心。

（2）保证物流运营成本最低。

（3）使企业的物流水平最高。

（4）使物流配送作业速度最快。

（5）满足不断扩大的配送市场的要求。

（6）具有与其功能及特性相适应的机械化和自动化水平。

2．准确定位

在决策之前，先盘点自己的家底，才能确保准确定位。摸清本企业目前的现状，根据企业的情况设计合理规模的配送中心。可从以下几方面入手。

（1）企业现有的物流设施与设备。盘点现有的仓库容量、仓库状况、货运汽车、冷藏车数量及其运行情况，叉车、巷道起重机及水平输送设备的情况，货架和托盘的情况等。

（2）专业技术人员情况。调查配送中心内专业人员的素质，具有物流配送经验的人数、其他人员的基本情况。

（3）供应商情况。目前业务关系的供货商状况、供货种类，进一步合作的可能性，新合作伙伴的预测，进货成本限制及其预测。

（4）顾客情况。目前用户有多少，配送商品种类、配送成本，对服务的满意度如何，有望发展为契约关系的顾客有多少。

根据本公司的基本情况，合理地配置配送中心的设施与设备，制定可持续发展的战略目标；并不断充实、改进配送中心的设施与设备，改善运营管理和技术水平；完善信息系统功能，提高信息处理水平。

3．改变观念

不管什么企业，也不管多大规模的企业，在新建或改建配送中心决策之前，必须充分认识配送中心，对配送中心的功能、特性及其工艺必须充分了解，特别是以下几个方面，更应应该注意。

（1）配送中心不是批发站，也不是商业仓库，配送中心以其雄厚的经营实力、良好的商业信誉、快捷的市场信息及精确的市场预测，大批量、低价格购进货物来获取基本利润；在配送中心内部进行包装和流通加工获取附加值；利用现代化设施与设备高效率作业，缩短订货、发货周期，提高商品周转率；降低费用及损耗，提高服务质量，获取较好的经济效益和社会效益。它同其他一般的仓库最人的区别在于依靠服务质量占领市场并开拓市场，依靠科学管理及先进的技术获取效益。

（2）配送中心的功能不仅仅局限于配送。配送中心是现代化、规范化的物流接点，是商流、物流、信息流的有机结合；是采购、进货、储存、流通加工、装卸搬运、订单处理、分拣配货、发货、运送等功能的有机结合。

（3）使职员懂得"物流"、"配送"。根据国务院研究中心市场经济研究所对北京开展配送的情况进行调查显示：对配送不了解的生产企业为70%，大中型商业企业为60%，小型商业企业为70%；另外对上述三类企业调查中，认为配送中心具有仓储功能的分别为33%、40%、16.6%；认为配送中心具有送货功能的分别为33%、60%、35%。由此可见，企业对物流配送熟悉的并不多，人们仍认为是传统的运输。设想一下如果职员对配送中心的功能都不了解，能建成高效率的配送中心吗？

6.4.2　科学规划配送中心

配送中心一旦建成是不容易变更的，如果轻率地决定，可能会给企业带来巨大的损失，所以一定要做好规划，选用最合适的规划方案。配送中心的规划可分为基本规划、详细规划和运营要领等一系列程序，要求根据不同阶段进行调查、分析；根据调查分析的结果，采用与此相适应的技术方法来进行，一般顺序如下。

1．选择规划方法

配送中心常用的规划方法有 4 种：运筹学法（OR）、系统设计法（SE）、统计分析法、工业工程法（IE）。这 4 种方法各有特点，适用的条件也不相同，在选择规划方法时应充分考虑顾客、商品种类、商品订货量、商品流通渠道、顾客服务水平、订货发货周期、商品价值及预算成本等因素。

2．进行基本规划

进行基本规划前，必须清楚如下情况。

（1）物流过程及其作用。

（2）配送地点的位置及数量。

（3）配送中心的位置及规模。

（4）配送地所需商品及其库存基准。

（5）配送地点的进货源。

（6）配送中心应进行的作业。

另外，还必须决定并掌握所经营商品的特性、外形尺寸、重量、品种、包装、形态、单件进发货量、平均每天进发货是量、配送时间、接受订货频率、成本及顾客服务水平。配送中心的位置及其规模是最重要、最基本的条件。其最主要的特点就是最大化满足用户的需要。配送中心最基本的规划由配送中心的特性、所采用的物流设备及物流技术 3 个方面构成（见图 6.4）。

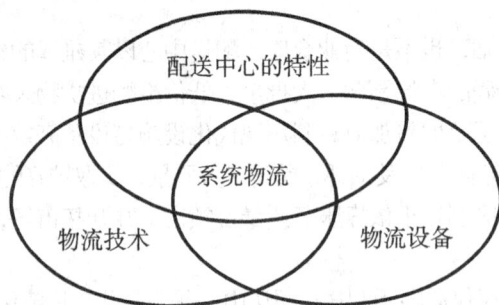

图 6.4　配送中心基本规划的构成

根据前提条件开始基本规划，对配送中心的占地、建筑物形式、结构及搬运保管方式、作业流程等做出基本规划。

首先从配送中心的特性和内部作业流程开始，在各个搬运方式和保管方式的组合中决定最有效的设施及其相配套的机械设备的选用。比如，配送中心的特性决定了车辆的种类、数量及其作业场地；根据设备的选择、作业流程、设施的配置规划出与此相适应的布局并决定建筑物的形式、规模、结构、占地面积。

其次，在此之前必须调研与此相关的建筑、消防、环保等有关法规，勘探调查周边的建筑条件及周转的治安情况。规划整体方案时，或者在各个规划阶段，同时准备多个备选方案，从服务水平、作业成本、所需资金 3 个方面进行综合评价，选出最佳方案。

3．进行详细规划

详细规划是在基本规划方案的基础上对各部分做进一步更加详细的论证。作为详细规划，应该注意以下事项。

（1）搬运等作业的容器的外形尺寸及形状。

（2）保管、搬运等作业的机械设备规格型号。

（3）保管、搬运等作业的辅助设备。

（4）车辆的特殊规格型号。

（5）车辆装卸的辅助设备。

（6）配送中心内部作业地块的详细布局。

（7）机械设备的配置及布局。

（8）办公及信息处理等设施的规格型号及数量。

（9）流通加工机械设备。

（10）其他。

4．制定运营要领

运营要领就是配送中心建成后所制定的运营方案，必须按以下几项进行。

（1）编制作业程序。

（2）制定作业的基本要求。

（3）制定管理办法及管理规则。

（4）确保必要作业力量的措施规划。

（5）制定向新的配送系统过渡的方法和措施。

（6）制定设备保养与维护措施。

（7）其他。

6.4.3 配送中心选址及设施关联性分析

1．配送中心选址

配送中心建在什么地方，选用哪些设备，成本如何，一般通过定性分析即可计算出来。将运输配送费、物流设施费模型化，利用约束条件及目标函数建立数学公式，求出费用最解。在分析时下面两个数据是必需的。

（1）作业量。配送中心作业量主要有：工厂到配送中心的运输量；配送给顾客的货物数量；配送中心的库存量；不同配送路线的作业量等。作业量的数据在不同季节、月份等有各种各样的波动，必须考虑选址时采用什么样的水平来作为依据。值得注意的是，除现有数据外，还必须对设施运营后的可能数据进行预测。

（2）费用数据。同配送中心选址相关的费用有：工厂到配送中心的运费；将货物配送给顾客的配送费；设施、用地及相关的人工费、业务费等。

在此基础上，进行定量分析，采用单一配送中心选址法或复数配送中心选址法计算出理论上的最佳地点。再考察地理因素、地形因素、环境、交通条件、劳动条件及法规等，在对市场的适应性评价后确定最优点。

2．设施关联性分析

进行配送中心设计时，设施的选用、布局及评价项目等总称为关联性分析。对于关联性分析，不仅包括进货场所、检验场所、保管场所、流通场所、发货配送场所等配送中心内部设施，还包括界定、工地形状、道路等辅助设施。关联性强的设施要靠近布置。

可以通过编制关联表或绘制业务活动路线图来评价各设施的关联程度。

6.4.4 整体布局设计

整体布局设计主要是指估算各作业区域的大小，包括进货区、储存区、拣货区、出货区等，并按照各作业区域的作业关系来决定各区的摆设位置。由于配送中心内部的设计与经营直接与商品的结构和性质有关，所以要对本企业的商品进行分析，此外，还要确定商品通过配送中心进出的总规模、总容积以及订货处理的平均数量等。配送中心整体布局设计的流程如图 6.5 所示。

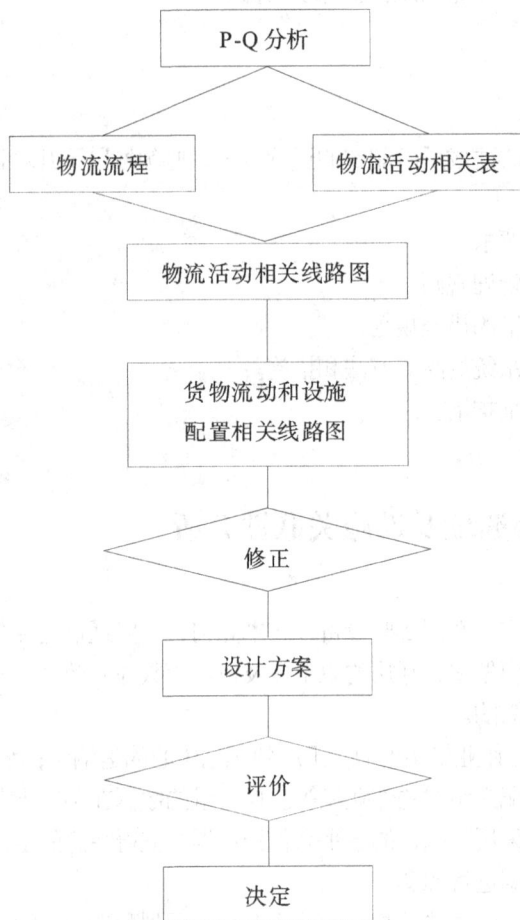

图 6.5　配送中心整体布局设计程序

6.4.5 设计方案的评估

配送中心规划设计的最后一个阶段是方案评估阶段，这个阶段的工作主要是进行方案的评估和选择。根据原规划的基本原则以及原规划的基本要求，如预算、预计完成的时限、效益等来评估，从而在备选方案中选出最佳方案。

6.5 本章小结

配送是物流中一种特殊的、综合的活动形式，是商流与物流紧密结合，依据不同的标准对配送进行分类，不同类型的配送形态有不同的配送经营特征。在优化经济结构、节约社会劳动及充分发挥物流的作用方面，使配送早已成为企业经营活动的重要组成部分。由于电子商务环境下的消费者可能分布非常散，在进行配送决策时必须全面综合地进行，尽管经济效益是首要衡量标志，却并非为唯一标准。

在配送活动中实际上是配送中心来完成配送作业的。配送中心是专门从事货物配送活动的经济组织。它是集加工、理货、送货等多种职能于一体的物流结点。配送中心实际上是集货中心、分货中心、加工中心功能之综合，具有存储、分拣、集散、衔接、流通加工等功能。不同类型、不同功能的配送中心或物流节点的配送活动，其作业流程的长短不一，但作为一个整体，其作业流程又是统一的、一致的。

配送中心综合了传统与现代运输的优点，是以后运输组织形式发展的方向。配送中心的设计与管理直接影响着配送的效率。配送中心的规划与设计是一个系统工程，设计的好坏直接影响企业的运营效率。一般要经过决策准备、科学规划、选址、设施关联性分析、设备选用分析、整体布局设计等环节形成最终设计方案，对这些方案进行评估，并在这些方案中选出最优的方案加以实施。

6.6 复习思考题

1. 如何理解配送的含义？
2. 根据配送形态上的差异情况，对配送可进行哪些分类？
3. 配送在经济活动中的作用表现为哪些方面？
4. 电子商务下的配送除具备传统配送的特征外，还具有什么基本特征？
5. 不合理配送的表现形式主要有哪些？判断配送合理化与否的主要标志有哪些？
6. 配送合理化的可选做法有哪些？
7. 配送中心具有什么功能？其作业流程如何？
8. 电子商务环境下的配送中心具有什么特征？
9. 配送中心建设规划包括哪些环节？

6.7 本章实训

1. 假如你是一名有经验的物流管理人员，出现下列情况应该如何处理？

（1）北京的王先生在网上订了5本书，但查询库存时发现，北京的书库里只有4本书；经查询广州书库正存有缺少的那本书，但需要5天才能转运过来。

（2）两家企业订购同一种货物，但库存货物有限，只能满足一家。

2. 绘制配送中心作业流程全图。

3. 某物流企业很快完成了配送中心的选址，其中售后服务配送中心面积近4 000平方米、距汽车制造厂仅 3 公里的路程；生产配送中心面积 5 000 平方米，距生产基地 5 公里。由于汽车配件对于配送中心的仓库环境有严格的要求，为确保客户的产品在储存过程中不发生质量的问题，该企业追加投资对原有仓库进行了大规模的改造。根据汽车物流的操作流程将仓库划分为不同的功能区，使用环氧树脂对全部仓库进行了地面硬化防尘处理；并在仓库内建立了多层立体货架和轻型拣料架，使配送中心的仓库利用率达到最高。

问：该物流企业为什么在配送中心建立好之后立即了对仓库进行了改造？

电子商务是通过 Internet 进行商务活动的新模式，它集信息流、资金流、物流为一身，物流虽然包含在电子商务之中，但是人们对电子商务过程的认识却往往只局限于信息流、资金流的电子化、网络化，而忽略了物流的电子化过程。应当指出的是，信息流、资金流在电子工具和网络通信技术支持下，可通过轻轻点击瞬息完成，而物流、物质资料的空间位移，即具体的运输、储存、装卸、保管、配送等各种活动是不可能直接通过网络传输的方式来完成的。我国电子商务目前刚刚起步，由于物流系统的滞后，网上购物受到了极大的限制。因此，我们应当加强物流系统技术的建设和改造，以迎接电子商务的时代的到来。

案例展示：国外电子商务物流管理系统解决方案

（1）美国的物流中央化。物流中央化的美国物流模式强调"整体化的物流管理系统"，是一种以整体利益为重，冲破按部门分管的体制，从整体进行统一规划管理的管理方式。在市场营销方面，物流管理包括分配计划、运输、仓储、市场研究、为用户服务 5 个过程；在流通和服务方面，物流管理过程包括需求预测、订货过程、原材料购买、加工过程，即从原材料购买直至送达顾客的全部物资流通过程。

（2）日本的高效配送中心。物流过程是生产—流通—消费—还原（废物的再利用及生产资料的补足和再生产）。在日本，物流是非独立领域，由多种因素制约。物流（少库存多批发）与销售（多库存少批发）相互对立，必须利用统筹来获得整体成本最小的效果。物流的前提是企业的销售政策、商业管理、交易条件。销售订货时，交货条件、订货条件、库存量条件对物流的结果影响巨大。流通中的物流问题已转向研究供应、生产、销售中的物流问题方向。

7.1 物流系统与物流系统工程

7.1.1 物流系统

1. 什么是系统

系统是指"为达成某种共同的目的、若干构成要素相互有机地结合成的复合体"。它具有以下特点。

（1）各个系统都具有一定的目的。

（2）在系统中通常有多种要素存在。

（3）各要素之间互相关联。

系统是"为有效地达到某种目的的一种机制"，也就是为了达成某一目的，把人力、物力、金钱、信息等资源作为指令输入（Input），使它产生某种结果（Output）的功能。

物流系统可以认为是"有效达成物流目的的机制"。物流的目的是"追求以低物流成本向顾客提供优质物流服务"的机制。

2．物流系统化的目的

物流系统的目的在于以 Speed（速度）、Safety（安全）、Surely（可靠）、Low（低费用）的 3S1L 原则，即以最少的费用提供最好的物流服务。

（1）物流系统化的目的。

① 按交货期将所订货物适时而准确地交给用户。

② 尽可能减少用户所需的订货断档。

③ 适当配置物流据点，提高配送效率，维持适当的库存量。

④ 提高运输、保管、搬运、包装、流通加工等作业效率，实现省力化、合理化。

⑤ 保证订货、出货、配送的信息畅通无阻。

⑥ 使物流成本降到最低。

（2）密歇根大学的斯麦基教授倡导的物流系统化的目的。包括 Right Quality（优良的质量）、Right Quantity（合适的数量）、Right Time（适当的时间）、Right Place(恰当的场所)、Right Impression（良好的印象）、Right Price （适宜的价格）、Right Commodity（适宜的商品）。

7.1.2　物流系统的组成

物流系统由"物流作业系统"和支持物流系统的信息流动系统，即"物流信息系统"两个分系统组成。

1．物流作业系统

在运输、保管、搬运、包装、流通加工等作业中使用种种先进技能和技术，并使生产据点、物流据点、输配送路线、运输手段等网络化，以提高物流活动的效率。

2．物流信息系统

在保证订货、进货、库存、出货、配送等信息通畅的基础上，使通信据点、通信线路、通信手段网络化，提高物流作业系统的效率。

7.1.3　电子商务与物流系统

物流信息技术是指现代信息技术在物流各个作业环节中的应用，是物流现代化极为重要的领域之一，尤其是飞速展计算机网络技术的应用使物流信息技术达到新的水平。物流信息技术是物流现代化的重要标志。物流信息技术也是物流技术中发展最快的领域，从数据采集的条形码系统，到办公自动化系统中的微机、互联网，各种终端设备等硬件以及计算机软件都在日新月异地发展。同时，随着物流信息技术的不断发展，产生了一系列新的物流理念和新的物流经营方式，推进了物流的变革。

电子商务是通过 Internet 进行商务活动的新模式，它集信息流、资金流、物流为一身，物流虽然包含在电子商务之中，但是人们对电子商务过程的认识却往往只局限于信息流、资金流的电子化、网络化，而忽略了物流的电子化过程。

美国在定义电子商务概念之初，就已有强大的现代化物流体系作为支持，他们只需将电子商务与其进行对接即可，而并非电子商务过程不需要物流的电子化；而我国物流基础设施十分落后，如不加速现代物流系统的建设，必将会给电子商务的发展带来巨大的困难。

应当指出的是，信息流、资金流在电子工具和网络通信技术支持下，可通过轻轻点击瞬息完成，而物流，物质资料的空间位移，即具体的运输、储存、装卸、保管、配送等各种活动是不可能直接通过网络传输的方式来完成的。我国电子商务目前刚刚起步，由于物流系统的滞后，网上购物受到了极大的限制。由于一些电子出版物，如软件、CD 等产品本身就可以通过网络电子的方式送给购买者，而书籍、票务等对物流技术要求低，对物流依赖性较差，它们成为电子商务早期入市的商品是合情合理的。同时，我们应当加强物流硬技术的建设和改造，这是迎接电子商务的物质基础。

7.1.4 物流系统工程

物流系统工程属于物流学和系统工程两门学科的交叉性边缘学科。

关于物流学前面章节已有介绍，本章不再重复。

第二次世界大战以后，随着工业化的进展，城市人口、就业、环境污染和资源等各种社会问题日趋严重，迫切需要用新的方法对这些问题进行综合研究。

1955 年以后，计算机技术渐趋成熟和普及，于是 系统工程学应运而生。美国麻省理工学院的福雷斯特于 1957 年首次提出工业动力学，后来研究对象从工程系统发展到社会系统，运用这一方法建立了世界模型和美国国家模型。但各个领域的研究方法在本质上并没有什么区别，故于 1972 年定名为系统工程学。

系统工程学研究的对象是复杂的系统。除了一般大系统所具有的结构复杂、因素众多、系统行为有时滞现象，以及系统内部诸参数随时间而变化等特征外。系统工程学认为的复杂系统还有一些其他特征，比如，系统都是高阶数、多回路、非线性的信息反馈系统；系统的行为具有"反直观"性，即其行为方式往往与多数人们所预期的结果相反；系统内部诸反馈回路中存在一些主要回路；系统的非线性多次反馈以后，呈现出对外部扰动反映迟钝的倾向，对系统参数变化不敏感等。

从系统方法论来说， 系统工程学是结构方法、功能方法和历史方法的统一。它有一套独特的解决复杂系统问题的工具和技巧，如双向因果环、反馈、流位和速率等概念。

系统工程学通过人和计算机的配合，既能充分发挥人的理解、分析、推理、评价、创造等能力的优势，又能利用计算机高速计算和跟踪能力。以此来实验和剖析系统，从而获得丰富的信息，为选择最优的或次优的系统方案提供有力工具。

7.1.5 现代自动化物流系统工程

现代自动化物流系统工程是工厂自动化（FA）的一个基础组成部分，是实现现代管理的物质基础，也是我国目前信息化带动工业化一个重要的工程领域。它是集光、机、电、信息处理于一体的系统工程。从工厂自动化领域来说，它是由自动导引车搬运系统、自动化输送机系统、自动作业和机器人系统、自动化立体仓库系统、信息管理和监控系统组成。一个自动化物流系统的优良性能应该是整体系统的性能，各分系统之间有着良好的衔接，物流过程应该顺畅而不会形成瓶颈。

一般来说，物流技术装备应包括厢式货车、自动化立体仓库、工业车辆、货架、物流追踪技术装备、AGV 自动导引车、自动识别技术、RFID 无线射频识别技术、单元化产品、托盘、自动分拣设备、智能交通、物流周边设备、物流自动控制技术。

我国目前物流技术的应用正处于不断发展阶段，也有许多优秀的工程项目。云南红河卷烟物流系统表现出物流系统的完整性和自动化水平；青岛海尔物流系统表现出了物流系统的规模和气势；上海通用汽车的物流系统表现出了物流系统的快速反应能力和柔性化。这些项目都代表了我国物流技术应用的较高水平。

7.1.6　适应电子商务的物流管理系统

工业革命用了 200 年创造了工业时代，计算机革命用了 30 年创造了信息时代，而互联网只用了 3 年左右的时间就形成了电子商务这一全新的商业形态。电子商务的兴起，从根本上改变了企业与客户的交互方式，企业不仅需要在前端建立漂亮的网站来吸引客户，更需要在后端通过可靠的订单履行能力来留住客户。在客户要求快速变化和不断提高的环境下，需要怎样的电子履行（E-Fulfillment）能力使客户满意，是电子商务给物流管理者带来的新课题。

1．电子商务对物流提出的新要求

（1）响应性和灵活性。电子商务使得客户的期望值不断提高，客户对配送的要求经常是最紧迫的及时送货（JIT），隔日送货甚至当日送货已成趋势。同时，大量货物直接送达消费者，使得分拣和配送批量减小，批次增多，要求物流系统具有更好的响应性。传统物流可以根据产品数量、高峰期、周转率等确定的设施与人员配置，但电子商务的业务量难以预测，这就要求物流部门能迅速有交地适应需求的变化。同时，退货的增多，也要求物流更加灵活地进行退货处理。

电子履行的一体化需求，从可提供承诺 ATP（Available To-Promise）转变为有能力配送 CTD（Capable-to-Deliver）。为提供实时 CTD 功能，电子履行解决方案必须与订单管理系统（OMS）和客户关系管理（CRM）能力一体化。

虽然 ATP 和 CTD 处理首先在 B2C 电子商务中普及，但它们对 B2B 电子商务更为重要，特别是在 JIT 制造的运行以及在全程与级合运输的履行中。在这种情况下，对物流管理人员的衡量，不再是它们简单地将正确的货物按时发出的能力，它们同时应该能对运输状况进行管理，因为按时送货已成为一个关键的绩效指标。

（2）竞争性与最优化。电子商务将竞争的压力提高到一个新高度。随着越来越多的提供同样或相似产品的网上商店和网上交易的出现，产品正在变为商品，品牌优势正在消失，服务成为区分竞争对主要因素。为了保持竞争力，企业必须在不断改进服务的同时将资产利用最大化。

从物流的观点来看，为满足客户的服务要求，企业不得不在整个销售区域建立由许多小型配送中心组成的物流网络，导致库存分散，仓储设施增多，配送频繁，从而使履行成本大大提高，影响企业的经济效益和市场竞争力。因此，必须从整体上优化供应链，尽可能降低物流成本，在提高劳动率的同时，使仓库和设备的利用率最大化。

物流管理者在努力使资产利用最大化以提高利润率的同时，使仓库和设备的利用率最大化。

物流管理者在努力使资产利用最大化以提高利润率的同时，还必须应付生产部门和客户双方额外服务的请示。生产部门想利用延缓的方式来满足按订单生产和客户化的要求，这就要求仓库人员做一些简单的装配、装箱和特殊的包装；同时客户要求有更多的增值服务，如动态托

盘、特殊标签和包装等。这就需要比传统的业务投入更多、更复杂的劳动，需要更高的生产率和系统的服务。

为了在竞争中取得优势，物流管理者必须不断改进运作以证明其价值，这样就需要实时的指标，使管理者迅速解决瓶颈和其他总量，以免对工作流程产生严重影响。

（3）可视性与协作性。交易伙伴之间的协作一直是企业希望达到的目标，因为这样会降低对库存和安全储备的要求，消除因供应不足造成的停工，并通过整个供应链可视性来改进生产、配送计划。互联网以其实时性、通用性和便宜的价格使交易伙伴之间的协作更加可行。

但是以现有的互联网通信手段进行全面协作仍然存在技术障碍，包括缺少网络公共通信协议和一体化应用标准。不过 XML 语言和 EAI 技术的不断推广正在消除这一障碍，使协作变为现实。

电子商务使协作必不可少，为满足客户对 CTD 订单处理和可视性要求，供应链中的交易伙伴必须作为一个整体运作。这种"点到点"的物流覆盖了从供应商的供应到客户的客户。这种系统间的协作要求各个层面的一体化。从外部来讲，物流系统可以与客户的电子采购系统，供应商的生产、库存与分拨系统以及承运人的投票和接受系统对接，以提供协调订单、原材料与供应以及生产和分拨库存所需的整个供应链的可视性，从而在提高订单履行的准确率和及时性的同时，降低库存需求。从内部来看，物流系统必须与 ERP 和供应计划系统一体化，从而使得生产流线化、资产利用最大化。

2．响应性与灵活性的解决方案

快速变化的电子商务时代，成功的首要条件是提供迅速的解决方案。传统的物流管理系统设计和实施过程需要 6~18 个月，显然不能适应快速变化的环境。需要的是在几周内提供解决方案，这些解决方案应预先设置成功能模块，具有很可配置性，它的性能满足大多数必需功能，同时又能制订客户化的特定需求。最重要的是，这些方案必须以事件驱动模式来执行，以处理日常总量、事件以及物流管理者必须支持的特殊请求。

这些方案应由物流软件功能模块库配置而成，具有物流行业最广泛的功能，每一套方案包括诸如波动分拣、劳动力和资源利用、动态货位选择和运输选择等功能模块，根据行业最佳"事件反应型"工作流程组合在一起，通常包含了 80%～90%必须的功能要求，再通过物流配置模块来定制工作流程，并与每一客户特殊的附加事件的处理结合在一起。

物流配置模块使用户可以从功能模块库中选择功能模块，或增加新功能模块，来改变它们的"事件反应型"工作流程；调整后的工作流程，需要通过物流控制模块在执行期间直接运行，而无需编辑和中断系统。事件驱动型的物流控制模块，将预先设置的工作流程和用户输入的事件实时一体化以执行动态物流解决方案的应用引擎，可很快调整操作流程，处理这些特殊事件，使紧急事件和特殊要求变成系统处理中正常的一部分，而不产生大的干扰。

为满足客户响应性与灵活性要求，需要高效的物流操作以快速发运产品，高效操作超出传统的分拣、包装和发货功能而形成扩展的仓库管理系统（WMS）能力，包括寻址、增值服务、人工管理、任务交叉、理货区管理以及与射频（RF）处理一体化。

物流管理系统也应支持广泛的增值服务，包括进货与发货质量保证的 VAS、简单的装配、特殊的包装以及退货处理。

为确保高效、及时送货，物流管理系统应具有运输管理功能模块，包括半截计划，对火车、卡车和零担运输的招标和跟踪，并与包裹发运结合，以满足电子履行的要求。

管理系统不但要与 ERP 软件包一体化，而且可与供应链计划系统、CRM 系统实现一体化。

这样就可通过为 ATP 和 CTP 订单处理提供 100%的库存可视性，实现快速、高效的订单履行，满足客户的期望值。

3．竞争性最优化的解决方案

由于物流占经营成本的 9%~12%，因而成为管理者寻求更高效率的所在。

物流管理者长期依靠基本的 WMS 技术帮他们运营仓库、降低成本，面对今天的竞争压力，需要有更先进的能力。物流管理系统应提供额外的 WMS 功能，如任务交叉、理货区管理响应标签、波动管理等，以及一体化的寻址、运输管理、人员管理、进货和发货等增值服务。

此外，物流管理系统的模块化设计可以将用户功能扩展与系统处理相分离。由于软件的改进不影响功能扩展，这样的设计提供了更高的可维护性，且不需花很大力气就可以很快地顺利升级，从而在提高投资回报率的降低运行成本。

为了合理地管理仓库、运输和人力资源，物流管理系统需要物流执行模块来衡量物流操作完成商业目标的有效性。物流执行模块应是以完善的评估指标构成的图表化报表工具，这是物流管理闭环中关键一步，可提供有价值的信息，以减少过程改进中的反复。

管理者可以通过物流执行模块能每一指标设定绩效标准。监控运行并立即做出更正的闭环物流管理，可以提供不断改进流程的数据，使管理者能更好地利用仓库、运输和人力资产。当"设计—执行—评估—重新设计"这一闭环能快速重复时，就有了不断改进流程甚至不断创新以为客户提供超值服务的基础。

4．可视性与协作性的解决方案

在电子商务时代，为了满足客户的要求，物流管理者的视野必须超越自己的业务，这就需要整个供应链的可视性和协调性。要做到这一点，物流管理系统的内部需要与 ERP 软件包、供应链计划软件和客户关系管理软件一体化；在外部需要与供应商、承运人和客户实现对接。

物流管理系统应通过物流整合模块促进一体化。物流整合模块是一个用来整合各种系统的工具，这些系统内部系统、B2B 系统、ERP 软件包、电子商务交易平台、合作伙伴的系统。它通过与相关系统对接的适配器，采用标准的 XML 语言与其他系统进行通信。

物流管理系统需要通过多个功能模块来提供供应链的可视性。在物流管理系统顶端需要数字信息渠道——物流执行中枢系统，以运行基于互联网的供应链可视性及其他应用，并可以为没有信息中枢的企业提供服务。物流执行中枢系统兼具有物流事件，判定违背计划的例外或与实时绩效标准的偏差带来的影响，并产生解决方法。

也许最需要可视性的是运输，因而运输管理系统（TMS）通常具有投标与状态模块，以电子方式进行载货投标，并接收承运人的回应，获取卡车运载、火车运输、联运、空运、零担运输的状态信息。投标与状态模块应具备两大功能，一是承运人连接，共享货运信息。承运人可接收投标，接受/拒绝投标，并可提供有关的状态信息。二是网络跟踪，让客户能够通过互联网查看它们的货运状态信息。

7.2　电子商务物流系统设计

7.2.1　现代物流设计

综合运用物流技术与物流管理的成果，建立起既符合企业策略又高效运转的物流系统，服务于生产，是企业生产能力和技术水平的体现。

物流设计无论是在新工厂还是老厂技术改造都是重要的工作之一。建设一个新厂，从选厂到总体布置、车间布置、仓库的设置等，始终要研究工厂的各种物流活动，将其有效地衔接起来，经过多方案的分析比较，确定出优化的总体方案，因而物流设计成为制约工厂全局的，影响生产效率及经济效益的重要因素之一。而在老厂改造中，忽略了物流，往往造成越改造越不合理，使企业在经济上的损失成为长期的，甚至是不能挽回的。因此物流设计要着眼于全局，合理运用多方面的技术进行系统的优化。

物流设计的原则是尽量采用成熟的先进的技术，建立快速、高速的运行系统，节约投资和提高劳动生产效率，同时要考虑到企业自身的承受能力和发展策略，使物流系统可控可调，尤其要利于各个环节的衔接，建立起与其相关部门间良好的协作关系。

物流设计的方法很多，但较为常用的有以下几种：价值流图析、6Σ、看板、经验与直观法、标准工程法、提问法、写实法、物流系统分析法等。随着科学技术的发展相信会有更好的方法。

物流设计是工厂设计的重要内容之一。由于同其他专业有着密切的关系和广泛的联系，也渗透到其他各部门的工作中，因此一个好的物流设计需要工艺、总图及其他专业的密切配合与支持。物流系统是供应链的物流通道，是供应链的重要内容，可以说物流系统的优化是众多专业合作的结晶。此外，物流管理人员是解决现场问题的主力，由于他们熟悉现场，能够对设计的不足进行改进和完善，物流设计者应主动听取他们的意见，并把正确、合理的措施纳入设计，从而不断提高设计质量和水平。通俗地讲，物流系统就如一部音乐作品或者是一首动听的歌曲，物流技术中的运输、保管、装卸、搬运，就如音乐作品中的音符、歌曲中的 1、2、3，以及高低音、节拍及休止符等。物流设计者犹如一部音乐作品的作者，物流管理者就相当于演出一部音乐作品的指挥者。按物流系统规定的内容，节拍去操作。他们十分熟练地掌握物流中的运输、保管、装卸、搬运等知识，并运用这些知识去满足客户的要求，何时运输、运多长时间、到何地点，何时保管、保管多长时间，物流的各种功能何时衔接、如何衔接等，都要做精心安排，从而构筑符合企业战略目标的物流系统，既高效、高速，又节约资源。

综上所述，物流设计者要有较高的技术水平，熟悉物流技术的各个环节、各种功能的应用场合，又要善于同现场物流管理者合作共事，虚心听取他们的意见。现场物流管理者具有丰富的现场管理经验，应及时向设计者反映现场的问题，并与设计者取得共识，寻求解决问题的最佳方案。他们共同的目标是着眼工厂的长远利益，改造物流系统，提高效率与效益。

7.2.2　电子商务中物流服务内容设计

电子商务与非电子商务就实现商品销售的本质来讲并无区别，物流是实现销售过程的最终环节，但由于采用不同形式，使一部分特殊服务变得格外重要，因此，设计电子商务的物流服务内容时应反映这一特点。概括起来，电子商务的物流服务内容可以分为以下两个方面。

1. 传统物流服务

这与非电子商务的物流服务相同，包括如下功能。

（1）运输功能。无论是由网站经营者还是由第三方提供物流服务，都必须将消费者的订货送到消费者指定的地点。ISP、ICP 可以简单地购买或租用车辆送货，但这样做物流成本肯定很高，比较理想的方案是将该业务外包给第三方经营物流者。第三方一般自己拥有或掌握有一定规模的运输工具，具有竞争优势的第三方物流经营者的物流设施不仅仅在一个点上，而是一个覆盖全国或一个大的区域的网络，因此，第三方物流服务提供商首先可能要为客户设计最合适的物流系统，选择满足客户需要的运输方式，然后具体组织网络内部的运输作业，在规定的时间内将客户的商品运抵目的地，除了在交货点交货需要客户配合外，整个运输过程，包括最后的市内配送都应由第三方物流经营者完成，以尽可能方便客户。

（2）储存功能。电子商务既需要建立 Internet 站点，又需要建立或具备物流中心，而物流中心的主要设施之一就是仓库及附属设备。需要注意的是，电子商务服务提供商的目的不是要在物流中心的仓库中储存商品，而是要通过仓储保证市场分销活动的开展，同时尽可能降低库存占压的资金，以减少储存成本。因此，提供社会化物流服务的公共型物流中心需要配备高效率的分拣、传送、储存、拣选设备。在电子商务方案中，可以利用电子商务的信息网络，尽可能地通过完善的信息沟通，将实物库存暂时用信息代替，即将信息作为虚拟库存（Virtual Inventory），办法可以是建立需求端数据自动收集系统（Automated Data Collection，ADC），在供应链的不同环节采用 EDI 交换数据，建立基于 Internet 的 Internet，为用户提供 Web 服务器便于数据实时更新和浏览查询，一些生产厂商和下游的经销商、物流服务商共用数据库、共享库存信息等，目的都是尽量减少实物库存水平但并不降低供货服务水平。那些能将供应链上各环节的信息系统有效集成，并能取得以尽可能低的库存水平满足营销需要的电子商务方案提供商将是竞争的真正领先者。

（3）装卸搬运功能。这是为了加快商品的流通速度必须具备的功能，无论是传统的商务活动还是电子商务活动，都必须具备一定的装卸搬运能力，第三方物流服务提供商应该提供更加专业化的装载、卸载、提升、运送、码垛等装卸搬运机械，以提高装卸搬运作业效率，降低订货周期（Order Cycle Time，OCT），以减少作业对商品造成的破损。

（4）包装功能。物流的包装作业目的不是要改变商品的销售包装，而在于通过对销售包装进行组合、拼配、加固，形成适于物流和配送的组合包装单元。

（5）流通加工功能。主要目的是方便生产或销售，专业化的物流中心常常与固定的制造商或分销进行长期合作，为制造商或分销商完成一定的加工作业，如贴标签、制作并粘贴条形码等。

（6）物流信息处理功能。由于现代物流系统的运作现在已经离不开计算机，因此将各个物流环节各种物流作业的信息进行实时采集、分析、传递，并向货主提供各种作业明细信息及咨询信息，这是相当重要的。

2．增值性物流服务

以上是普通商务活动中典型的物流作业，电子商务的物流也应该具备这些功能。但除了传统的物流服务外，电子商务还需要增值性的物流服务（Value-Added Logistics Services）。

增值性的物流服务包括以下几层含义和内容。

（1）增加便利性的服务。一切能够简化手续、简化操作的服务都是增值性服务。在提供电子商务的物流服务时，推行一条龙门到门服务、提供完备的操作或作业提示、免培训、免维护、省力化设计或安装、代办业务、一张面孔接待客户、24 小时营业、自动订货、传递信息和转账（利用 EOS、EDI、EFT）、物流全过程追踪等都是对电子商务销售有用的增值性服务。

（2）加快反应速度的服务。快速反应（Quick Response）已经成为物流发展的动力之一。传统观点和做法将加快反应速度变成单纯对快速运输的一种要求，但在需求方对速度的要求越来越高的情况下，它也变成了一种约束，因此必须想其他的办法来提高速度，所以第二种办法，也是具有重大推广价值的增值性物流服务方案，应该是优化电子商务系统的配送中心、物流中心网络，重新设计适合电子商务的流通渠道，以此来减少物流环节、简化物流过程，提高物流系统的快速反应性能。

（3）降低成本的服务。电子商务发展的前期，物流成本将会高居不下，有些企业可能会因为根本承受不了这种高成本而退出电子商务领域，或者是选择性地将电子商务的物流服务外包出去。这是很自然的事情，因此发展电子商务，一开始就应该寻找能够降低物流成本的物流方案。企业可以考虑的方案包括：采取物流共同化计划，同时，如果具有一定的商务规模，比如，珠穆朗玛和亚马逊这些具有一定的销售量的电子商务企业，可以通过采用比较适用但投资比较少的物流技术和设施设备，或推行物流管理技术，如运筹学中的管理技术、单品管理技术、条形码技术和信息技术等，提高物流的效率和效益，降低物流成本。

（4）延伸服务。向上可以延伸到市场调查与预测、采购及订单处理，向下可以延伸到配送、物流咨询、物流方案的选择与规划、库存控制决策建议、货款回收与结算、教育与培训、物流系统设计与规划方案的制作等。关于结算功能，物流的结算不仅仅只是物流费用的结算，在从事代理、配送的情况下，物流服务商还要替货主向收货人结算货款等。关于需求预测功能，物流服务商应该负责根据物流中心商品进货、出货信息来预测未来一段时间内的商品进出库量，进而预测市场对商品的需求，从而指导订货。关于物流系统设计咨询功能，第三方物流服务商要充当电子商务经营者的物流专家，因而必须为电子商务经营者设计物流系统，代替它选择和评价运输商、仓储商及其他物流服务供应商。国内有些专业物流公司正在进行这项尝试。关于物流教育与培训功能，物流系统的运作需要电子商务经营者的支持与理解，通过向电子商务经营者提供培训服务，可以培养它与物流中心经营管理者的认同感，可以提高电子商务经营者的物流管理水平，可以将物流中心经营管理者的要求传达给电子商务经营者，也便于确立物流作业标准。

以上这些延伸服务最具有增值性，但也是最难提供的服务，能否提供此类增值服务现在已成为衡量一个物流企业是否真正具有竞争力的标准。

为了说明问题，下面以在美国较有影响的凯利伯物流公司（Caliber Logistics Co.Ltd, www.caliber.com）为例，说明该公司是如何为客户（包括电子商务客户）提供物流服务的，包括传统物流服务和增值性物流服务。该公司设立了专门为客户服务的公共型物流中心，其提供的服务内容如下。

（1）JIT 物流计划。该公司通过建立先进的信息系统、为供应商提供培训服务及管理经验，优化了运输路线和运输方式、降低了库存成本、减少了收货人员及成本，并且为货主提供了更多、更好的信息支持。

（2）合同制仓储服务。该公司推出的此项服务减少了货主建设仓库的投资，同时通过在仓储过程中采用 CAD 技术、执行劳动标准、实行目标管理和作业监控来提高劳动生产率。

（3）全面运输管理。该公司开发了一套计算机系统专门用于为客户选择最好的承运人，使用该系统客户可以得到如下利益：使运输方式最经济，在选定的运输方式中选择最佳的承运人，可以获得凯利伯运输会员公司的服务，对零星分散的运输作业进行控制，减少回程车辆放空，管理进向运输，可以进行电子运单处理，可以对运输过程进行监控等。

（4）生产支持服务。该公司可以进行如下加工作业：简单的组装、合并与加固、包装与再包装、JIT 配送贴标签等。

（5）业务过程重组。该公司使用一套专业化业务重组软件，可以对客户的业务运作过程进行诊断，并提出专业化的业务重组建议。

（6）专业化合同制运输。该公司的此项功能可以为客户提供的服务有：根据预先设定的成本提供可靠的运输服务，提供灵活的运输管理方案，提供从购车到聘请司机直至优化运输路线的一揽子服务，降低运输成本，提供一体化、灵活的运输方案。

（7）回程集装箱管理。公司提供的服务包括：回程集装箱的跟踪、排队、清洗、储存等，可以降低集装箱的破损率，减少货主的集装箱管理成本，保证货物的安全，对环保也有好处。

我国交通运输系统（公路、水路）铁路运输系统、航空运输系统、邮政运输系统、外贸运输系统、商业运输系统、物资运输系统等发展得比较成熟，电子商务的发展为他们提供了巨大的商机。比如，我国的邮政运输网络已经深入到了农村，包括偏远的小山村，在城市，邮政局所更是覆盖了各个角落。1999 年年底，国家邮政总局决定，拥有我国最大的物流配送体系的中国邮政，在邮政网络的经营范围内与中国商品交易市场（电子商务经营者）合作，为其提供商品配送业务，完善该电子商务经营者因特网服务中的物流配送环节。此外，一些地方的邮政运输部门也在积极地为电子商务网络提供物流和配送服务。

7.2.3　物流系统设计中追求的目标

在物流系统设计方面，每一个厂商都必须同时实现至少 6 个不同的作业目标。这些作业目标构成了物流表现的主要方面，其中包括快速响应、最小变异、最低库存、整合运输、质量，以及生命周期支持等。

1．快速响应

快速响应关系到一个厂商是否能及时满足顾客的服务需求的能力。信息技术提高了在最近的可能时间内完成物流作业和尽快地交付所需存货的能力。这样就可减少传统上按预期的顾客需求过度地储备存货的情况。快速响应的能力把作业的重点从根据预测和对存货储备的预期，转移到以从装运到装运的方式对顾客需求作出反应方面上来。不过，由于在还不知道货主需求和尚未承担任务之前，存货实际上并没有发生移动，因此，必须仔细安排作业，不能存在任何缺陷。

2．最小变异

变异是指破坏系统表现的任何意想不到的事件，它可以产生于任何一个领域的物流作业，诸如顾客收到订货的期望时间被延迟、制造中发生意想不到的损坏、货物到达顾客所在地时发现受损，或者把货物交付到不正确的地点……所有这一切都将使物流作业时间遭到破坏，对此必须予以解决。物流系统的所有作业领域都容易遭受潜在的变异，减少变异的可能性关系到内部作业和外部作业。传统的解决变异的办法是建立安全储备存货或使用高成本的溢价运输。当前，考虑到这类实践的费用和相关风险，它已被信息技术的利用所取代，以实现积极的物流控制。在某种程度上，变异已减少至最低限度，作为经济上的作业结果是提高了物流生产率。因此，整个物流表现的基本目标是要使变异减少到最低限度。

3．最低库存

最低库存的目标涉及资产负担和相关的周转速度。通过整个物流系统进行存货配置的金融价值是物流作业的总的负担。结合存货可得性的高周转率，意味着分布在存货上的资金得到了有效的利用。因此，保持最低库存的目标是要把存货配置减少到与顾客服务目标相一致的最低水平，以实现最低的物流总成本。随着经理们谋求减少存货配置的设想，类似"零库存"之类的概念已变得越来越流行。重新设计系统的现实是，作业上的缺陷一直要到存货被减少到其最低可能的水平时才会显露出来。虽然消除一切存货的目标很具吸引力，但必须记住，存货在一个物流系统中能够并且确实有助于某些重要的利益。当存货在制造和采购中产生规模经济时，它能提高投资报酬率。其目标是要将存货减少和控制在最低可能的水平上，而同时实现所期望的作业目标。要实现最低存货的目标，物流系统设计必须控制整个公司而不仅是每个业务点的资金负担和周转速度。

4．整合运输

最重要的物流成本之一是运输。运输成本与产品的种类、装运的规模以及距离直接相关。许多具有溢价服务特征的物流系统所依赖的高速度、小批量装运的运输，是典型的高成本运输。要减少运输成本，就需要实现整运输。一般来说，整个装运规模越大以及需要运输距离越长，则每单位运输成本就越低。这就需要有创新的规划，把小批量的装运聚集成集中的、具有较大批量的整合运输。这种规划必须得到超越整个供应链的工作安排的帮助。

5．质量

第5个物流目标是要寻求持续的质量改善。全面质量管理已成为全行业各方面承担的主要义务。对全面质量管理承担全面义务是对物流复兴作出贡献的主要动力之一。如果一个产品变得有缺陷，或者，如果服务承诺没有得到履行，那么，物流并没有增加什么价值。物流的各费用一旦支出，也就无法收回。事实上，当质量不合格时，像物流表现那样的典型的需要就会被否定，然后还需要重新做一遍。物流本身必须履行所需要的质量标准。管理上所面临的实现"零的缺陷"的物流表现的挑战被这样的事实强化了，即：物流作业必须在日夜24小时的任何时间、跨越广阔的地域来履行。而质量上挑战被这样的事实强化了，即：绝大多数的物流工作是在监督者的视线外完成的。由于不正确装运或运输中的损坏导致重做顾客订货所花的费用，远比第一次就正确地履行所花费用多。因此，物流是发展和维持全面质量管理不断改善的主要组成部分。

6．生命周期支持

物流设计的最后一个目标是生命周期支持。很少有哪些商品在出售时不作些保证，说其产品在特定的时期内将再现得如广告所说的那样。在某些情况下，必须回收那些已流向顾客的超值存货。产品收回是由于不断地提高具有强制性质量标准、产品有效期的到期和因危害而产生的责任等而引起的顾客对产品的不满意所造成的结果。逆向物流需求也产生于某些法律规定。比如有些法律规定，对某些饮料容器和包装材料禁止任意处理，或鼓励回收，以致回收的数量不断增加，最终导致逆向物流的增加。逆向物流作业最重要的意义是，当存在潜在的健康责任时（例如，一种易污染产品）需要进行最大限度的控制。在这个意义上，产品收回规划就与不论代价大小，都必须最大限度地执行的顾客服务战略相类似了。逆向物流作业需求的范围从最低的总成本，如为再循环而回收空瓶开始至完成紧急回收时止。其中重要之处在于，如果不仔细地审视逆向的物流需求，就无法制定良好的物流战略。

有些产品，例如复印设备，最初的利润产生于出售供给品和提供售后服务。服务支持物流的重要性直接随产品的买主和变化而变化。对于营销耐用消费品和工业设备的厂商来说，对生命周期支持所承担的义务构成了全方位、多要求的作业需求，这也是最大的物流作业成本之一。因此，厂商必须仔细地设计一个物流系统的生命周期支持的能力。如先前提到的那样，由于全世界对环境问题的注意，逆向物流能力需要具有再循环各种配料和包装材料的能力。生命周期支持，用现代的话来说，其含义就是"从摇篮到摇篮"的物流支持。

7.3 精益物流系统

目前，在众多的物流管理新思想、新理论中，精益物流的影响越来越广泛。在我国，精益物流的应用还未正式展开，此时，开展对精益物流思想内核的研究，正是在实践中进一步有效推进物流管理的基础。

7.3.1 精益物流的历史背景

精益物流是起源于日本丰田汽车公司的一种物流管理思想，其核心是追求消灭包括库存在内的一切浪费，并围绕此目标发展的一系列具体方法。它是从精益生产的理念中蜕变而来的，是精益思想在物流管理中的应用。

1．精益生产背景

第二次世界大战结束不久，汽车工业中统治世界的生产模式是以美国福特制为代表的大量生产方式，这种生产方式以流水线形式少品种、大批量生产产品。在当时，大批量生产方式即代表了先进的管理思想与方法，大量的专用设备、专业化的大批量生产是降低成本，提高生产率的主要方式。与处于绝对优势的美国汽车工业相比，日本的汽车工业则处于相对幼稚的阶段，丰田汽车公司从成立到 1950 年的十几年间，总产量甚至不及福特公司 1950 年一天的产量。汽车工业作为日本经济倍增计划的重点发展产业，日本派出了大量人员前往美国考察。丰田汽车公司在参观美国的几大汽车厂之后发现，采用大批量生产方式降低成本仍有进一步改进的余地，而且日本企业还面临需求不足与技术落后等严重困难；加上战后日本国内的资金严重不足，也难有大量的资金投入以保证日本国内的汽车生产达到有竞争力的规模，因此他们认为在日本进行大批量少品种的生产方式是不可取的，而应考虑一种更能适应日本市场需求的生产组织策略。

以丰田的大野耐一等人为代表的精益生产的创始者们，在不断探索之后，终于找到了一套适合日本国情的汽车生产方式：及时制生产、全面质量管理、并行工程、充分协作的团队工作方式和集成的供应链关系管理，逐步创立了独特的多品种、小批量、高质量和低消耗的精益生产方法。1973 年的石油危机，使日本的汽车工业闪亮登场。由于市场环境发生变化，大批量生产所具有的弱点日趋明显，而丰田公司的业绩却开始上升，与其他汽车制造企业的距离越来越大，精益生产方式开始为世人所瞩目。

2．精益思想背景

在市场竞争中遭受失败的美国汽车工业，在经历了曲折的认识过程后，终于意识到致使其竞争失败的关键是美国汽车制造业的大批量生产方式输给丰田的精益生产方式。1985 年，美国麻省理工学院的 Daniel T.Jones 教授等筹资 500 万美元，用了近 5 年的时间对 90 多家汽车厂进行对比分析，于 1992 年出版了《改造世界的机器》一书，把丰田生产方式定名为精益生产，并对其管理思想的特点与内涵进行了详细的描述。四年之后，该书的作者出版了它的续篇《精益思想》，进一步从理论的高度归纳了精益生产中所包含的新的管理思维，并将精益方式扩大到制造业以外的所有领域，尤其是第三产业，把精益生产方法外延到企业活动的各个方面，不再局限于生产领域，从而促使管理人员重新思考企业流程，消灭浪费，创造价值。

精益思想的核心就是以越来越少的投入——较少的人力、较少的设备、较短的时间和较小的场地创造出尽可能多的价值；同时也越来越接近用户，提供他们确实要的东西。精确地定义价值是精益思想关键性的第一步；确定每个产品（或在某些情况下确定每一产品系列）的全部价值流是精益思想的第二步；紧接着就是要使保留下来的、创造价值的各个步骤流动起来，使需要若干天才能办完的订货手续，在几小时内办完，使传统的物资生产完成时间由几个月或几周减少到几天或几分钟；随后就要及时跟上不断变化着的顾客需求，因为一旦具备了在用户真正需要的时候就能设计、安排生产和制造出用户真正需要的产品的能力，就意味着可以抛开销售，直接按用户告知的实际要求进行生产，这就是说，可以按用户需要拉动产品，而不是把用户不想要的产品硬推给用户。

精益思想的理论诞生后，物流管理学家则从物流管理的角度对比进行了大量的借鉴工作，并与供应链管理的思想密切融合起来，提出了精益物流的新概念。

7.3.2　精益物流的内涵

精益物流是运用精益思想对企业物流活动进行管理，其基本原则如下。

（1）从顾客的角度而不是从企业或职能部门的角度来研究什么可以产生价值。

（2）按整个价值流确定供应、生产和配送产品中所有必须的步骤和活动。

（3）创造无中断、无绕道、无等待、无回流的增值活动流。

（4）及时创造仅由顾客拉动的价值。

（5）不断消除浪费，追求完善。

精益物流的目标可概括为：企业在提供满意的顾客服务水平的同时，把浪费降到最低程度。企业物流活动中的浪费现象很多，常见的有：不满意的顾客服务、无需求造成的积压和多余的库存、实际不需要的流通加工程序、不必要的物料移动、因供应链上游不能按时交货或提供服务而等候、提供顾客不需要的服务等，努力消除这些浪费现象是精益物流最重要的内容。实现精益物流必须正确认识以下几个问题。

（1）精益物流的前提为正确认识价值流。价值流是企业产生价值的所有活动过程，这些活动主要体现在三项关键的流向上：从概念设想、产品设计、工艺设计到投产的产品流；从顾客订单到制定详细进度到送货的全过程信息流；从原材料制成最终产品、送到用户手中的物流。因此，认识价值流必须超出企业这个世界上公认的划分单位的标准，去查看创造和生产一个特定产品所必需的全部活动，搞清每一步骤和环节，并对它们进行描述和分析。

（2）精益物流的保证为价值流的顺畅流动。消除浪费的关键是让完成某一项工作所需步骤以最优的方式联接起来，形成无中断、无绕流和排除等候的连续流动，让价值流顺畅流动起来。具体实施时，首先要明确流动过程的目标，使价值流动朝向明确。其次，把沿价值流的所有参与企业集成起来，摒弃传统的各自追求利润极大化而相互对立的观点，以最终顾客的需求为共同目标，共同探讨最优物流路径，消除一切不产生价值的行为。

（3）精益物流的关键为将顾客需求作为价值流动力。在精益物流模式中，价值流的流动要靠下游顾客的拉动，而不是靠上游来推动，当顾客没有发出需求指令时，上游的任何部分都不要去生产产品，而当顾客的需求指令发出后，则快速生产产品，提供服务。当然，这不是绝对的现象，在实际操作中，要区分是哪一种类型的产品，如是需求稳定、可预测性较强的功能型产品，可以根据准确预测进行生产，而需求波动较大、可预测性不强的创新型产品，则要采用精确反应、延迟技术，缩短反应时间，提高顾客服务水平。

（4）精益物流的内涵。作为一种新型的生产组织方式，精益制造的概念给物流及供应链管理提供了一种新的思维方式。它包括以下几个方面。

① 以客户需求为中心。要从客户的立场，而不是仅从企业的立场、或一个功能系统的立场，来确定什么创造价值、什么不创造价值。

② 对价值链中的产品设计、制造和订货等的每一个环节进行分析，找出不能提供增值的浪费所在。

③ 根据不间断、不迂回、不倒流、不等待和不出废品的原则制定创造价值流的行动方案。

④ 及时创造仅由顾客驱动的价值。

⑤ 一旦发现有造成浪费的环节就及时消除，努力追求完美。

⑥ 精益物流的生命：不断改进，追求完善。精益物流是动态管理，对物流活动的改进和完善是不断循环的，每一次改进，消除一批浪费，形成新的价值流的流动，同时又存在新的浪费而需要不断改进，这种改进使物流总成本不断降低，提前期不断缩短而使浪费不断减少，实现这种不断改进需要全体人员的参与，上下一心，各司其职、各尽其责，达到全面物流管理的境界。

7.3.3 精益物流系统的特点

精益物流系统具备如下四方面的特点。

1．拉动型的物流系统

在精益物流系统中，顾客需求是驱动生产的源动力，是价值流的出发点。价值流的流动要靠下游顾客来拉动，而不是依靠上游的推动，当顾客没有发出需求指令时，上游的任何部分不提供服务，而当顾客需求指令发出后，则快速提供服务。系统的生产是通过顾客需求拉动的。

2．高质量的物流系统

在精益物流系统中，电子化的信息流保证了信息流动的迅速、准确无误，还可有效减少冗余信息传递，减少作业环节，消除操作延迟，这使得物流服务准时、准确、快速，具备高质量的特性。

3．低成本的物流系统

精益物流系统通过合理配置基本资源，以需定产，充分合理地运用优势和实力；通过电子化的信息流，进行快速反应、准时化生产，从而消除诸如设施设备空耗、人员冗余、操作延迟和资源等浪费，保证其物流服务的低成本。

4．不断完善的物流系统

在精益物流系统中，全员理解并接受精益思想的精髓，领导者制定能够使系统实现"精益"效益的决策，全体员工贯彻执行，上下一心，各司其职，各尽其责，达到全面物流管理的境界，保证整个系统持续改进，不断完善。

7.3.4 精益物流系统的基本框架

1．以客户需求为中心

在精益物流系统中，顾客需求是驱动生产的源动力，是价值流的出发点。价值流的流动要靠下游顾客来拉动，而不是依靠上游的推动，当顾客没有发出需求指令时，上游的任何部分不提供服务，而当顾客需求指令发出后，则快速提供服务。系统的生产是通过顾客需求拉动的。

2．准时

在精益物流系统中，电子化的信息流保证了信息流动的迅速、准确无误，还可有效减少冗余信息传递，减少作业环节，消除操作延迟，这使得物流服务准时、准确、快速，具备高质量的特性。

货品在流通中能够顺畅，有节奏的流动是物流系统的目标。而保证货品的顺畅流动最关键的是准时。准时的概念包括物品在流动中的各个环节按计划按时完成，包括交货、运输、中转、分拣、配送等各个环节。物流服务的准时概念是与快速同样重要的方面，也是保证货品在流动中的各个环节以最低成本完成的必要条件，同时也是满足客户要求的重要方面之一。准时也是保证物流系统整体优化方案能得以实现的必要条件。

3．准确

准确包括准确的信息传递、准确的库存、准确的客户需求预测、准确的送货数量等，准确是保证物流精益化的重要条件之一。

4．快速

精益物流系统的快速包括两方面含义：第一是物流系统对客户需求的反应速度；第二是货品在流通过程中的速度。

物流系统对客户个性需求的反应速度取决于系统的功能和流程。当客户提出需求时，系统应能对客户的需求进行快速识别、分类，并制定出与客户要求相适应的物流方案。客户历史信息的统计、积累会帮助制定快速的物流服务方案。

货品在物流链中的快速性包括货物停留的节点最少、流通所经路径最短、仓储时间最合理，并达到整体物流的快速。速度体现在产品和服务上是影响成本和价值重要因素，特别是市场竞争日趋激烈的今天，速度也是竞争的强有力手段。快速的物流系统是实现货品在流通中增加价值的重要保证。

5．降低成本、提高效率

精益物流系统通过合理配置基本资源，以需定产，充分、合理地运用优势和实力；通过电子化的信息流，进行快速反应、准时化生产，从而消除诸如设施设备空耗、人员冗余、操作延迟和资源等浪费，以保证其物流服务的低成本。

6．系统集成

精益系统是由资源、信息流和能够使企业实现"精益"效益的决策规则组成的系统。精益物流系统则是由提供物流服务的基本资源、电子化信息和使物流系统实现"精益"效益的决策规则所组成的系统。

具有能够提供物流服务的基本资源是建立精益物流系统的基本前提。在此基础上，需要对这些资源进行最佳配置，资源配置的范围包括设施设备共享、信息共享、利益共享等。只有这样才可以最充分地调动优势和实力，合理运用这些资源，消除浪费，最经济合理地提供满足客户要求的优质服务。

7．信息化

高质量的物流服务有赖于信息的电子化。物流服务是一个复杂的系统项目，涉及大量繁杂的信息。电子化的信息便于传递，这使信息流动迅速、准确无误，保证物流服务的准时和高效；电子化信息便于储存和统计，可以有效减少冗余信息传递，减少作业环节，降低人力浪费。此外，传统的物流运作方式已不适应全球化、知识化的物流业市场竞争，必须实现信息的电子化，不断改进传统业务项目，寻找传统物流产业与新经济的结合点，提供增值物流服务。

使系统实现"精益"效益的决策规则包括使领导者和全体员工共同理解并接受精益思想，即消除浪费和连续改善，用这种思想方法思考问题，分析问题，制定和执行能够使系统实现"精益"效益的决策。

综上所述，运用供应链管理的整体思维，站在顾客的立场，无限追求物流总成本的最低是精益物流真正核心所在。

7.3.5 精益物流的切入方式

作为中国企业发展精益物流，应当分步骤实施，一般应分为如下两步。

1．企业系统的精益化

（1）组织结构的精益化。由于我国的大多数企业在计划经济中所形成的组织结构，制约这企业的变革。因此，企业要发展物流，应当利用精益化思想减少中间组织结构，实施扁平化管理。

（2）系统资源的精益化。我国的传统企业存在着众多计划经济下遗留的资源，但如果不进行整合、资源重组，则很难与其他大型物流企业进行竞争，将有可能把自己的优势变为劣势。

（3）信息网络的精益化。信息网络系统是实现精益物流的关键，因此，建立精益化的网络系统是先决条件。

（4）业务系统的精益化。实现精益物流的首先要对当前企业的业务流程进行重组与改造，删除不合理的因素，使之适应精益物流的要求。

（5）服务内容及对象的精益化。由于物流本身的特征，即不直接创造利润，所以，在进行精益物流服务时应选择适合本企业体系及设施的对象及商品。这样才能使企业产生核心竞争力。

（6）不断的完善与鼓励创新。不断完善就是不断发现问题，不断改进，寻找原因，提出改进措施，改变工作方法，使工作质量不断提高。鼓励创新是建立一种鼓励创新的机制，形成一种鼓励创新的氛围，在不断完善的基础上有一个跨越式的提高。物流的实现过程中，人的因素发挥着决定性的作用，任何先进的物流设施，物流系统都要人来完成。并且物流形式的差别，客户个性化的趋势和对物流期望越来越高的要求也必然需要物流各具体岗位的人员具有不断创新精神。

2．提供精益物流服务

（1）以客户需求为中心。

（2）提供准时化服务。

（3）提供快速服务。

（4）提供低成本高效率服务。

（5）提供使顾客增值的服务。

总之，精益物流作为一种全新的管理思想，势必会对我国的物流企业产生深远的影响，它的出现将改变企业粗放式的管理观念，使企业尽快适应加入 WTO 后的竞争影响，保持企业的核心竞争力。

7.3.6 中国的物流企业应该走精益物流的道路

当今时代是一个知识化特征最显著的新经济时代，信息、网络技术等知识含量的比重在产品和服务所创造的价值之中占有主要的位置，这一时代是以智力为导向，崇尚客户至上的高智能、多样化和微观服务，顺应以消费者为主导的买方市场。企业生存和发展的关键是对市场的变化做出快速反应，生产和提供用户满意的产品和服务。面对新经济的巨大影响，我国的物流企业在新经济的巨大浪潮中应当运用现代管理思想对自身进行重新定位，用信息技术来满足客户最大的需求和利益，提供压缩时间和空间的增值物流服务，以在竞争中孕育生机。

精益物流理论的产生，为我国的传统物流企业提供了一种新的发展思路，为这些企业在新经济中生存和发展提供了机会。精益物流理论符合现代物流的发展趋势，该理论所强调的消除浪费、连续改善是传统物流企业继续生存和发展必须具备的根本思想，它使得传统物流企业的经营观念转变为：以顾客需求为中心，通过准时化、自动化生产不断谋求成本节约，谋求物流服务价值增值的现代经营管理理念。可以说，基于成本和时间的精益物流服务将成为中国物流业发展的驱动力。

7.4 物流系统评价

2001 年 3 月，交通部、铁道部等部委联合印发了《关于加快中国现代物流发展的若干意见》，提出了发展现代物流的指导思想、总体目标以及政策措施。各个部门、各个地方都在根据国家的统一决策积极地行动，物流规划建设正在如火如茶地开展之中。然而，由于缺乏一个科学而且客观的物流评价指标体系，导致许多地方、许多部门进行盲目建设。由于很多物流项目缺乏合理的评价方法，没有很好地正常运行，实际效果不显著。如果国家在现代物流发展初期就制定物流评价指标体系，使国家能够很好地把握中国物流发展水平，从而进行科学、合理的决策，避免大量的建设资金浪费，同时制约有些政府官员大搞"形象工程"。 对于具体物流建设部门，也可以通过物流评价指标体系对建设项目进行正确的评估，以便尽早地发现问题、找出差距，从而确保物流快速、健康地发展。这样，中国物流规划建设一开始就能够在一个科学的约束框架内进行，物流建设领导部门可以及时获得信息反馈。孙子兵法说的"知己知彼，百战不殆"就是这个道理。

现代物流是一个系统工程，涉及许多方面的内容，因此，物流评价指标体系必须能够比较全面地衡量物流发展水平。物流评价指标体系包括物流评价指标构成方案、指标数据以及有关统计分析的方法与制度。通过对物流评价指标的统计与分析，可以定量地衡量一个国家、一个区域或一个城市的物流发展水平，对于提高推进物流产业领导决策的科学性和准确性，特别是为研究制定物流发展计划提供科学的、量化的依据，具有十分重要的战略意义和现实意义。物流评价指标应该采用定性与定量相互结合的方式。

要对不同的方案进行评价和选优，必须建立能对照和衡量各个替代方案的统一尺度，即评价指标体系。评价指标体系是指衡量系统状态的技术、经济指标，它是系统规划和控制的信息基础。建立一套完整的评价指标体系，有助于对物流系统进行合理的规划和有效的控制，有助于准确反映物流系统的合理化状况以及评价改善的潜力和效果。

7.4.1 物流系统评价指标体系的组成

1．物流生产率

物流生产率指标是指物流系统投入产出转换效率的指标。物流系统的运行过程，是一定的劳动消耗和劳动占用（投入）完成某种服务（产出）的过程。物流系统的投入包括人力资源、物质资源、能源和技术等，各项投入在价值形态上统一表现为物流成本。

物流系统的产出，就是为生产系统和销售系统提供的服务。物流生产率指标是物流系统指标体系的重要组成部分，它通常又包括实际生产率、资源利用率、行为水平、成本和库存 5 个方面的指标。

（1）实际生产率。它是指系统实际完成的产出与实际消耗的投入之比，如人均年仓储物品周转量、运输车辆每吨年货运量等。

（2）资源利用率。物流系统的资源利用率是系统需要的投入与实际投入之比，如运输车辆的运力利用率、仓储设施的仓容利用率等。

（3）行为水平。物流系统的行为水平是系统实际的产出与期望的产出之比，也就是对系统各生产要素工作额完成情况的评价，如每人每小时的实际件数与定额数之比等。有时也用完成工作的规定时间与实际使用时间之比来衡量。

（4）成本。物流系统的各项投入在价值形态上统一表现为物流系统成本。成本能有效地反映物流系统的运行状况，并且是评价物流过程中各项活动的共同尺度。因此，可通过比较成本与产出的价值量或实物量，来衡量物流系统的实际生产率；或者通过实际成本与成本定额的比较，来衡量物流系统的行为水平。

（5）库存。库存是物流系统劳动占用形式的投入。库存的数量与周转速度是体现物流投入产出转换效率高低的重要标志，如库存周转天数、库存结构合理性等。

2．物流质量

物流质量指标是物流系统指标体系的重要组成部分，它是对物流系统产出质量的衡量。根据物流系统的产出，可将物流质量划分为物料流转质量和物流业务质量两方面。

（1）物料流转质量。物料流转质量是对物流系统所提供的物品在数量、质量、时间、地点上的正确性评价。

① 数量的正确性。指物流过程中物品实际数量与要求数量的符合程度，常见指标包括仓储物品盈亏率、错发率等。

② 质量的正确性。指物流过程中实际质量与要求质量的符合程度，常见的指标有仓储物品完好率、运输物品完好率、进货质量合格率等。

③ 时间的正确性。指物流过程中物品流向的实际时间与要求时间的符合程度，常见指标有及时进货率、及时供货率等。

④ 地点的正确性。指物流过程中物品流向的实际地点与要求地点的符合程度，常见指标有错误送货率等。

（2）物流业务质量。物流业务质量指对物流系统的物流业务在时间、数量上的正确性及工作的完善性的评价。

① 时间的正确性。指物流过程中物流业务在时间上实际与要求的符合程度，常见的指标有采购周期、供货周期、发货故障平均处理时间等。

② 数量的正确性。指物流过程中物流业务在数量上实际与要求的符合程度，常见指标有采购计划完成率、供应计划完成率、供货率、订货率等。

③ 工作的完善性。指物流过程中物流业务工作的完善程度，常见的指标有对用户问询的响应率、用户特殊送货要求满足率、售后服务的完善性等。

7.4.2 物流系统评价指标体系的建立

根据系统的观点，系统的评价指标体系是由若干个单项评价指标组成的有机整体。它应反映出评价目的的要求，并尽量做到全面、合理、科学、实用。根据不同的衡量目的，物流系统指标的衡量对象可以是整个物流系统，也可以是供应物流、生产物流、销售物流以及回收、废弃物流子系统，还可以是运输、仓储、库存管理、生产计划及控制等物流职能，乃至各职能中具体的物流活动，由此形成不同的指标体系。

对物流系统进行评价时要从经营和战略两个方面着手。

（1）在经营方面其系统目标是追求营运高效率、高效益；以活动为对象全面评价；采用的方法是根据效益标准进行成本评价；系统的状态是根据其本公司中的地位进行评价。

（2）在战略方面其系统目标是追求对企业战略的贡献；以市场、用户等为对象多方面评价；采用的方法是根据所设立的目标进行地位评价；系统的状态是根据市场地位和竞争实力进行评价。

案例展示：电子商务物流模式案例

1. 美国

美国的物流配送业发展起步早，经验成熟，尤其是信息化管理程度高，对我国物流发展有很大的借鉴意义。

美国配送中心的类型。从20世纪60年代起，商品配送合理化在发达国家普遍得到重视。为了向流通领域要效益，美国企业采取了以下措施：一是将老式的仓库改为配送中心；二是引进计算机管理网络，对装卸、搬运、保管实行标准化操作，提高作业效率；三是连锁店共同组建配送中心，促进连锁店效益的增长。美国连锁店的配送中心有多种，主要有批发型、零售型和仓储型3种类型。

批发型。美国加州食品配送中心是全美第二大批发配送中心，建于1982年，建筑面积10万平方米，工作人员2 000人左右，共有全封闭型温控运输车600多辆，1995年销售额达20亿美元。经营的商品均为食品，有43 000多个品种，其中有98%的商品由该公司组织进货，另有2%的商品是该中心开发加工的商品，主要是牛奶、面包、冰激凌等新鲜食品。该中心实行会员制。各会员超市因店铺的规模大小不同、所需商品配送量的不同，而向中心交纳不同的会员费。会员店在日常交易中与其他店一样，不享受任何特殊的待遇，但可以参加配送中心的定期的利润处理。该配送中心本身不是营利单位，可以不交营业税。所以，当配送中心获得利润时，采取分红的形式，将部分利润分给会员店。会员店分得红利的多少，将视在配送中心的送货量和交易额的多少而定，多者多分红。

该配送中心主要靠计算机管理。业务部通过计算机获取会员店的订货信息，及时向生产厂家和储运部发出要货指示单；厂家和储运部再根据要货指示单的先后缓急安排配送的先后顺序，将分配好的货物放在待配送口等待发运。配送中心24小时运转，配送半径一般为50千米。

该配送中心与制造商、超市协商制定商品的价格，主要依据是：商品数量与质量；付款时间，如在10天内付款可以享受2%的价格优惠；配送中心对各大超市配送商品的加价率，根据商品的品种、档次不同以及进货量的多少而定，一般为2.9%～8.5%。

零售型。美国沃尔玛商品公司的配送中心是典型的零售型配送中心。该配送中心是沃尔玛公司独资建立的，专为本公司的连锁店按时提供商品，确保各店稳定经营。该中心的建筑面积为 12 万平方米，总投资 7 000 万美元，有职工 1 200 多人；配送设备包括 200 个车头、400 节车厢、13 条配送传送带，配送场内设有 170 个接货口。中心 24 小时运转，每天为分布在纽约州、宾夕法尼亚州等 6 个州的沃尔玛公司的 100 家连锁店配送商品。

该中心设在 100 家连锁店的中央位置，商圈为 320 千米，服务对象店的平均规模为 1.2 万平方米。中心经营商品达 4 万种，主要是食品和日用品，通常库存为 4 000 万美元，旺季为 7 000 万美元，年周转库存 24 次。在库存商品中，畅销商品和滞销商品各占 50%，库存商品期限超过 180 天为滞销商品，各连锁店的库存量为销售量的 10%左右。1995 年，该中心的销售额为 20 亿美元。

在沃尔玛各连锁店销售的商品，根据各地区收入和消费水平的不同，其价格也有所不同。总公司对价格差价规定了上下限，原则上不能高于所在地区同行业同类商品的价格。

仓储型。美国福来明公司的食品配送中心是典型的仓储式配送中心。它的主要任务是接受美国独立杂货商联盟加州总部的委托业务，为该联盟在该地区的 350 家加盟店负责商品配送。该配送中心建筑面积为 7 万平方米，其中有冷库、冷藏库 4 万平方米，杂货库 3 万平方米，经营 8.9 万个品种，其中有 1 200 个品种是美国独立杂货商联盟开发的，必须集中配送。在服务对象店经营的商品中，有 70%左右的商品由该中心集中配送，一般鲜活商品和怕碰撞的商品，如牛奶、面包、炸土豆片、瓶装饮料和啤酒等，从当地厂家直接进货到店，蔬菜等商品从当地的批发市场直接进货。

美国配送中心的库内布局及管理井井有条，使繁忙的业务互不影响，其主要经验如下。

（1）库内货架间设有 27 条通道，19 个进货口。

（2）以托盘为主，4 组集装箱为一货架。

（3）商品的堆放分为储存的商品和配送的商品，一般根据商品的生产日期、进货日期和保质期，采取先进库的商品先出库的原则，在存货架的上层是后进的储存商品，在货架下层的储存商品是待出库的配送商品。

（4）品种配货是数量多的整箱货，所以用叉车配货；店配货是细分货，小到几双一包的袜子，所以利用传送带配货。

（5）轻量、体积大的商品（如卫生纸等），用叉车配货，重量大、体积小的商品用传送带配货。

（6）特殊商品存放区，如少量高价值的药品、滋补品等，为防止丢失，用铁丝网圈起，标明无关人员不得入内。

2．我国物流业发展现状及物流解决方案

我国现有的物流企业大致可以分为以下几类。

（1）中央直属的专业性物流企业，即专营生产资料的物资储运总公司和外运总公司。仓储主要针对系统内部，因此商流与物流分离，受行政控制。

（2）地方专业性物流企业，即地方商业系统的储运公司及粮食仓储系统，完全受当地行政领导。

（3）兼营性物流企业，即集物流与商流为一体的物流企业，比重大，且数量正在不断增多。

长期以来，由于受计划经济的影响，我国物流社会化程度低，物流管理体制混乱，机构多元化，原物资部、原商业部、对外经贸部交通部以及中央各部（煤炭部、林业部等）、城乡建设环境保护部均有各自的物流系统。这种分散的多元化物流格局，导致社会化大生产、专业化

流通的集约化经营优势难以发挥，规模经营、规模效益难以实现，设施利用率低，布局不合理，重复建设，资金浪费严重。由于利益冲突及信息不通畅等原因，造成余缺物资不能及时调配，大量物资滞留在流通领域，造成资金沉淀，发生大量库存费用。另外，我国物流企业与物流组织的总体水平低，设备陈旧，损失率大、效率低，运输能力严重不足，形成了"瓶颈"，制约了物流的发展。

针对我国经济发展及物流业改革现状，借鉴发达国家走过的道路和经验，我国从 1992 年开始了物流配送中心的试点工作，原国内贸易部印发了《关于商品物流（配送）中心发展建设的意见》。该《意见》提出：大中型储运企业要发挥设施和服务优势，改造、完善设施，增加服务项目，完善服务功能，向社会化的现代物流中心转变；小型储运企业和有一定储运设施规模的批发企业向配送中心转变。近些年来，随着连锁商业的发展，配送中心的建设受到重视，特别是连锁企业自建配送中心的积极性很高。据有关资料显示，目前全国有 700 多家连锁公司，较大型的连锁公司已在建设自己的配送中心，一些小型的连锁企业店铺数量少、规模不大，也在筹建配送中心，以期实现 100%的商品由自己配送中心配送。而一个功能完善的社会化的配送中心的投资相当巨大，配送量过小，必然造成负债过多，回收期长，反过来又影响连锁企业的发展；同时，社会上又有相当数量的仓库设施在闲置，形成了投资上的重复、浪费。

为了使物流配送中心的建设不走或少走弯路，引导配送中心发展建设，原国内贸易部于 1996 年发出了《关于加强商业物流配送中心发展建设工作的通知》，指出了发展建设物流配送中心的重要意义，提出发展建设的指导思想和原则等。同时，原国内贸易部还印发了《商业储运企业进一步深化改革与发展的意见》，提出了"转换机制，集约经营，完善功能，发展物流，增强实力"的改革与发展方针，确定以向现代化物流配送中心转变、建设社会化的物流配送中心、发展现代物流网络为主要发展方向。进入 20 世纪 90 年代以来，随着社会主义市场经济的确立，出现了物流配送。原商业部在 1992 年曾发文部署全国物流配送中心建设试点，标志着中国的物流配送中心建设正式起步。由于种种原因，力度不够，没有深入发展下去。这些固然与当时体制和认识有关，更重要的原因是当时市场经济正处于启动阶段，因而制约了物流配送的发展建设。

近些年来，随着市场经济的快速增长，特别是连锁商业的发展，各种形式的配送中心如雨后春笋般发展起来。据不完全统计，目前全国共有各种类型的物流配送中心 1 000 多家。其中上海和广东数量最多，发展也最为成熟。此外，日本、美国、英国等国家在我国北京、上海、南京等地建有自己的物流配送中心。国外还有一些企业机构正在研讨中国的物流配送业，把今后几年内打入中国作为发展战略。

根据所掌握的资料，我们对目前国内外的各种物流配送中心的情况进行了分析，结论是：它们大都跨越了简单送货上门的阶段，基本上属于真正意义上的物流配送，但在层次上仍是传统意义上的物流配送，即处于物流配送初级阶段，尚不具备或基本不具备信息化、现代化、社会化的新型物流配送的特征，因此在经营中存在着传统物流配送无法克服的种种弊端和问题。

可喜的是，国家有关部门已认识到这些问题，正从宏观调控上努力引导我国物流配送业朝着信息化、现代化、社会化的新型物流配送方向发展，一些有识的政府官员、企业界、理论界人士也在共同进行着这方面的探讨，并已开始实践。

我们提出的解决方案是：建立集物流、商流、信息流于一体的新型物流配送中心。

1996 年 10 月 11 日，原国内贸易部颁发了《关于进一步深化国有商业改革和发展的意见》，特别特别强调要"发展建设以商品代理和配送为主要特征，物流、商流、信息流要有机结合的社会化物流配送中心"。在我国加速物流配送中心的建设符合世界目前物流信息化、社会化、现代化、国际化的发展方向，它使流通过程里的物流、商流和信息流三者有机地结合起来。原来，物流、商流和信息流是"三流分立"的，而信息化、社会化和现代化的物流配送中心把三者有机地结合在一起。从事配送业务离不开"三流"，其中信息流最为重要。实际上，商流和物流都是在信息流的指令下运作的。畅通、准确、及时的信息从根本上保证了商流和物流的高质量与高效率。

我国目前的商品经济比较发达，但物流配送明显滞后。长期以来，商流与物流分割，严重影响了商品经营和规模效益。实践证明，市场经济需要更高程度的组织化、规模化和系统化，迫切需要尽快加强建设具有信息功能的物流配送中心。发展信息化、现代化、社会化的新型物流配送中心是建立和健全社会主义市场经济条件下新型流通体系的重要内容。我国是发展中国家，要借鉴发达国家的经验和利用现代化的设施，但目前还不可能达到发达国家物流配送中心的现代化程度，只能从国情、地区情况、企业情况出发，发展有中国特色的新型物流配送中心。随着电子商务的日益普及，中国的物流配送业一定会按照新型物流配送中心的方向发展。

7.5　本章小结

物流系统工程属于物流学和系统工程两门学科的交叉性边缘学科。

物流系统是"有效达成物流目的的机制"，其目的在于以 Speed（速度）、Safety（安全）、Surely（可靠）、Low（低费用）的 3S1L 原则提供最好的物流服务。电子商务是通过 Internet 进行商务活动的新模式，它集信息流、资金流、物流于一身，物流包含在电子商务之中，电子商务对物流提出了新要求。电子商务的兴起，从根本上改变了企业与客户的交互方式，企业不仅需要在前端建立漂亮的网站来吸引客户，更需要在后端通过可靠的订单履行能力来留住客户。

电子商务的物流服务内容可以分为以下两个方面：传统物流服务、增值性物流服务。

在物流系统设计方面，每一个厂商都必须同时实现至少 6 个不同的作业目标，其中包括快速响应、最小变异、最低库存、整合运输、质量，以及生命周期支持等。

精益物流的核心是追求消灭包括库存在内的一切浪费，并围绕此目标发展的一系列具体方法。精益物流的目标可概括为：企业在提供满意的顾客服务水平的同时，把浪费降到最低程度。

现代物流是一个系统工程，涉及许多方面的内容，因此，物流评价指标体系必须能够比较全面地衡量物流发展水平。物流系统进行评价时要从经营和战略两个方面着手。

7.6　复习思考题

1. 何为物流系统？何为物流系统工程？电子商务的发展对物流系统有何要求？
2. 物流系统设计有何目标？一般包括哪些内容？
3. 什么是精益物流？精益物流是如何产生的？
4. 如何对物流系统进行评价？

7.7 本章实训

主题： 物流系统管理方案设计及业务操作。

目的： 了解目前国际流行的物流系统设计、预测、订货管理、存货管理等完整的物流运行环境，通过实际调研、资料收集与分析、网上信息查询等手段了解企业的物流管理手段及行业动态。为了完成这项作业，学生需要投入到实际的"物流基地"，了解企业物流操作的各个环节。

背景： 某企业集团是一家跨地区、跨行业，集物流、运输、物流信息、物流培训于一体的企业公司。占地面积 13 万平方米，建筑面积达 7 万平方米。采用先进的仓库管理系统、运输业务系统、GPS 系统，曾为世界五百强企业中的 40 多家企业及国内一批知名企业提供供应链物流一体化服务。根据你的知识，对该集团的物流系统进行总体评估，找出该集团在物流管理中存在的问题，并在该企业现行物流系统的基础上设计出一套具有可行性的物流系统管理方案，并将结果交给总经理。

实训流程：

（1）了解作业的目的。

（2）选择实训行程及场地。

（3）分析该企业的物流系统。

（4）完成报告。

具体任务：

（1）了解本次作业的目的。

（2）分组，全班40人分成4个小组，每组10人，明确各组的工作范围。

（3）起草物流实训方案（包括实训目的、范围、目标、内容和方法）。

（4）起草会谈和实训大纲。

（5）做好实训前的准备工作。

（6）深入实训基地。

（7）准备资料。

（8）设计物流系统管理方案。

（9）完成对实训结果的详细报告（报告不准超过一页，有关资料可放入附件）。

（10）陈述。

PART 8

第8章 电子商务现代物流供应链管理

　　供应链将供应商、制造商、分销商、零售商，直到最终用户连成一个整体的功能网链模式。随着经济全球化，信息技术的高速发展，世界已经步入了信息经济时代。在这种背景下，信息成为企业生存和发展的重要资源。供应链的协调运作建立在各个节点企业快速、高效的信息传递与共享的基础上，因此，有效的供应链管理离不开信息技术系统提供可靠的支持。要想对建立的供应链进行有效管理、发挥供应链的优势，必须建立通畅可靠的信息支撑体系。

案例展示：海尔集团的物流供应链管理

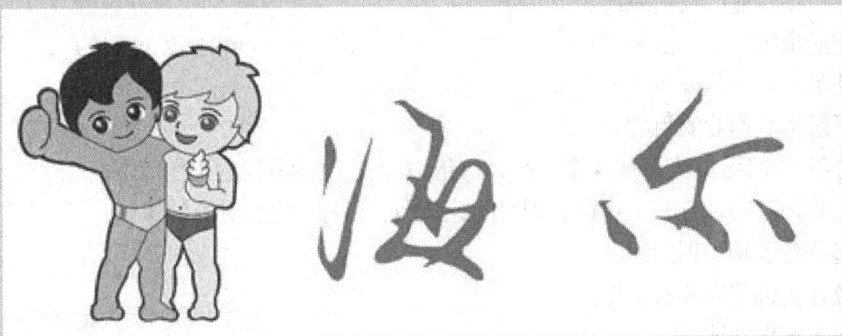

　　海尔集团创立于1984年，28年来持续稳定发展，已成为在海内外享有较高美誉的大型国际化企业集团。产品从1984年的单一冰箱发展到拥有白色家电、黑色家电、米色家电在内的96大门类15 100多个规格的产品群，并出口到世界160多个国家和地区。海尔集团是世界第四大白色家电制造商、中国最具价值品牌。海尔在全球30多个国家建立本土化的设计中心、制造基地和贸易公司，全球员工总数超过5万人，已发展成为大规模的跨国企业集团。

　　为了更好地发展，海尔整合供应链，实现零库存，具体包含了海尔e制造、同步并行工程等改革内容，具体如图8.1所示。

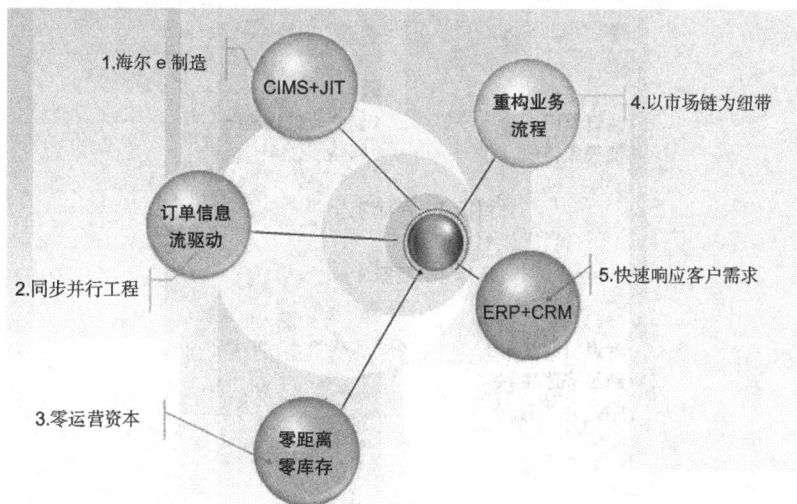

图 8.1 海尔供应链整合图

在此基础上，海尔搭建了其物流供应链管理系统，结构如图 8.2 所示

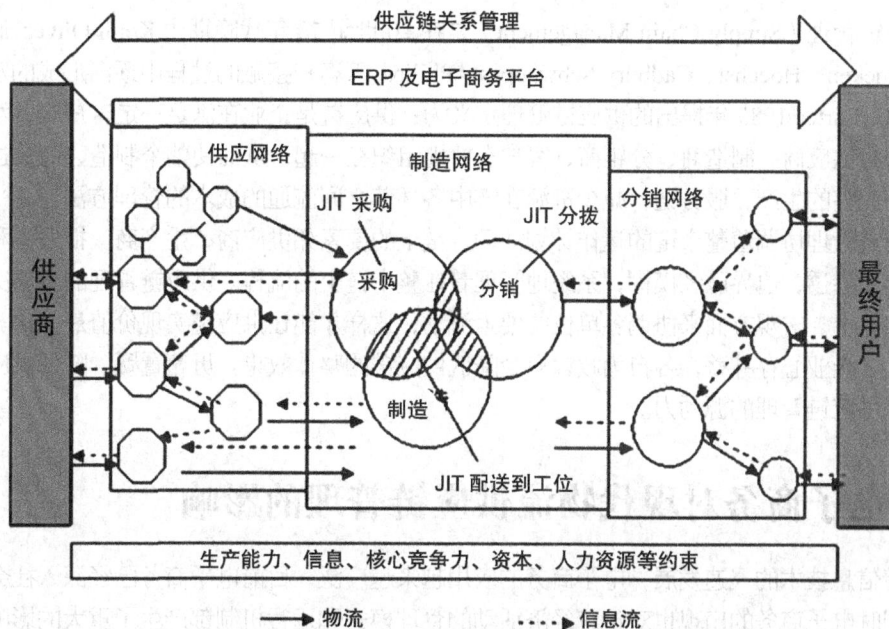

图 8.2 海尔供应链管理系统的结构

基于该供应链物流系统，海尔达到了图 8.3 所示的目标。

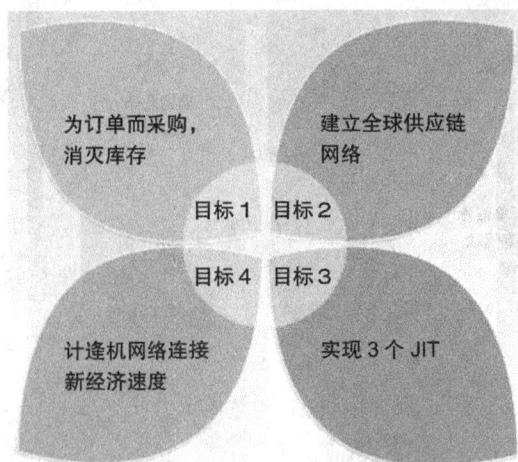

图 8.3　基于海尔供应链的目标

8.1　现代物流供应链管理概述

供应链管理（Supply Chain Management）是在 20 世纪 70 年代晚期由 Keith Oliver 通过和 Skf、Heineken、Hoechst、Cadbury-Schweppes、Philips 等客户接触的过程中逐渐形成的观点。Michael E. Porter 1985 年提出的供应链管理定义为：供应链是企业在满足一定客户服务水平的基础上，将供应商、制造商、分销商、客户有效地组织在一起，从而使整个制造、商业过程构建成一个完整的生产、服务链，减少资源在链中各环节之间流通的成本的管理方法。

供应链管理协调着整个链的运作计划活动，链上的要素如供应商、生产商、批发商和零售商相互交叉渗透，边界已经模糊，系统地管理着在整个链上的流程。供应链管理的本质决定了必须从整体上、宏观方面来协调各单位的要素流动，这样才能让供应链实现价值最大化。因为如果链上各企业心存芥蒂，各自为政，只会降低供应链的整体效果。毋庸置疑，降低供应链的总成本是供应链管理的源动力。

8.2　电子商务对现代物流供应链管理的影响

随着信息技术的飞速发展，电子商务的应用越来越广泛，目前电子商务已经深入社会各个领域。同时电子商务的出现也对传统经济活动的管理模式和运行机制都产生了重大的影响，对供应链模式的变革带来了深远的影响，其主要体现在如下几个方面。

1．协调供应链的发展

在供应链中，需要对供应链的各个环节进行协调，从而不但加强环节之间的信息共享，保证各个环节之间信息传递的一致性和真实性，并且通过信息的流通来降低环节之间资源的流动成本。使用电子商务技术，可以加速和深化企业供应链上各个环节之间的信息共享，避免信息孤岛的出现。同时，电子商务的广泛应用还加大了供应链的影响范围和加强了供应链的稳定性，改变了传统供应链模式上的信息逐级传递的方式，大幅降低了企业的原材料采购成本，从而使得更多的企业能够以非常低的成本加入到供应链中来。

2. 改变供应链的发展模式

推式供应模式是传统供应链模式的一个显著特征。在传统的供应链中，制造商是整个供应链的核心，通过对产品需求的预测来进行产品的生产，即在客户订货之前，制造商就需要开始准备原材料，并且着手生产，然后由分销商逐级将产品推给顾客，处于传统供应链最末端的顾客只能无选择性地被动接受。在电子商务时代，消费者可以通过电子商务向制造商进行订货，而供应链企业也根据消费者的实际需求来组织生产，为消费者提供个性化的服务；制造商和上游原料提供商以及下游分销商可以根据消费者的需求，一起来进行产品的设计，从而最大限度地满足消费者的真实需求；除此之外，制造商还可以通过电子商务发布最新的产品信息，以更加低廉的价格来吸引顾客，刺激消费者的消费欲望。通过电子商务将传统的推动型供应链改变成为拉式供应链，从而将供应链中的商品设计、生产以及销售等活动根据客户的订单进行计划和实施。

3. 减少供应链上的冗余环节

在电子商务环境下，企业可以和客户进行直接交流。企业通过网络进行产品信息的发布，客户也可以通过互联网提交订单。从而消除了传统供应链上的企业和客户之间的分销商、零售商等中间冗余环节。可以让企业有效降低库存，以及降低商品销售过程中的库存以及运输费用。此外，通过电子商务，企业可以更加合理地安排库存，通过不断提高信息的准确性和及时性来降低企业的营业费用和库存管理费用。

8.3 现代物流供应链管理的内容

现代物流供应链管理是以物流为控制对象的供应链管理。致力于企业生产经营的所有物流活动组成的一个完整的供应链，实行一体化管理。完整的供应链管理包括整个供应链的商流、资金流、信息流等管理。从物流系统角度看，物流供应链管理是将供应链中的上下游企业作为一个整体，通过相互合作，信息共享，实行库存的合理配置，提高物流的快速反应能力，降低物流成本的一种物流管理方式。

物流供应链管理主要涉及 4 个主要领域：供应（Supply）、生产计划（Schedule Plan）、物流（Logistics）、需求（Demand），如图 8.4 所示。

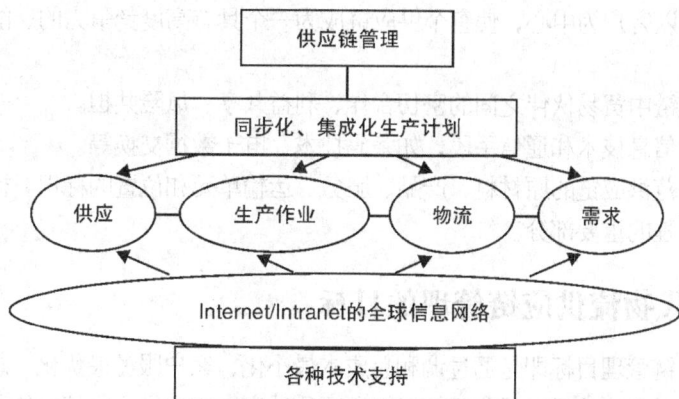

图 8.4 物流供应链管理的内容

供应链管理是以同步化、集成化生产计划为指导，以各种技术为支持，尤其以

Internet/Intranet 为依托，围绕供应、生产作业、物流（主要指制造过程）、满足需求来实施的。供应链管理主要包括计划、合作、控制从供应商到用户的物料（零部件和成品等）和信息。供应链管理的目标在于提高用户服务水平和降低总的交易成本，并且寻求两个目标之间的平衡（这两个目标往往有冲突）。

在以上 4 个领域的基础上，我们可以将供应链管理细分为职能领域和辅助领域。职能领域主要包括产品工程、产品技术保证、采购、生产控制、库存控制、仓储管理、分销管理。而辅助领域主要包括客户服务、制造、设计工程、会计核算、人力资源、市场营销。

由此可见，供应链管理关心的并不仅仅是物料实体在供应链中的流动，除了企业内部与企业之间的运输问题和实物分销以外，供应链管理还包括以下主要内容。

（1）战略性供应商和用户合作伙伴关系管理。

（2）供应链产品需求预测和计划。

（3）供应链的设计（全球节点企业、资源、设备等的评价、选择和定位）。

（4）企业内部与企业之间物料供应与需求管理。

（5）基于供应链管理的产品设计与制造管理、生产集成化计划、跟踪和控制。

（6）基于供应链的用户服务和物流（运输、库存、包装等）管理。

（7）企业间资金流管理（汇率、成本等问题）。

（8）基于 Internet/Intranet 的供应链交互信息管理等。

供应链管理注重总的物流成本（从原材料到最终产成品的费用）与用户服务水平之间的关系，为此要把供应链各个职能部门有机地结合在一起，从而最大限度地发挥出供应链整体的力量，达到供应链企业群体获益的目的。

8.4 现代物流供应链管理的原则和目标

8.4.1 现代物流供应链管理的原则

现代物流供应链管理原则如下。

（1）管理必须站在一个战略高度来对供应链中的核心能力和资源进行集成。

（2）管理必须以客户为中心，使整个供应链成为一个具有高度竞争力的、能为消费者提供最大价值的源泉。

（3）强调供应链中贸易伙伴之间的密切合作、利益共享、风险共担。

（4）应用现代信息技术和通信手段，如条码技术、电子数据交换等。

（5）标准和规范供应链的原材料、产品、服务、运输单元和位置的标识。标识和自动数据采集标准是改进过程的重要部分。

8.4.2 现代物流供应链管理的目标

现代物流供应链管理目标即是通过调和总成本最小化，客户服务最优化，总库存最少化，总周期时间最短化以及物流质量最优化等目标之间的冲突，实现供应链绩效的最大化。总成本最小化，是为了实现有效的物流供应链管理，必须将供应链的各个成员企业作为一个有机整体来考虑，并使实体供应物流，制造装配物流与实体分销物流之间达到高度均衡。总成本的最小化是指种各供应链物流运作管理的所有成本的总和最低化。

1．客户服务最优化

物流的本质是服务。物流供应链的本质也是为了整个供应链有效运作提供高水平的服务。但由于服务水平和成本费用之间的背反关系，要建立一个效率高、效果好的物流供应链网络系统，必须考虑总成本费用与客户服务水平的均衡。物流供应链管理的主要目标就是以最低化的总成本费用实现整个供应链客户服务的最优化。

2．总库存最小

按 JIT 管理思想，库存是不确定性的产物，任何库存都是浪费。因此实现物流供应链管理目标的同时，要使整个供应链的库存控制在最低程度。总库存最小化目标的达成，有赖于实现对整个供应链库存的水平与库存变化的最优控制，而不只是单个成员企业库存水平的最低。

3．总周期时间的最短化

在当今市场竞争中，时间成为竞争成功最重要的要素之一。当今市场竞争不再是单个企业的竞争，而是供应链与供应链之间的竞争。

4．物流质量最优化

在市场经济条件下，企业产品或服务质量的好坏之接关系到企业的成败。同样物流供应链服务质量的好坏直接关系到供应链的存亡。因此企业必须从原材料，零部件供应的零缺陷开始，直至物流供应链管理全过程、全人员、全方位质量的最优化。

8.5 现代物流供应链管理的特征

现代物流供应链管理的特征包含以下几点。

1．管理目标呈现多元化特征和超常的性质

物流供应链管理的目标则较复杂，它不仅追求问题的最终解决，而且关注解决问题的方式，要求以最快的速度、最优的方式、最佳的途径解决问题。这就使得管理的目标既有时间方面的要求，也有成本方面的要求，同时还有效果方面的要求。例如，"要将顾客所需的正确的产品能够在正确的时间、按照正确的数量、正确的质量和正确的状态送到正确的地点"这正说明了物流供应链管理的目标多元化。传统管理目标的定位主要是建立在企业自身可以利用的资源上，即企业在确定管理目标时，是以现有的资源条件作为决策依据，强调目标的现实可行性。但在物流供应链管理中，企业的管理目标却往往较少受到自身资源实力的限制。这是因为通过内外资源的集成使用，企业可以在超越自身实力来进行管理目标定位，从而延伸企业的目标，显示出超常的性质。

2．管理视域极大拓宽

管理视域代表着管理主体行为的活动范围。管理视域越窄，管理行为就越受限制，管理的影响力度也就必然越小。在集成思想的指导下，物流供应链管理的视野得到极大的拓宽，过去那种围绕企业内某具体部门，或某个企业或某个行业的点、线或面式的管理疆域，现在已被一种更加开放的全方位、立体式的管理空间所取代。在这里，管理的触角延伸到与其相关的诸多行业，为管理视野提供了宽阔的运作空间。

3．管理要素更加多样，包容度大大增加

在过去的管理活动中，人、财、物是基本的管理要素。随着社会科技的进步，一方面，上述管理要素的内容不断演化；另一方面，各种新的管理要素也大量涌现，各种管理要素的重要

性也相互发生转换。从人、财、物、到信息、知识、策略等，管理对象无所不包，几乎涵盖了所有的软、硬资源要素，因而使管理者的选择余地大大增加，同时管理难度也进一步加大。尤其应引起管理人员注意的是，由于物流供应链管理中知识、智力的含量大大增加，在许多情况下，信息、策略和科技等软性要素常常成为决定物流供应链管理成败的关键。

4．管理系统的复杂度增加，系统边界日益模糊

物流供应链管理行为所涵盖的不只是企业内部的技术行为，而是涉及一系列广泛而又复杂的社会经济行为。它融合了宏观与微观、纵向与横向、内部环境与外部环境要素的交互作用，并且彼此之间形成一个密切相关的、动态的、开放的有机整体。而且使物流供应链管理行为极为复杂，难以把握。另外，由于物流供应链管理打破了传统管理的边界限制，追求企业内外资源的要素的优化整合，即内部的资源、功能及优势与外界的可以相互转化、相互协调、相互利用，形成一种"内部优势外在化、外部资源内在化"的态势，从而使管理的系统越来越难以确定。因此，在物流供应链管理中，必须运用非常规的分析方法，才能可能较好地把握管理系统的内在本质。

8.6　现代物流供应链管理方法

供应链管理就是指对整个供应链系统进行计划、协调、操作、控制和优化的各种活动和过程，其目标是要将顾客所需的正确的产品（Right Product），能够在正确的时间（Right Time）、按照正确的数量（Right Quantity）、正确的质量（Right Quality）和正确的状态（Right Status）送到正确的地点（Right Place），并使总成本达到最佳化。供应链管理是企业的有效性管理，表现了企业在战略和战术上对企业整个作业流程的优化。整合并优化了供应商、制造商、零售商的业务效率，使商品以正确的数量、正确的品质、在正确的地点、以正确的时间、最佳的成本进行生产和销售。常见的供应链管理方法有以下几种。

1．快速反应

快速反应（Quick Response，QR）是指物流企业面对多品种、小批量的买方市场，不是储备了"产品"，而是准备了各种"要素"，在用户提出要求时，能以最快速度抽取"要素"，及时"组装"，提供所需服务或产品。QR 是美国纺织服装业发展起来的一种供应链管理方法。

2．有效客户反应

有效客户反应（Efficient Consumer Response，ECR）是有效客户反应简称。它是 1992 年从美国的食品杂货业发展起来的一种供应链管理策略。也是一个由生产厂家、批发商和零售商等供应链成员组成的，各方相互协调和合作，更好、更快并以更低的成本满足消费者需要为目的的供应链管理解决方案。有效客户反应是以满足顾客要求和最大限度地降低物流过程费用为原则，能及时做出准确反应，使提供的物品供应或服务流程最佳化的一种供应链管理战略。

3．供应商管理库存

供应商管理库存（Vender Managed Inventory，VMI）是指通过信息共享，由供应链上的上游企业根据下游企业的销售信息和库存量，主动对下游企业库存进行管理和控制的管理模式，如图 8.5 所示。

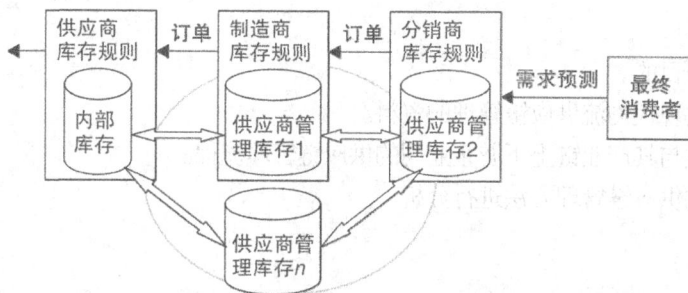

图 8.5　供应商管理库存的方法

4. 联合管理库存

联合管理库存（Joint Managed Inventory，JMI）是一种在 VMI 的基础上发展起来的上游企业和下游企业权利责任平衡和风险共担的库存管理模式，如图 8.6 所示。

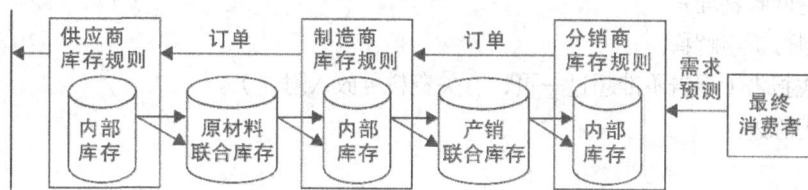

图 8.6　联合管理库存的方法

8.7　本章小结

供应链将供应商、制造商、分销商、零售商，直到最终用户连成一个整体的功能网链模式。本章首先对现代物流供应链管理内涵以及电子商务对其影响进行了介绍，其次对现代物流供应链管理内容进行了分析，在此基础上阐述了现代物流供应链管理的原则、目标以及特征，最后对现代物流供应链管理方法进行了详细阐述，通过本章的学习，可对现代物流供应链管理体系进行深入了解。

8.8　复习思考题

1. 现代物流供应链管理的定义是什么？有哪些特征？
2. 电子商务对现代物流供应链管理有哪些影响？
3. 现代物流供应链管理有哪些方法？

8.9　本章实训

主题： 企业现代物流供应链管理方法。

目的： 为了更好地认识现代物流供应链管理方法，要求学生对当地生产型企业进行调研，了解企业在物流供应链上的具体做法，重点了解企业与其产业链上下游企业间的供应链管理流程。

实训流程:

(1)了解调研目的。

(2)收集有关现代物流供应链管理的资料。

(3)了解企业与其产业链上下游企业间的供应链管理流程。

(4)对企业的供应链管理方法进行分析。

具体任务:

(1)分组。

(2)确定调研目的。

(3)确定企业。

(4)设计调查问卷。

(5)实地访谈。

(6)问卷回收整理。

(7)资料分析与解释。

(8)完成报告（报告不准超过一页，有关资料可放入附件）。

(9)小组陈述。

PART 9

第9章
电子商务物流服务与成本
管理

据专业人士分析，在 21 世纪物流行业是最有潜力的行业，因此众多的企业开始投入到物流行业，使得本来就不平静的市场变得更加激烈。那么物流公司如何规范自己的管理、降低物流的成本、提升物流质量，并且在未来的竞争中争得一席之地，是每家物流公司必须面对的问题。

案例展示：中外运为摩托罗拉提供的物流服务

中外运空运公司是中国外运集团所属的全资子公司，华北空运天津公司是华北地区具有较高声誉的大型国际、国内航空货运代理企业之一，下面是中外空运公司为摩托罗拉公司提供第三方物流服务的案例介绍。

1. 摩托罗拉的物流服务要求和考核标准

（1）摩托罗拉公司的服务要求。

① 要提供 24 小时的全天候准时服务。主要包括：保证摩托罗拉公司与中外运业务人员、天津机场、北京机场办事处 24 小时提货、交货。

② 要求服务速度快。摩托罗拉公司对提货、操作、航班、派送都有明确的规定，时间以小时计算。

③ 要求服务的安全系数高。要求对运输的全过程负全责，要保证航空公司及派送代理处理货物的各个环节都不出问题，一旦某个环节出了问题，将由服务商承担责任，赔偿损失，而且当过失达到一定程度时，将被取消业务资格。

④ 要求信息反馈快。要求公司的计算机与摩托罗拉公司联网，做到对货物的随时跟踪、查询、掌握货物运输的全过程。

⑤ 要求服务项目多。根据摩托罗拉的公司货物流转的需要，通过发挥中外运系统的网络综合服务优势，提供包括出口运输、进口运输、国内空运、国内陆运、国际快递、国际海运和国内提高的派送等全方位的物流服务。

（2）摩托罗拉公司选择中国运输代理企业的基本做法。

首先，通过多种方式对备选的运输代理企业的资信、网络、业务能力等进行周密的调查，并给初选的企业少量业务试运行，以实际考察这些企业服务的能力与质量，对不合格者，取消代理资格。

摩托罗拉公司对获得运输代理资格的企业进行严格的月度作业考评。主要考核内容包括运输周期、信息反馈、单证资料、财务结算、货物安全、客户投诉。

2．中外运空运公司的主要做法

（1）制定科学规范的操作流程，摩托罗拉公司的货物具有科技含量高、货值高、产品更新换代快、运输风险大、货物周转以及仓储要求零库存的特点。为满足摩托罗拉公司的服务要求，中外运空运公司从 1996 年开始设计并不断完善业务操作规范，并纳入了公司的程序化管理。对所有业务操作都按照服务标准设定工作和管理程序进行，先后制定了出口、进口、国内空运、陆运、仓储、运输、信息查询、反馈等工作程序，每位员工、每个工作环节都按照设定的工作程序进行，使整个操作过程井然有序，提高了服务质量，减少了差错。

（2）提供 24 小时的全天候服务，针对客户 24 小时服务的需求，中外运公司实行全年 365 天的全天候工作制度，周六、周日（包括节假日）均视为正常工作日，厂家随时出货，中外运公司随时有专人、专车提货和操作。在通讯方面，相关人员从总经理到业务员实行 24 小时的计算机畅通，保证了对各种突发性情况的迅速处理。

（3）提供门到门的延伸服务，普通货物运输的标准一般是从机场到机场，由货主自己提货，而快件服务的标准是门到门、桌到桌，而且货物运输的全程在严密的监控之中，因此收费也较高，对摩托罗拉公司的普通货物虽然是按普货标准收费的，但提供的却是门到门、库到库的快件的服务，这样既提高摩托罗拉的货物的运输及时，又保证了安全。

（4）提供创新服务，从货主的角度出发，推出新的更周到的服务项目，最大限度地减少货损，维护货主的信誉。为保证摩托罗拉公司的货物在运输中减少被盗，在运输中间增加了打包、加固的环节，为防止货物被雨淋，又增加了一项塑料袋包装，为保证急货按时送到货主手中。中外运公司还增加了手提货的运输方式，解决了客户的急、难问题，让客户感到在最需要的时候，中外运公司都能及时快速得帮助解决。

（5）充分发挥中外运的网络优势，经过 50 年的建设，中外运在全国拥有了比较齐全的海、陆、空运输与仓储、码头设施，形成了遍布国内外的货运营销网络，这是中外运发展物流服务的最大优势。通过中外运网络，在国内为摩托罗拉公司提供服务的网点已达 98 个城市，实现了提货、发运、对方派送全过程的定点、定人，信息跟踪反馈，满足客户的要求。

（6）对客户实行全程负责制，作为摩托罗拉公司的主要货运代理之一，中外运对运输的每一环节负全责，即从货物由工厂提货到海、陆、空运输及国内外的异地配送等各个环节负全责。对于出现的问题，积极主动协助客户解决，并承担责任和赔偿损失，确保了货主的利益。

回顾 6 年来为摩托罗拉公司的服务，从开始的几票货发展到面向全国，双方在共同的合作与发展中，建立了相互的信任和紧密的业务联系。在中国加入 WTO 的新形势下，中外运和摩托罗拉正在探讨更加广泛和紧密的物流合作。

9.1　物流服务与成本管理的关系

高水平的物流服务是由高的物流成本来保证的，企业很难既提高了物流服务水平，同时也降低了物流成本，除非有较大的技术进步。一般来说，提高物流服务，物流成本即上升，它们之间存在着效益背反。并且，物流服务与物流成本之间并非呈现线性的关系。

如图 9.1 所示，在服务水平降低阶段，如果追加 X 单位的服务成本，服务质量将提高 Y；而在服务水平较高阶段，同样追加 X 单位的成本，提高的服务质量为 Y'（$Y' < Y$）。

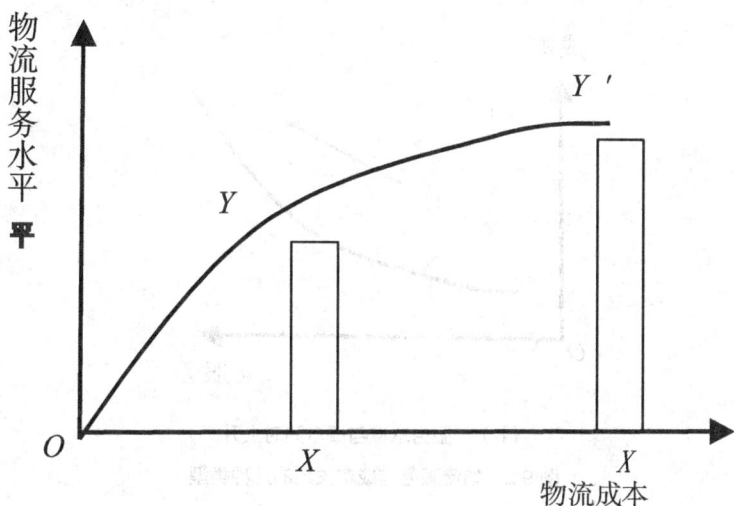

图 9.1　物流服务与成本

图 9.1 给予我们的启示是，投入相同的成本并非可以得到相同的物流服务的增长。与处于竞争状态的其他企业相比，在处于相当的服务水平的情况下，要想超过竞争对手，提出并维持更高的服务标准就需要有更多的投入，因此一个企业在做出这种决定时必须经过仔细研究和对比。

美国市场营销权威科特勒提出："物流目的必须引进投入与产出的系统效率概念，才能得出较好的定义。"即把物流看成由多个效益背反的要素构成的系统，避免为了固执的达到单一的目的，而损害了企业整体的利益。企业决策在提出降低物流成本的要求时，必须认真考虑物流成本下降与物流服务之间的关系。

一般在对物流服务和物流成本做决策时，通常考虑以下 4 种方法。

（1）在物流服务水平不变的前提下考虑降低成本。不改变物流服务水平，通过优化物流系统来降低物流成本，这是一种追求效益的方法［见图 9.2（a）］。

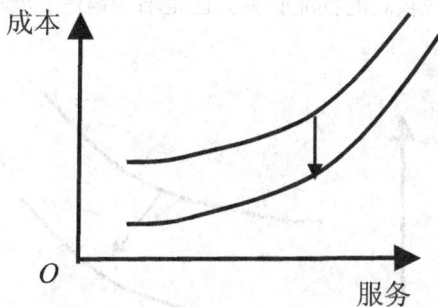

（a）服务水准一定，成本降低

图 9.2　物流服务与成本关系的几种类型

（2）为提高物流服务不惜增加物流成本。这是许多企业在面对特定顾客或其特定商品面临激烈竞争时采取的积极做法［见图 9.2（b）］。

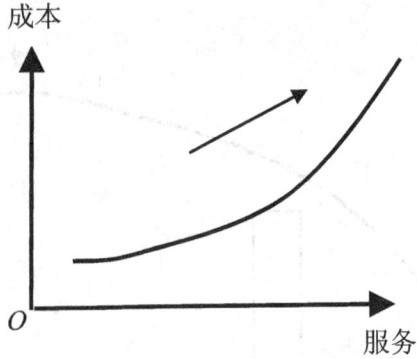

（b） 服务水准与成本同时上升

图 9.2 物流服务与成本关系的几种类型

（3）在成本不变的前提下提高物流服务水平。这是一种追求效益的办法，也是一种有效地利用成本性能的办法［见图 9.2（c）］。

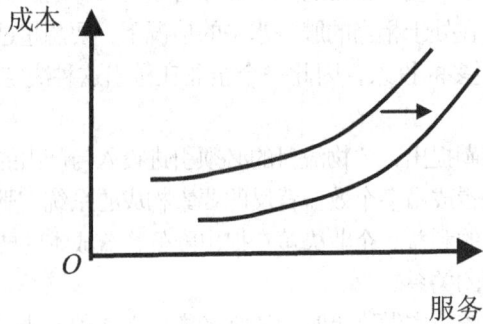

（c） 服务水准上升，成本一定

图 9.2 物流服务与成本关系的几种类型

（4）用较低的成本来实现较高的物流服务。这是增加销售、增加效益，具有战略意义的办法［见图 9.2（d）］。

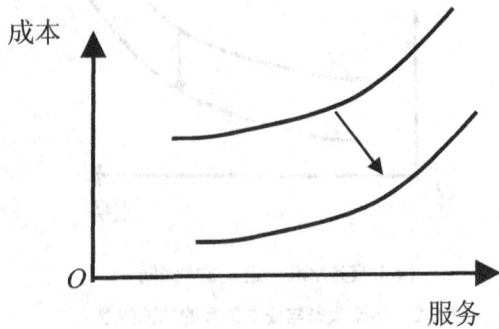

（d） 服务水准与成本同时下降

图 9.2 物流服务与成本关系的几种类型

具体到企业如何定位，还应该通盘考虑各方面的情况。如商品战略和地区销售战略、流通战略和竞争对手、物流成本与物流系统所处的环境等因素。

物流合理化是一种兼顾成本与服务的"有效率的系统"，系统的效率是指"一个系统的产出与投入之比"。物流系统的产出是物流服务，产出的多少可以用服务水平高低来衡量和评价；物流系统的投入是为提高物流服务所消耗的活劳动和物化劳动，体现为物流成本。以最低的物流成本达到可以接受的物流服务水平，或以可以接受的物流成本达到最高的服务水平，这样的系统都是"有效率的系统"。如何达到"有效率的系统"，即如何处理好物流成本和物流服务水平之间的关系就是物流合理化的过程。

例如，1997年6月，佳能、宾德、尼康等6家照相机公司在东京都内建立了共同配送中心。A运输公司每天从各家公司仓库提货，集中到"汇东流通中心"，然后根据东京都17个区把货物分开，配送至300家零售店或二级批发商，回来顺便捎回各店的返修商品。这种共同配送极大地降低了运费，提高了作业效率。虽然不如企业自有配送来得灵活、方便，但是对于相机这种每日各门店销售量不是很大且无生命时限的商品来说，共同配送可以保证供应，对于其销售量的影响不会很大，但运输成本却显著下降。这是一个在保持原服务水平和适当降低服务的前提下，使成本下降的程度远远大于销售额下降的典型例子。

9.2 物流服务管理

现代物流管理的实质就是在客户满意的基础上，向物流需求方迅速、有效地提供产品和服务。也就是说，现代物流管理以客户满意为第一目标，在企业经营战略中首先要确立客户服务目标，然后通过服务实现差别化的战略。

1. 物流服务的内涵

（1）物流服务的概念。物流服务是企业为了满足服务客户（包括内部和外部客户）的物流需求，开展的一系列物流活动的效果。物流服务本身并不创造商品的形质效用，而是产品空间效用和时间效用。

从工商企业营销的角度看，企业物流服务属于客户服务的范畴，是客户服务的主要构成部分，是企业提供给客户的最终服务，或者说是让客户最终感受到的服务。物流服务是企业物流系统的输出，是保证客户对商品可得性的过程。物流服务的质量决定于物流系统的质量，与物流系统的各项工作的质量高低密切相关。

而对于专门提供物流服务的物流企业来说，物流服务本身就是企业的产品，产品内容就是物流服务的内容，因而，物流服务也就等同于物流企业的服务。当然，围绕物流企业的服务产品经营，也有客户服务，如运输能力的保证、货运代理的便利度、服务态度等。

综上所述，我们认为所谓物流服务是对客户及客户商品带有增值效用的一种保证（Availability），它包含了4种要素（见图9.3）。

① 共享客户的经营理念（意识保证）。

② 拥有客户所期望的商品（备货保证）。

③ 在客户所期望的时间内传递商品（输送保证）。

④ 符合客户所期望的质量（品质保证）。

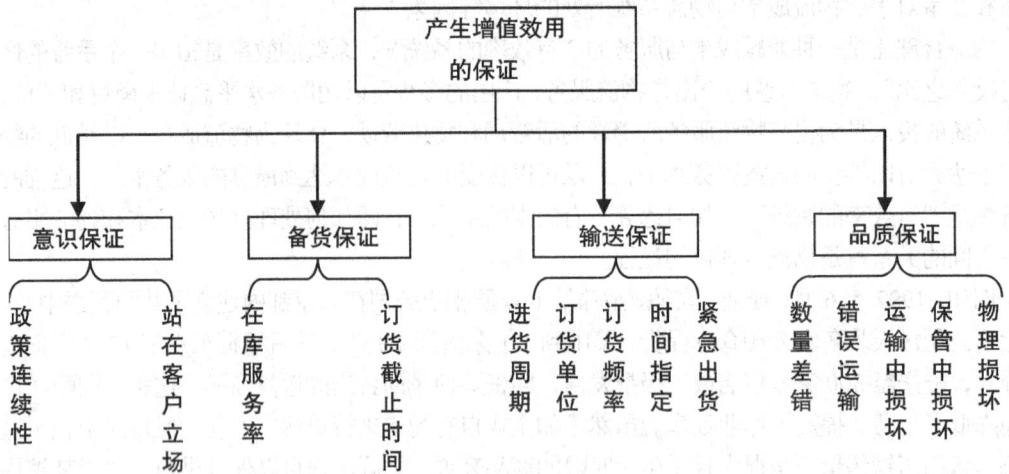

图 9.3　客户服务的保证体系

（2）物流服务源于客户服务。客户服务是一个以成本有效性方式为供应链提供显著的增值利益的过程。日本神奈川大学唐泽丰教授提出了划分客户服务要素的方法，即将其分为营销服务、物流服务和经营技术服务 3 个领域，并对不同领域给出了相应的可度量或不可度量的要素（见图 9.4）。

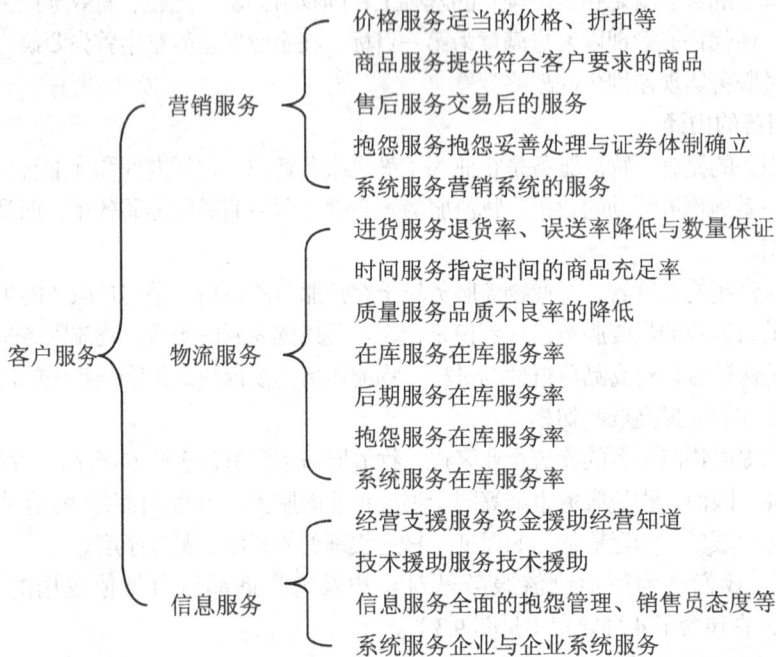

图 9.4　客户服务的构成要素

物流服务就是围绕上述三点展开。从理论上讲，物流服务之所以在企业经营中如此重要，是因为如下因素。

　　① 细分化市场营销时期，物流服务已成为企业销售差别化战略的重要一环。长期以来，物流并没有得到人们的高度重视。在大众营销阶段，由于消费呈现出单一、大众化的特征，经营是建立在规模经济基础上的大量生产、大量销售，因而物流功能只是停留在商品传递和保管等一般性业务活动上，从属于生产和消费，是企业经营活动的附属职能。但是，进入细分化市场营销阶段，市场需求出现多样化和分散化，企业只有不断符合不同类型、不同层次的市场需求，迅速、有效地满足客户欲望，才能在激烈的市场竞争中求得生存和发展。差别化经营战略中的一项主要内容是客户服务的差异，所以作为客户服务重要组成部分的物流服务也相应具有战略上的意义，即物流服务是差别化营销的重要方式和途径。

　　② 物流服务水平的确立对经营绩效具有重大影响。确定物流服务水平是构筑物流系统的前提条件，在物流成为经营战略重要一环的过程中，物流服务越来越具有经济性的特征，即物流服务有随市场机制和价格机制变化而变化的倾向，或者说，市场机制和价格机制的变动通过供求关系既决定了物流服务的价值，又决定了一定服务水平下的成本。因而，制定合理或企业预期的物流服务水平是企业战略活动的重要内容之一，特别是对于一些例外运输、紧急输送等物流服务需要考虑成本的适当化或者各流通主体相互分担的问题。

　　③ 物流服务方式的选择对降低流通成本具有重要意义。低成本的实现往往涉及商品生产、流通的全过程，除了生产原材料、零部件、人力成本等各种有形的影响因素外，物流服务方式等软件要素的选择对成本也具有相当大的影响力。合理的物流服务方式不仅能提高商品流通效率，而且能从利益上推动企业发展，成为企业利润的第三大来源。特别值得注意的是，最近由于消费者低价格志向的发展，一些大型零售业为降低商品采购物流成本，改变原来的物流系统，转而实行由零售商成本，改变原来的物流系统，转而实行由零售商主导的共同配送、直送、JIT配送等新型物流服务，以支持零售经营战略的展开。这从一个侧面显示了物流服务的决策已成为企业经营战略不可分割的重要内容。

　　④ 物流服务是有效连接供应商、制造商、批发商和零售商的重要手段。企业经营网络的构造是当今竞争战略的主要内容，物流服务作为一种特有的服务方式，一方面，以商品为媒介，打破了供应商、制造商、批发商和零售商之间的隔阂，有效地推动商品从生产到消费全过程的顺利流动；另一方面，物流服务通过自身特有的系统设施（POP、EOS、VAN 等）不断将商品销售、库存等重要信息反馈给流通中的所有企业，并通过知识、诀窍等经营资源的蓄积，使整个流通过程能不断协调地对应市场变化，进而创造出一种超越单个企业的供应链价值。

　　（3）客户服务要素。客户服务的内涵和外延十分广泛，有着不同的表述方法。具有代表性的有美国凯斯威斯顿大学巴罗和帕尔教授提出的交易全过程论，即客户服务可以划分为交易前、交易中和交易后 3 个阶段，每个阶段都涵盖了不同的服务要素（见图 9.5）。

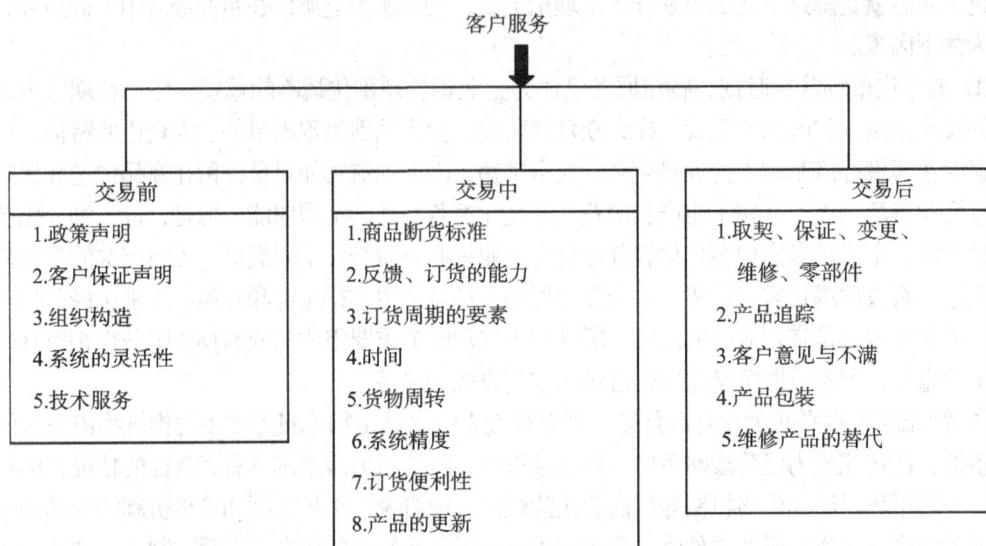

图 9.5　客户服务的分类

客户服务的交易前要素趋向于非常规和与政策相关的活动，他们需要管理部门介入。这些活动虽然没有明确地涉及物流，但对产品销售有重要影响。交易前客户服务的特定要素包括如下。

① 户服务政策的书面说明。客户服务政策说明要反映客户需求、详细说明服务标准、确定由谁、向什么人、多长时间汇报一次绩效评价情况。而且，该政策的说明是可操作的。

② 对客户的服务政策的书面陈述。如果对所提供的服务水平弄不清楚，就难以告诉客户要提供什么服务。一份书面陈述减少了客户抱有不切实际的绩效期望的可能性，也使客户知道假若特定的绩效水平达不到，怎样与企业沟通。

③ 组织结构。虽然没有一个组织结构能与客户服务政策的成功执行最协调，但选择的结构应该能使那些涉及客户服务政策执行的职能部门之间便于交流及合作。

④ 系统灵活性。系统需要有灵活性来对非计划事件，如暴风雨、原材料或能源短缺、罢工等做出有效反应。

⑤ 管理服务。培训手册和研讨会可以帮助客户管理客户提高存货管理、订货或销售的水平，这也是客户服务的要素。

交易中要素通常是那些与客户服务相关联的活动，它们包括如下内容。

① 缺货水平。缺货是对产品可得性的一种衡量。缺货应该按产品和客户来记录，确定问题出在何处。缺货发生时，可以通过为客户安排适当的替代品或在产品补充时的迅速装运来保证信誉。

② 订货信息。订货信息是提供给客户关于存货状况、订货、期望的装运与交货期、延迟供货等方面快速准确信息的能力。延迟供货能力使得需要立即处理的订单被确定与发出。

③ 订货周期要素。订货周期是从客户订货开始知道向客户交货所需要经历的总的时间。由于客户主要考虑总的订货周期时间，所以监测管理订货周期的每一部分以确定变化发生的原因是重要的。

④ 迅速装运。迅速装运是那些受到特别处理降低了正常的订货周期时间的装运。虽然快

运的成本比标准的处理的成本大得多，但是，失去客户的成本甚至会更高。

⑤ 转载。转载是为避免缺货而使产品在储存地点之间的运输。其发生常常取决于对客户需求的预期。

⑥ 系统的准确性。即在订货量、订货的产品和单据的准确性上的差错会给厂商与客户双方带来影响。差错应该被记录，并作为系统处理的订货数量的一个百分比被汇报。

⑦ 订货的便利性。订货便利性是指客户订货时经历的难易程度。一个适当的绩效衡量上差错数量占订货数量的百分比。这方面的问题可以通过对客户现场指导被发现、减少或杜绝。

⑧ 替代品。当订购的产品被不同规格的同一品种或被也能使用甚至效果更好的另一产品代替时，替代品出现。成功的替代品计划需要厂商与客户之间良好的沟通来实现。

客户服务的交易后要素起产品售后支持作用，这些特定的交易后要素如下。

① 安装维护、改造、维修、零件。这些客户服务要素是采购决策中的重要因素，它们应该以交易要素类似的方式评价。

② 产品跟踪。产品跟踪是客户服务的另一必要部分。为避免受到投诉，制造商必须能够从市场上收回潜在的有危险的产品。

③ 客户要求、怨与退货。通常，物流系统的设计使产品往一个方向移动，即朝向客户。然而，几乎每个制造商都有一些货物被退回，这些货物的非常规处理的费用很大。企业的政策应该说明如何对待客户的要求、抱怨和退货。

④ 产品代替。当客户在收到采购品之前，或以前所采购的产品在维修时的等待期间内，有临时代用的产品。

2．物流服务的特性

（1）从属性。由于货主企业的物流需求是以商流为基础，伴随商流而发生，因此物流服务必须从属于货主企业物流系统，表现在流通货物的种类、流通时间、流通方式、提货配送方式都是由货主决定，物流业只是按照货主的需求，提供相应的物流服务。

（2）即时性。物流服务是属于非物质形态的劳动，它生产的不是有形的产品，而是一种伴随销售和消费同时发展的即时性服务。

（3）移动性和分散性。物流服务是以分布广泛、大多数不固定的客户为对象，所以，具有移动性以及面广、分散的特性，它的移动性和分散性会使产业局部的供需不平衡，也会给经营管理带来一定的难度。

（4）需求波动性。由于物流服务是以数量多而又不固定的客户为对象，它们的需求在方式上和数量上是多变的，有较强的波动性，因此容易造成供需失衡，成为在经营上劳动效率低、费用高的重要原因。

（5）可替代性。由于一般企业都可能具有自营运输、保管等自营物流的能力，使得物流服务从供应力方面来看富于代替性，这种自营物流的普遍性，使物流经营者从量和质上调整物流服务的供给力变得相当困难。也正是物流服务特性对物流业经营管理的影响，要求企业经营者的管理思维和决策必须对以服务为导向，把物流服务作为一个产品，关注物流服务质量。

3．物流服务的内容

（1）从工商企业的角度看。工商企业的物流服务是客户服务的一部分。客户服务是指由企业提供的、能够使交易中的商品增值的服务。它可以分为 3 种类型，即作为功能活动的客户服务、作为执行标准的客户服务和作为经营理念的客户服务。由此，物流服务也可以划分为相应的 3 种类型。

① 作为功能活动的物流服务，如接受订单、存储、配送等。

② 作为执行标准的物流服务，如库存保有率、订货周期、商品完好率等。

③ 作为经营理念的物流服务，通过准确设定物流服务与物流成本的最佳结合，找到企业经营与客户之间的结合点，在取得合理利润的前提下，为客户提供满意的产品或服务。

工商企业的物流服务，通常最终表现为以下执行标准。

① 库存持有率。它由库存水平所决定。库存水平是指由企业所决定的仓库中存储商品容量的大小。它决定了客户对于所需商品的可得率。合理的库存水平不仅有利于提高物流整体的效率，而且能够为客户提供高水平的物流服务。

② 订货周期。订货周期囊括了物流管理人员能够控制的客户服务的首要因素。订货周期定义为从客户提出订单、购买或服务要求到受到所订购产品或服务所经过的时间。订货周期包括在客户收到订购货物所经过时间内发生的所有相关活动。一个订货周期所包括的时间因素有订单传输时间、订单处理时间、配货时间、存货可得率、生产时间和送货时间。这些因素直接或间接地受订单传输方式的设计和选择、库存政策、订单处理程序、运输方式和计划方法的影响。

③ 配送率。配送率是指满足客户配送要求的比率。配送率的高低与客户服务有着密切的关系。客户一般期望得到较高的配送率，因为高配送率可提高产品的可得率，减少客户的库存水平与占用的资金成本。但高配送率是以高物流成本为代价的，商品价格的提高会导致企业竞争能力的下降，因此，企业必须在权衡客户服务及其成本的基础上决定配送率。

④ 商品完好率。商品完好率是指当企业产品到达最终客户时，商品的完好程度。

（2）专业物流企业的物流服务内容。物流企业服务的基本内容包括运输、储存、配送、包装、流通加工、物流系统设计、网络化物流服务等以及与其联系的物流信息服务。

① 运输。运输是物流服务的基本服务内容之一。物流的主要目的就是要满足客户在时间和地点两个条件下对一定货物的要求，时间的变化和地点的转移是实现物流价值的基本因素。企业既可以通过拥有自己车辆的方式自己设计运输系统，也可将这项物流业务外包给第三方专业物流公司。专业的物流公司一般自己拥有或掌握有一定规模的运输工具，具有竞争优势的第三方物流经营者的物流设施不仅仅只在一个点上，而是一个覆盖全国或一个大的区域的网络，因此，第三方物流服务公司首先可能要为客户设计最合适的物流系统，选择满足客户需要的运输方式，然后具体组织网络内部的运输作业，在规定的时间内将客户的商品运抵目的地，除了在指定交货点的交货需要客户配合外，整个运输过程，包括最后的市内配送都可由第三方物流经营者完成。

② 储存。对于货主企业来说，储存是商品在生产经营过程中的暂时停滞，是资源的一种浪费。因此，物流服务商应尽可能选择连贯的运输方式，并通过在储存体系中配备高效率的分拣、传送、保管设备，多种物流作业同时交叉进行，以减少货主企业的库存量和库存时间。物流服务商还可以按照 JIT 管理思想，利用电子商务的信息网络，尽可能通过完善的信息网络，用信息（虚拟库存）代替实物库存，实现在不降低物流服务水平的前提下尽可能减少实物库存水平。

③ 配送。物流服务商的配送任务是由其配送部门（或独立的配送中心合作）在为客户制定完善的配送规划的前提下完成的。经过对计划的配送作业进行运行效率的模拟分析，选定最佳的配送方案，并进行合理的车辆调度，在最短的时间内完成货主物品的市内配送。近些来，出现一种准时配送服务方式，客户在订货时就能确定到货的时间，而 JIT 配送体系中，配送中心并不承诺货物可以在最短的时间送达，而是以双方协商明确的客户需要的时间为准时配送时间。

④ 包装。商品包装是为了便于销售和运输管理，并保护商品在流通过程中不受到毁损，保持完好。为便利运输和保管将商品分装为一定的包装单位以及保护商品免受损毁而进行包

装，这些都是物流服务的内容。

⑤ 流通加工。流通加工的主要目的是方便生产或销售，专业化的物流中心常常与固定的制造商或分销商进行长期合作，为制造商或分销商完成一定的加工作业，比如贴标签、制作并粘贴条形码等。

⑥ 物流系统设计及网络化物流服务。在以提高客户满意程度为主要目标的综合物流服务中应把客户的需求作为一个整体，在以各方面综合绩效最优作为目标时，牺牲某部分局部利益是必要的。物流服务商要充当客户的物流专家，因而必须能够为客户设计物流系统，代替它选择和评价运输商、仓储商及其他物流服务提供商，为企业提供多种物流管理和决策服务，创造新的赢利机会。

⑦ 信息咨询。现代物流是物流服务功能的集成，管理和控制这些功能必然反映到对物流各环节的信息整合上来。物流服务商要依靠网络的货主跟踪系统、电子订货系统、运价咨询系统等与物流网络整合，进行信息采集与运输业务管理、客户查询及业务跟踪，有效地减少物流中间环节和费用，大幅度提高客户服务水平。

此外，在整个服务体系中，物流服务商还应能够为货主企业提供其他增值性服务，如一条龙门对门服务、市场调查与预测、库存控制决策建议、订货指导、业务运作过程诊断、各种代办业务和物流全过程追踪等服务。企业物流服务的主要内容如表 9.1 所列。

表 9.1　企业物流服务的主要内容

序　号	项　目	内　容
1	储货库存服务率	全部品种可立即交货 B 级、C 级商品不能立即交货
2	接受订货截止时间	订货截止时间（前一天几点，前两天几点，当天几点） 截止后延长时间
3	交货日期	当天 第二天或第二天下午 第三天或第三天以上
4	订货单位	散货、打、箱、盒、托盘、卡车
5	交货频度	1 日 1 次，1 日 2 次以上 1 周 1 次，1 周 2~3 次 1 周 3 次以上
6	指定时间	指定时间 指定时间带（午前、午后）
7	紧急发货	
8	保持物流质量	保管、运送过程中的品质劣化，物理性质损伤 配送错误、数量错误、品质错误
9	提供信息	交货期的回答 库存及断档信息 重新进货 到货日期、运送过程中商品信息、追踪信息
10	进货条件	车上交货、仓库交货 定价、价格标签、包装 免检查

4．电子商务环境下物流服务的优势

电子商务环境下物流服务的一大优势就是计算机信息网络的广泛应用，为企业降低成本提供了廉价、方便的手段。

（1）信息可以降低原材料采购成本。一个德国的经济学家曾说，在网络经济时代，比任何时候做生意都困难。对于竞争性产品来说，所有企业在网络上所公布的销售价格，都会是最低价格，买方可以非常方便地在网络上寻找价格低、质量好、服务周到的产品，从而可以避免由于信息闭塞导致的花大价钱买材料的情况。

例如，由 38 家内地及外资铁路货运代理组建的中铁联合物流有限公司，计划投入 500 万元人民币建立"首铁在线"网站，为顾客提供在线一站式物流服务。直接在网上签协议成立只有一年的中铁联合物流以信息技术、提升物流档次服务为目标。公司引进全球最先进的网络通信技术，使企业与客户可在中铁联合物流提供的网络直接对话，甚至可以直接在网上签协议。公司利用信息技术对物流要素进行整合，通过互相整合提升资源实力，为顾客提供更高档次的物流服务。

（2）信息可以降低库存成本。网络将整个供应链有机联系起来，可以及时把需求信息传递给供应商，而不必为了适应意外的市场变化而储备很多的存货，从而造成库存资金的积压，以及由于降价处理存货而造成的损失。

著名的计算机直销商 DELL 公司就是凭借着 Internet，实现了"零库存"的生产战略，从而以比竞争对手低许多的价格提供给消费者高质量的产品，从而迅速占领了 PC 市场，在 2000 年，其 PC 机销售额超过老牌的 Compaq，跃居美国市场占有率第一的位置。

（3）信息可以降低营销成本。大家也许还对山东某酒厂在 1999 年中央电视台黄金时间天价的广告费（1 亿元人民币/秒）记忆犹新。据统计，营销和销售成本平均占总成本的 15%~35%。这就意味着，一种产品的定价较少反映原材料和劳动力，而更多反映与营销有关的服务，如选择合适的产品特点，确定产品成分，确保有货可供并及时交货。互联网的全天候、范围广、价格低、用户群巨大等特点，使企业可以以非常低的投入就可以在世界范围内宣传自己的产品，与客户保持密切的联系，及时把握市场需求的动态。据预测，企业只需投入几万元就可以建立自己的 Web 站点，通过 Web 站点，企业不仅可以宣传产品，还可以为顾客提供互动的、个性化的各种服务。这是传统媒体（报纸、广播、电视等）无法做到的。

（4）信息可以简化从生产到消费的流程。信息不仅节省了大量的人力资源，也大大降低了库存资金的占用和场地费用。由于消费者的需求信息可以直接通过网络传递给生产者，使生产者只在顾客需要时生产他们所需要的产品。因此所需大量的库存占用场地和资金。由于没有经销商和相应的库存带来额外成本，所以企业有能力向顾客提供更高价值的产品，而对每一位新顾客来说，企业能收集到更多的关于产品和服务需求的信息，从而可以以比竞争对手快得多的速度推出适合消费者需求的产品，迅速赢得市场。

（5）网络可以降低人力资源成本。企业计算机网络的建立和应用，许多处理工作都可以由计算机系统自动完成，且处理效率和处理质量大大提高，从而节省了大量的人力资源。与此同时，在职员工由于使用先进的技术手段和处理业务数据，提高了数据处理的能力，工作效率大大提高。

计算机网络的互联性、方便性和开放性，为信息的传递提供了便捷的手段，信息技术又为信息的深加工提供了技术保证，使信息的附加值大大增加，为企业带来了机会和利润。

（6）信息节约资本。信息替代资本主要体现在电子转账系统、电子货币的出现和普及上。以信用卡为载体的现代社会经济活动由货币媒介交换方式演变为信息交换方式。这一演变是继物物交换转变为货币媒介之后人类经济活动的又一次重要质变。金融业推广使用电子转账系统后，把货币流和票据流的资金运动变为信息流的运动，就可以减少在途资金、加快资金周转、提高资金利用率，从而为国民经济建设提供更多的资金。

5. 物流增值服务

以上是普通商务活动中典型的物流服务内容，电子商务的物流也应具备这些功能。但除了传统的物流服务外，电子商务还需要增值性的物流服务（Value-Added Logistics Services）。增值服务容易举例说明，但难以实际推广，因为其顾客是特定的。

（1）增值服务观念的含义。基本服务、零缺陷服务和增值服务之间存在明显的区别。基本服务是厂商建立其最基本业务关系的顾客服务关系，所有顾客在特定的层次上予以同等对待，以全面保持其忠诚。而通过完美订货完成的零缺陷则是物流服务可得性、作业绩效和可靠性的最高水准，向关键顾客做出完美订货的承诺是厂商获得并保持其作为首先供应商地位的一种方式；增值服务则表现为零缺陷承诺的各种可选方案，作为厂商与顾客荣辱与共的一种方式。

表 9.2 罗列了在食品服装制造商与零售商或批发商之间可观察到的各种增值服务。在开发利用增值服务的厂商中间有一个共同的特征，这就是它们坚定不移地对完成基本服务所做出的承诺。当一个厂商承诺要为其主要顾客开发独特的增值服务方案时，它便迅速地卷入顾客定制化的或特制的物流服务中去。事实上它所做的事情是要帮助特定的顾客实现他们的期望。例如，摩托罗拉公司能够生产有顾客个性的页面调度程序，或者丰田公司能够按顾客要求的规格制造汽车并在一周内交付等，就是其中的一些主要例子，它们说明了在一些看来是基本的产品上是如何增值的。在增值服务的过程中，厂商可以提供产品包装、建立顾客标志、创造特定的批量封装、提供有助于购买的信息、在产品上标价、建立销售点展示等，以刺激业务量。在一个纯粹的物流服务过程中，增值服务需要从事直接的存货支付或安排在端点间的往返作用，或其他任何能对主要顾客产生持续价值的服务。绝大多数增值服务一般都可以从良好的渠道关系中观察到。

表 9.2 食品服装制造商提供的增值服务

价格标记	往返码头间服务商
	装运前通告
包装	混合的储存备用货盘
特定包装	精确的递送时间
内包装	
特定标记	特别装运
销售品展示	空投装运
	直接储备交付
自动售货机控制的存货	快速而又连续的补给

在日常的物流服务中，有大量的增值服务项目是买卖双方都会同意由服务专业机构来承担的，诸如承运人、仓储以及在这类作业中有专长的公司等。例如，就汽车运输公司而言，它所提供的增值服务也许会超出其基本的运输服务，融进一些附加的服务项目，诸如分类和排序，

以满足特定的顾客独特需求。下面的例子用来说明由仓储专业人员所承担的一种延伸的增值服务。

例如，仓库作业人员同意重新将泡沫树胶和英式足球包装成一种捆绑在一起的促销包装。这个任务表面上看来好像很简单。然而，所要考虑的步骤却涉及以下内容。

① 从一个散装的纸板箱中称出三磅重的泡沫树胶并进行包装。

② 给英式足球冲气。

③ 将泡沫树胶袋放进英式足球盒里。

④ 将英式足球放在盒子的顶部。

⑤ 缩小英式足球的包裹层和盒子的腰箍。

⑥ 将 6 个完成的单元放进一个大箱里，贴标签和封条。

上述例子说明，增值服务的最终结果，独特地创造了顾客定制化的销售点促销包装，以支持客户的产品营销战略，而仓库服务公司则能够低于两家主要配料供应商的成本提供增值活动。用独特的方法提供专门化服务的这种能力，是厂商利用专门化服务提供者来承担增值作业的趋向之所以能够发展的一个主要原因。这类提供者能够实现规模经济，并保持最基本的灵活性，同时使用有关的营销公司可以把精力主要集中在关键的业务需求上。

（2）增值服务的体现。增值服务的范围涉及大量刺激性的业务活动。承担增值服务的专业人员可完成以下 4 个主要服务。

① 以顾客为核心的服务。以顾客为核心的增值服务是指由第三方物流提供的、以满足买卖双方对于配送产品的要求为目的的各种可供选择的方式。例如，美国 UPS 公司开发的独特服务系统，专门为批发商配送纳贝斯克食品公司的 Planters-Lief Savers 快餐食品，这种配送方式不同于传统的糖、烟配送服务。这些增值活动的内容包括：处理顾客向制造商的订货，直接送货到商店或顾客家，以及按照零售商的需要及时地持续补充送货。这类专门化的增值服务可以被有效地用来支持新产品的引入，以及基于当地市场的季节性配送。

② 以促销为核心的服务。以促销为核心的增值服务是指为刺激销售而独特配置的销售点展销台及其他各种服务。销售点展销包含来自不同供应商的多种产品，组合成一个多节点的展销单元，以便于适合特定的零售商品。在许多情况下，以促销为核心的增值服务还包括对储备产品提供特别介绍、直接邮寄促销、销售点广告宣传和促销材料的物流支持等。

③ 以制造为核心的服务。以制造为核心的物流服务是通过独特的产品分类和递送来支持制造活动的物流服务。每一个客户进行生产的实际设施和制造装备都是独特的，在理想状态下，配送和内向物流的材料和部件应进行顾客定制化。例如，有的厂商将外科手术的成套器具按需要进行装配，以满足特定医师的独特要求。此外，有家仓储公司切割和安装各种长度和尺寸的软管以适合个别顾客所使用的不同规格的水泵。这些活动在物流系统中都是由专业人员承担的。这些专业人员能够在客户的订单发生时对产品进行最后定型，利用的是物流的时间延迟。

④ 以时间为核心的服务。以时间为核心的增值服务涉及使用专业人员在传递以前对存货进行分类、组合和排序。以时间为核心的增值服务的一种流行形式就是准时化。在准时化的概念下，供应商先把商品送进工厂附近的仓库，当需求产生时，仓库就会对由多家供应商提供的产品进行重新的分类、排序，然后送到配送线上。以时间为基础的服务，其一个主要的特征就是排除不必要的仓库设施和重复劳动，以便能最大限度地提高服务速度。基于时间的物流战略是竞争优势的一种主要形式。

6．确定物流服务的标准

（1）物流服务水平的衡量。基本的物流服务水平可以从以下 3 个方面来衡量。

① 存货可得性。存货可得性是指当顾客下订单时所拥有的库存能力。目前，存货储备计划通常是建立在需求预测的基础上的，而对特定产品的储备还要考虑其是否畅销、该产品对整个产品线的重要性、收益率以及商品本身的价值因素等。存货可以分为基本库存和安全库存。可得性的一个重要方面就是厂商的安全库存策略，安全库存的存在是为了应付预测误差和需求等各方面的不稳定性。

许多厂商开发了各种物流安排方案，以提高其满足顾客需求的能力。一家厂商可以经营两家仓库，其中一个指定为主要仓库，而另一个作为后备的供给源。主要仓库是厂商用于输出其绝大多数产品的地点，以便利用自动化设施、效率及其所处地点的优势。一旦主要仓库发生缺货时，就可以利用后援仓库来保证一定的服务水平。

高水准的存货可得性需要进行大量的精心策划，而不仅仅是在销售量预测的基础上给各个仓库分配存货。在库存管理中，有 ABC 库存策略，其思想就是根据各种存货的重要性不同而保持不同的库存水平。在满足客户订单、对客户进行管理时，我们也可以引入这种思想，因为不同的客户对于企业的重要性是不同的。其关键是要对首选顾客或核心顾客实现高水准的存货可得性，同时实现库存量和仓库设施的投资的最小化。可得性可以从以下两个指标来衡量。

② 缺货率。缺货率是指缺货发生的概率。当需求超过产品可得性时就会发生缺货。缺货频率就是用于衡量一种特定的产品需求超过其可得性的次数与订货次数的比率。将全部产品所发生的缺货次数汇总起来，就可以反映一个厂商实现其基本服务承诺的状况。

③ 供应比率。供应比率（Fill Rate）用于衡量需求被满足的程度。有时我们不仅要了解需求获得满足的次数，而且要了解有多少需求量得到了满足，而供应比率就是衡量需求量满足的概率。如一个顾客订货 50 单位的货物，而只能得到 47 个单位，那么订货的供应比率为 94%。要有效地衡量供应比率，一般在评估程序中还要包括在一段待定时间内对多个顾客订货的完成情况进行衡量。

（2）物流任务的完成。物流任务的完成可以通过以下几个方面来衡量。

① 速度。完成周期的速度是指从订货起到货物装运再至实际抵达时的这段时间。根据物流系统的设计不同，完成周期所需的时间会有很大的不同，即使在今天高水平的通信和运输技术条件下。订货周期可以短至几个小时，也可以长达几个星期。但总体来说，随着物流效率的提高，完成周期的速度正在不断地加快。

② 一致性。虽然服务速度至关重要，但大多数物流经理更强调一致性。一致性是指厂商面对众多的完成周期而能按时递送的能力，是履行递送承诺的能力。一致性是物流作业最基本的问题。厂商履行订单的速度如果缺乏一致性，并经常发生波动的话，那就会使得客户摸不着头脑，在制定计划时发生困难。

③ 灵活性。作业灵活性是指处理异常顾客服务需求的能力。厂商的物流能力直接关系到处理意外事件的能力。厂商需要灵活作业的典型事件如下。

a.修改基本服务安排计划。

b.支持独特的销售和营销方案。

c.新产品引入。

d.产品衰退。

e.供给中断。

f.产品回收。

g.特殊市场的定制或顾客的服务层次。

h.在物流系统中履行产品的修订或定制，诸如定价、组合或包装等。在许多情况下，物流的优势就存在于灵活性中。

④ 故障与修复。故障与修复能力是指厂商有能力预测服务过程中可能会发生的故障或服务中断，并有适当的应急计划来完成恢复任务。因为在物流作业中发生故障是在所难免的，因此故障的修复也很重要。

（3）服务的可靠性。物流质量与物流服务可靠性密切相关。物流活动中最基本的质量问题就是如何实现已计划的可得性及作业完成能力。实现物流质量的关键是如何对物流活动进行评价。

7．物流服务决策的步骤

物流服务管理能否制定出行之有效的物流服务策略，往往影响具体的物流服务水准和能力。所以，科学、合理地进行物流服务策略的分析和策划是物流服务管理的一项十分重要的职能。具体来说，物流服务的决策主要有以下几个步骤。

（1）物流服务要素的确定。要开展物流服务，首先必须明确物流服务究竟包括哪些要素以及相应的具体指标，即哪些物流活动构成了服务的主要内容。一般来讲，备货、接受订货的截止时间、进货期、订货单位、信息等要素的明确化是物流战略策划的第一步，只有清晰地把握这些要素，才能使以后的决策顺序进行，并加以操作和控制。

（2）向顾客收集有关物流服务的信息。物流服务既是顾客服务的一个重要组成部分，就应当了解顾客对物流活动的要求和认识。这种信息资源的收集可以通过调查问卷、座谈、访问以及委托作为第三方的专业调查公司来进行，调查的信息主要包括物流服务的重要性、满意度，以及与竞争企业的物流服务相比是否具有优势等问题。

物流服务信息收集、分析的具体方法主要有 3 种形式。

① 顾客服务流程分析。这种分析方法的基本思路是，为了正确测定企业与顾客接触时的满意度，就必须明确企业与顾客之间究竟有哪些节点，这些节点以时间序列为基轴加以标示。

② 顾客需求分析。这种方法主要着眼于探明顾客需求与本企业所实施的物流服务水平之间有什么差距。据此，明确本企业需要改善或提高的物流服务。这种方法的关键是所提出的问题要尽可能具体、全面，否则无法真正全面掌握顾客的真实需求和对企业物流服务的愿望。此外，还应当注意的是，顾客需求肯定会有先后顺序，一般位于优先位置的是企业物流服务的核心要素，而是不同细分市场，服务要素的先后顺序也不尽一致。

③ 定点超越分析。物流服务的定点超越也是通过与竞争企业或优良企业的服务水准相比分析，找出本企业物流服务的不足之处，并加以改善。具体方法主要有服务流程的定点超越和顾客满意度的定点超越两种形式。

（3）顾客需求的类型化。由于不同的细分市场顾客服务的要求不一致，所以，物流服务水准的设定必须从市场特性的分析开始入手。此外，顾客思维方式以及行动模式的差异也会显现多样化的顾客需求。在这种状况下，以什么样的特性为基轴来区分顾客群成为制定物流服务战略、影响核心服务要素的重要问题。另外，在进行顾客需求类型化的过程中，应当充分考虑不同顾客群体对本企业的贡献度以及顾客的潜在能力，也就是说，对本企业重要的顾客群体，应在资源配置、服务等方面予以优先考虑。

（4）制定物流服务组合。对顾客需求进行类型化之后，首先需要做的是针对不同的顾客群体制定出相应的物流服务基本方针，从而在政策上明确对重点顾客群体实现经营资源的优先配置。此后，进入物流服务水准设定的预算分析，特别是商品单位、进货时间、在库服务率、特别附加服务等重要服务要素的变更会对成本产生什么样或多大的影响，这样，既能使企业实现最大限度的物流服务，又能将费用成本控制在企业所能承受或确保竞争优势的范围之内，在预算分析的基础上，结合对竞争企业服务水准的分析，根据不同的顾客群体制定相应的物流服务组合，这里应当重视在物流服务水准变更的状况下，企业应事先预测这种变更会对顾客带来什么样的利益，从而确保核心服务要素水准不能下降。

（5）物流服务组合的管理与决策流程。物流服务组合的确定不是一个静态行动，而是一种动态过程，也就是流，最初顾客群体的物流服务组合一经确定，并不是一成不变的，而是要经常定期进行核查、变更，以保证物流服务的效率化。从物流服务管理决策的全过程来看，决策流程可以分为 5 个步骤，即顾客服务现状把握、顾客服务评价、服务组合制定、物流系统再构筑、顾客满意度的定期评价，这几个方面相互之间不断循环往复，从而推动物流服务不断深入发展，提高效率和效果。

8．物流服务存在的问题及对策

目前企业的物流尚存一些问题，这必将影响企业的竞争优势。企业在管理物流时，应该注意以下几个方面。

（1）有些企业对物流不够重视，只是把物流服务水平看成一种销售手段而不做出明确的规定。在很多企业中，并没有专门的物流部门，物流只是在安排生产或销售计划时才会考虑。并且由于各个部门之间存在这样那样的矛盾，使企业无法从一个系统和全局的高度来看待本企业的物流系统。随着批发商和零售商要求的升级，这种对待物流的态度将使企业无法应对他们的要求。目前，许多企业或是由于销售情况不稳定，或由于没有存放货物的地方，或为了避免货物过时，都在努力削减库存。库存削减必然导致多批次、小批量配送，或多批次补充库存，所以说过度削减可能会使物流成本上升而不是下降。因此，企业必须建立新的物流服务机制，提出物流服务决策。

（2）许多企业还在用同一物流服务水平对待所有的顾客或商品。这样对甲乙丙不进行区分的企业将失去很多来自重要客户的机会。正确的做法应该是把物流服务当成有限的经营资源，在决定分配时，要调查顾客的需求，根据顾客对公司销售贡献的大小，将其分成不同层次，按顾客的不同层次，决定不同的服务方式和服务水平。

（3）物流部门应及时对物流服务进行评估。评估应该是贯穿物流活动始终的一项工作；要随时检查销售部门或顾客有没有索赔，有没有误配、晚配，事故或破损等。可以通过征求顾客意见的方法，来检查物流是否达到了既定的标准，成本的合理化程度如何，以及是否有更好的方法。

（4）物流服务水平应该根据市场形式、竞争对手状况、商品季节性等做及时的调整。物流部门应尽量掌握较多的信息，使整个物流系统在与外界的互动中不断获得调整，而非闭门造车。

（5）企业应该从盈亏的角度看待和设计物流系统，而非从单个销售部门的角度来考虑物流系统。因为销售部门容易把物流看成服务于销售而必须满足其需要的部分。

（6）整体的物流服务水平在不断变化，顾客对物流的要求也越来越高。今后，为顾客提供各种物流过程中的信息也是至关重要的。

（7）现在的物流应把企业物流放在社会大物流的环境中去，企业应该认真考虑环保、节能、废物回收等社会问题。

（8）物流服务作为社会系统的重要的一环，越来越受到人们的重视，物流服务是顾客的重要因素，是与顾客进行谈判的条件之一。因此，物流服务水平的确定应作为企业的重要决策。

9. 保证物流服务水平竞争优势的措施

物流服务作为竞争手段，首先必须超出同行业的其他企业。它不应是防御性的物流，即不应该毫无创新性地模仿他人的做法，而应该是进攻性的，积极地改善物流服务，形成自身的个性。

企业要想设计出具有竞争优势的物流服务，应注意以下几点。

（1）首先要弄清楚有哪些项目，分析不同服务项目的顾客满意程度。

（2）通过问卷调查、专访或座谈等形式，收集有关物流服务信息，了解顾客提出的服务要求，他们是否满意。应该将顾客归纳成不同的类型，由于顾客特点不同，需要也不同，进行分类时以什么样的特点为基准十分重要。因此，首先要找出那些影响核心服务的特点，并要考虑是否做得到，而且还必须考虑对本企业效益的贡献程度，以及顾客的潜在能力等企业经济原则。

（3）根据顾客不同的需求，归纳成为不同的类型。由于顾客特点不同，需要不同，进行分类时以什么样的特点作基准，十分重要。因此，首先要找出那些影响核心服务的特点，并要考虑是否做得到，而且还必须考虑对本公司效益的贡献程度，以及顾客的潜在能力等企业经济原则。

（4）分析物流服务的满意程度。分析对各个不同的服务项目是否满意。

（5）分析本企业在激烈市场竞争中相对于其他企业的优势和劣势。了解本企业和竞争对手在物流需要上的满意程度一般称为基准点分析。基准点分析即把本企业产品、服务以及这些产品和服务在市场上的供给活动与最强的竞争对手进行比较评估。

（6）按顾客类型确定物流服务形式，首先应根据顾客的不同类型，制定基本方针。在制定基本方针时要对那些重要的顾客重点地给予照顾，同时做盈亏分析。还不要忘记分析在物流水平变更时成本会发生什么样的变化。

（7）建立物流机制，并对整套物流机制进行追踪调查。

9.3 物流成本管理

9.3.1 电子商务物流成本的含义

长期以来，我国对物流成本的核算与管理重视不够，企业历来不进行物流成本的专门统计与核算，掩盖了物流方面的成本，造成了物流成本的浪费。电子商务的发展把物流提高到了一个非常重要的地位，也使人们充分认识到了降低物流费用的重要性。因此，在电子商务物流过程中，加强电子商务物流成本的管理，建立电子商务物流管理会计制度，降低电子商务物流成本不仅是我国物流经济管理需要解决的重要问题，而且，也是企业进行电子商务活动、开展物流配送所必须解决的一个重要问题。

电子商务物流成本指在进行电子商务物流活动过程中所发生的人、财、物耗费的货币表现。它是衡量电子商务物流经济效益高低的一个重要指标。

9.3.2 电子商务物流成本的种类

物流成本不是面向企业经营结果，而是面向客户服务过程，所以，物流成本的大小就具有了以客户服务需求为基准的相对性特点。这是物流成本与企业其他成本在性质上的最大区别。

1．显性成本

按传统核算方式，物流的成本主要包括运输成本和库存成本。在这里，将运输成本和库存成本作为物流显性成本的主要组成部分。之所以称其为显性，一是因为这两种成本容易为人们熟知并接受；二是因为它们可以用定量的分析方法近似估算。

（1）运输成本。分析美国物流成本资料中可以看出，运输成本在物流总成本中占据相当大的比重，故运输成本在物流成本的分析中的意义重大。

在通常情况下，单位商品的运输成本与运输距离成正比，与运输商品的数量成反比。所以理想的运输服务系统应该是在运输距离固定的情况下，追求运输商品数量的最大化。而在运输商品数量不足的情况下，追求运输距离的最小化。理想的运输服务系统的解决方案是将长距离、小批量、多品种的商品运输整合起来，统一实施调度分配，并按货物的密度分布情况和时间要求在运输过程中的中间环节适当安排一些货物集散地，用以进行货运的集中分拣、组配。实行小批量、近距离运输和大批量、长距离干线运输相结合的联合运输模式。另外，注意线路优化和有效配载可以有效地降低运输成本。

运输路线的选择会直接影响到运输成本的大小。在运输的过程中应尽量避免同一物资在同一路线上的往返即对流现象的发生。同时，要防止运输迂回的出现。

在长距离的运输当中，回程配载可以极大地降低运输成本。如果长途货物运输回程实现有效配载，则单位商品的运输距离由往返减为单程。距离减半，成本降低50%。

（2）库存成本。物流系统中的库存成本是和库存系统的经营有关的成本。一般情况下，库存成本由订货成本、保管成本、缺货损失费用几项构成。对库存成本的分析可通过建立库存控制模型来进行。存储系统作为物流系统的一个子系统，在顾全大局的前提下，合理库存对于降低库存成本是非常必要的。合理库存主要包括以下两个方面。

第一，合理的库存量。它是指在新的商品到来之前，能保证在这个期间商品正常供应的数量。合理的库存必须以保证商品流通正常进行为前提。

第二，合理库存结构。它是指商品的不同品种、规格之间储存量的比例关系。社会对商品的需要既要求供应总量的满足，又要有品种、规格的选择，而且要求的结构也在不断变化，所以，确定合理库存数量的同时，还必须考虑不同商品及其品种、规格在储存中的合理比例关系以及市场变化情况，以便确定正确的储存结构。

第三，配送。配送中心对商品库存成本控制的实现主要靠配送中心对购货商的近距离快速反应能力和对多家购货商的需求的均衡预测实现的。

物流的显性成本除了运输与库存成本外，客户服务成本和存货持有成本等虽所占的比重不大，但也不容忽视。

2．隐性成本

之所以称其为隐性成本，是因为这部分成本很难用定量分析的方法进行估算。这里主要提出物流管理成本和逆向物流成本。

（1）物流管理成本。在物流成本中，管理成本是最难以控制和统计的。在我们国家这种情况尤为突出。主要原因是我国企业物流总成本管理的概念比较淡薄，往往只关心直接的仓储和运输成本，而对物流管理成本则基本不予考虑。

另外受基础数据的限制，特别是由于我国有关物流行业的产出及物流成本的统计数据缺乏，以至于对管理成本只能借鉴一些发达国家的物流管理成本的分析。美国物流成本统计资料表明，管理成本在总成本中所占的比重基本保持在3.8%左右。有关资料显示，我国目前的信息处理水平只相当于世界平均水平的 2.1%。排除物流总成本基数过高的影响，我国的物流管理成本在物流总成本中所占的比重也远远高于美国的 3.8%。因此，降低物流管理成本对企业总成本的降低有着重要的意义。

物流管理成本与企业的信息化程度关系密切，而企业的信息化程度又影响着企业正常生产活动的各个环节。发展信息化系统，可以以相对较少的资金投入，实现物流管理的优化，获得第三利润源泉的回报。而且，物流管理的信息化还会促进运输和仓储系统的发展。当然，由于管理信息系统的建立本身也需要一定的成本，或许直接的降低总成本有一定的难度，但是信息系统的建立无疑会提高物流企业的服务水平和工作效率。在总成本一定的条件下，这应该也是间接地降低了物流成本的表现。

（2）逆向物流成本。产品由市场反向流向企业的现象古已有之，将来也不会消亡。当企业的经济规模不断扩大，很少有企业能意识到，在扩大规模的同时，其资源损失的绝对值也会同步增长。于是，在物流的隐性成本里面，又多了一个逆向物流成本的概念。在买方市场条件下，客户对产品质量及所需服务要求越来越高。在这个过程中，逆向物流的产生不难理解。

逆向物流的产生与物流的管理水平息息相关。提高物流的管理水平，虽不能彻底消除逆向物流，但可以把逆向物流控制在低水平，从而降低企业的逆向物流成本，进而降低企业物流的总成本。

隐性成本作为降低物流成本关键因素，已经有越来越多的人开始关注并对其进行研究。但由于受会计核算及我国的统计体制的影响，很难得出有意义的成果。隐性成本除了上述的管理与逆向成本外，还有许多方面，比如与物流活动相关的各种通信费用及订单成本等，但所占份额较小。

物流成本的高低，直接关系到利润的多少。因此，如何以最少的物流成本"在适当的时间将适当的产品送到适当的地方"是摆在企业面前的一个重要问题。

小资料 9.1   中国物流成本下降有空间

中国物流业与欧美发达国家的发展水平相比，还有相当的差距。1999 年，中国物流总成本约占 GDP 的 18%，而美国才占 8.99%；中国货车空载率高达 37%，每年因包装、运输损坏的商品达人民币 500 亿元。

在"十五"期间，如果中国物流成本占 GDP 的比例降到 15%，每年将为全社会直接节省约 2 400 亿元物流成本，并为企业和社会带来极为可观的经济效益。这说明，中国物流领域的管理水平和效率比较低，但同时也说明物流成本的节约空间非常大。（联邦快递中国及太平洋地区副总裁陈嘉良）

小资料 9.2   美国、加拿大物流成本开支与构成情况

2000 年美国、加拿大普通公司物流成本开支及物流成本构成情况，如表 9.3~表 9.7 所示。

表 9.3 2000 年美国普通公司物流成本开支

项　目	占销售比例（%）	加拿大元/每百磅
运输	3.54	42.91
仓库	2.39	27.8
订单清关/客户服务	0.76	8.44
管理	0.85	4.29
库存搬运	2.03	30.63
物流总成本	9.44	114.07

表 9.4 2000 年加拿大普通公司物流成本开支

项　目	占销售比例（%）	加拿大元/每百磅
运输	3.38	24.17
仓库	2.39	20.03
订单清关/客户服务	0.69	13.94
管理	0.73	7.10
库存搬运	2.09	20.91
物流总成本	9.02	123.1

资料来源：ESTABLISH.INC HERBERT W.DAVIS AND COMPANY。

表 9.5 美国、加拿大公司物流成本构成情况

成本内容	美國公司（%）	加拿大公司（%）
客户服务/订单清关	8	8
仓储	25	25
运输	37	36
管理	9	8
库存搬运	21	23

表 9.6 美国：小公司物流成本

年销售额/百万美元	小于 200	200~500	500~1 250	大于 1 250
物流成本占销售额的比例	10.4%	8.73%	7.36%	3.4%

表 9.7 加拿大：中等公司物流成本

年销售额/百万美元	小于 200	200~500	500~1 250	大于 1 250
物流成本占销售额的比例	10.1%	10.97%	10.42%	3.4%

资料来源：ESTABLISH.INC HERBERT W.DAVIS AND COMPANY。

9.3.3 电子商务物流成本管理

1．电子商务物流成本管理的含义和作用

（1）物流成本管理的含义。物流成本是指产品在空间位移（含静止）过程中所耗费的各种劳动和物化劳动的货币表现。具体地说，它是产品在实物运动过程中，如包装、装卸、运输、储存、流通加工等各个活动中所支出的人力、财力和物力地总和。物流成本管理就是对物流成本所进行的计划、组织、指挥、协调、控制和决策，以降低物流成本，提高物流效率和经济效益。

电子商务物流成本管理就是以现代通信为基础、特别是以 Internet 为基础，应用现代信息技术对物流成本所进行的计划、组织、指挥、协调、控制和决策。

（2）电子商务物流成本管理的作用。Internet 以及现代信息技术的发展为人们进行电子商务物流成本管理创造了一个非常有利的环境和基础，通过电子商务对物流成本的管理，人们不仅可以有效地对物流成本进行实时监控，而且也可以有效地对物流成本进行模拟，从而达到降低物流成本、提高物流效率和经济效益的目的。

电子商务物流成本管理的作用主要表现在以下几个方面。

① 可以有效地对物流成本进行实时监控。在电子商务物流情况下，可以通过电子商务系统、信息技术等对物流成本的实际情况，并根据物流成本的管理目标以及物流的目标，通过管理系统及时地做出科学、合理的决策，降低物流成本，提高物流效率。

② 可以有效地对物流成本进行模拟。在物流的实际运作过程中，物流成本之间存在悖反规律。在物流的运输、仓储保管、装卸搬运、包装、配送、加工、物流信息等基本过程和功能之间，一种功能成本的削减会使另一种功能的成本增多，因为各种成本是互相关联的。在传统的物流运作过程中，一方面，由于物流的功能被分割，分别隶属于不同的管理部门，缺乏统一的管理；另一方面，由于企业物流信息系统的不健全，难以有效地实现物流整体成本的降低。而在电子商务物流的情况下，通过虚拟方式对物流过程的模拟，并依据最合理的方法调整物流作业过程和作业方式，促进物流各作业环节的衔接和协调，就能有效地实现物流的合理化运作，降低物流成本，提高效率。

③ 可以有效地协调各方面物流成本的关系。在电子商务情况下，不管是对于物流企业、商业企业、生产企业以及网站来说，还是对于消费者来说，都可以通过 Internet 这一开放性的网络形式有效地沟通和交流，协调各方面物流成本的关系，共同实现物流（特别是在配送方面）成本的降低，达到多赢的目标。

此外，进行电子商务物流成本的管理，首先，可以掌握和了解电子商务成本的大小以及它的具体分布情况，从而提高企业内部对物流重要性的认识，并且从电子商务流成本的分布发现物流活动中存在的问题。其次，还可以根据电子商务物流成本的计算结果，制定物流计划，调整物流活动并评价物流活动效果；最后，还可以根据物流成本的计算结果，明确责任，加强物流成本的监督和管理，提高物流的管理效率。

2．电子商务物流成本管理的目标和原则

（1）电子商务流通成本管理的目标。电子商务物流成本管理的目标包括基本目标和具体目标。基本目标是企业进行了电子商务物流活动时的整体性的、长期的、导向性的目标；具体目标是企业进行电子商务物流活动时的局部的、短期的和操作性的目标。在此，我们主要探讨电子商务物流成本管理的基本目标，至于电子商务物流成本管理的具体目标，则由企业根据物流成本管理基本目标的要求，按照一定时期企业经营的具体情况和存在的具体问题加以制定和实施的。

企业电子商务物流管理的基本目标主要受企业财务管理目标和物流经营活动目标的制约，一方面，物流成本管理是企业财务管理的一个组成部分；另一方面，物流成本的大小与物流的经营规模密切相关。

一般来说，企业电子商务物流成本管理的基本目标可以概括为：在保证企业经营活动需要的前期下，以最小的物流成本完成物流活动的运作。

（2）电子商务物流成本管理的原则。电子商务物流成本管理的原则是指企业在物流成本管理过程中各环节、各方面所遵循的基本行为准则。从日常表现形式来看，就是处理物流成本关系的基本行为准则。企业物流成本的管理原则以企业生产经营及财务活动的一般原则为基础和前提，同时物流成本管理又具有自身的特点。具体来说，企业物流成本管理的原则主要有费用最小原则、保证需要原则、利益兼顾原则以及责任明确原则等。

① 费用最小原则。是指在物流成本的管理过程中，企业应采取各种对策和措施，积极地降低物流成本，在尽可能的情况下，使成本降到最小。

② 保证需要原则。是指在物流成本的管理过程中，物流成本的控制应在保证需要的前提下来进行，不能为了费用而费用，不能为了实现费用的最小而放弃顾客的需要，降低信誉、丧失市场。

③ 利益兼顾原则。是指在物流成本的管理过程中，企业充分考虑各部门的利益、特别是物流部门之间的利益。在物流成本的具体控制中，应根据各物流环节的重要程度、工作量规模的大小以及市场状况来进行。

④ 责任明确原则。是指在物流成本的管理过程中，企业应明确各方的责任，根据各方的责任来约束其行为。

3．电子商务物流成本的计算

（1）基于物流管理的基本功能活动的测算方法。

学界普遍认同的企业物流成本计算的概念性公式为：

$$企业物流总成本=运输成本+存货持有成本+物流行政管理成本$$

由于物流管理运作具有跨边界（由普遍的协同运作要求所决定）和开放性（由客户服务要求所决定）的特点，使得由一系列相互关联的物流活动产生的物流总成本既分布在企业内部的不同职能部门中，又分布在企业外部的不同合作伙伴那里。从企业产品的价值实现过程来看，物流成本既与企业的生产和营销管理有关——实现产品的场所和时间效用，又与客户的物流服务要求直接相关——作为与客户互动的界面要让客户满意。所以，即使有了这样一个看起来简单明了的概念性公式，但企业对物流总成本的准确把握实际上的难度很大。

（2）基于活动的物流成本测算方法。该方法是为了适应物流服务的过程特点和跨越现行会计制度的缺陷而采用的。但是，这种管理会计方法的有效使用首先必须弄清楚物流成本和物流服务行为的互动关系，其次必须有一套能够控制物流活动过程的预算体系和物流服务绩效管理指标体系相配套。如 Ray Mundy 教授（2002 年）给出的一个基于 ABC 管理原理的物流总成本计算的概念性公式如下。

$$物流总成本=物流费用+所动用的物流服务资产的总价值×资产占用费率$$

虽然这一类方法为我们研究物流总成本提供了新的思路，但它们的实际应用离物流成本管理实践的要求还存在相当大的距离。

（3）以活动为基础的成本分析（ABC）法是被认为确定和控制物流费用最有前途的方法。传统的成本计算法造成了所谓的"物流费用冰山说"。一般情况下，企业会计科目中，只把支付给外部运输、仓库企业的费用列入成本，实际这些费用在整个物流费用中犹如冰山一角。因为企业利用自己的车辆运输、利用自己的库房保管货物和由自己的工人进行包装、装卸等费用都没列入物流费用科目内。传统的会计方法没有显现各项物流费用，在确认、分类、分析和控制物流成本上都存在许多缺陷。

在现代的生产特点下，传统物流成本计算法提供的物流成本往往失真，不利于进行科学的物流控制。现代生产特点是生产经营活动复杂，产品品种结构多样，产品生产工艺多变，经常发生调整准备，使过去费用较少的订货作业、物料搬运、物流信息系统的维护等与产量无关的物流费用大大增加，投入的所有资源也随其成倍增加。基于这种无意识的假定，成本计算中普遍采用与产量关联的分摊基础——直接工时、机器小时、材料耗用额等。这就是所谓的"数量基础成本计算"的由来。这种计算方法使许多物流活动产生的费用处于失控状态，造成了大量的浪费和物流服务水平的下降。这种危机在传统的制造企业表现尚不明显，然而在先进制造企业，在高科技的今天却是致命的。

传统的会计实践通常并不能提供足够的物流量度：传统会计方法不能满足物流一体化的要求。物流活动及其发生的许多费用常常是跨部门发生的，而传统的会计是将各种物流活动费用与其他活动费用混在一起归集为诸如工资、租金、折旧等形态，这种归集方法不能确认运作的责任；传统会计科目的费用分配率存在问题。将传统成本会计的各项费用剥离出物流费用，通常是按物流功能分离的，在分配物流成本中很难为个别活动所细分。比如人工费分配率由于每个人花费在物流活动上的精力很难确定，而难以估计；传统会计方法不能对物流和供应链改造工程活动进行物流成本核算。

ABC 成本法应用于物流成本核算作业成本法的理论基础。

产品消耗作业，作业消耗资源并导致成本的发生。作业成本广告牌突破了产品这个界限，而把成本核算深入到作业层次；它以作业为单位收集成本，并把"作业"或"作业成本池"的成本按作业动因分配到产品。因此，应用作业成本法核算企业物流并进而进行管理可分为如下4 个步骤。

① 界定企业物流系统中涉及的各个作业。作业是工作的各个单位，作业的类型和数量会随着企业的不同而不同。例如，在一个顾客服务部门，作业包括处理顾客订单、解决产品问题以及提供顾客报告 3 项作业。

② 确认企业物流系统中涉及的资源。资源是成本的源泉，一个企业的资源包括有直接人工、直接材料、生产维持成本（如采购人员的工资成本）、间接制造费用以及生产过程以外的成本（如广告费用）。资源的界定是在作业界定的基础上进行的，每项作业必涉及相关的资源，与作业无关的资源应从物流核算中剔除。

③ 确认资源动因，将资源分配到作业。作业决定着资源的耗用量，这种关系称为资源动因。资源动因联系着资源和作业，它把总分类账上的资源成本分配到作业。

④ 确认成本动因，将作业成本分配到产品或服务中。作业动因反映了成本对象对作业消耗的逻辑关系，例如，问题最多的产品会产生最多顾客服务的电话，故按照电话数的多少（此处的作业动因）把解决顾客问题的作业成本分配到相应的产品中去。

物流成本分析的主要目的是在实现既定的顾客服务水平的条件下降低企业的物流成本，提高企业的竞争能力。物流作为一个大的系统，分析其成本和收益应从整体考虑，避免子系统间各自为主。也就是说要站得高一点，看得远一点，为企业的发展壮大提供最强有力的支持。国外对物流成本的分析及核算由来已久，并已相对较为完善，而我国由于物流业起步较晚，相关的政策及法规的制订相对滞后，以至于至今仍未形成一套独立的核算体系，使得对我国的物流成本分析只能停留在雾里看花的阶段。

9.3.4　降低电子商务物流成本的途径

当前，电子商务物流由于多批次、小批量配送和适时配送占有较大的比重，也由于收货单位过多和过高的服务要求使物流服务水平越来越高，加之道路拥挤使运输效率下降，导致运输费用上升；商品品种增多、经济寿命的缩短，出现库存增加，或时多时少，导致库存费用上升；由于劳动力效率的低下，导致了人工费用用的增多；地价的上涨导致了物流中心投资费用增加等，都在影响着物流成本，使物流成本存在着上升趋势。在这种情况下，企业降低物流成本已经成为当务之急，电子商务的发展已为物流成本的降低提供了有利的基础和条件。电子商务降低物流成本的对策和措施主要包括以下几个方面。

1．从物流全过程的视点来降低物流成本

对于一个企业来讲，控制物流成本不单是本企业的事，即追求本企业物流的效率化，而应考虑到从产品制成到最终用户整个供应链过程的物流成本效率化，也即物流设施的投资或扩建与否要视整个物流渠道的发展和要求而定。

例如，原来有些厂商是直接面对批发商经营的，因此，很多物流中心是与批发商物流中心相吻合，从事大批量的商品输送，然而，随着零售业中便民店、折扣店的迅猛发展，客观上要求厂商必须适应这种新型的业态形式展开直接面向零售店铺的物流活动，在这种情况下，原来的投资就有可能沉淀，同时又要求建立新型的符合现代流通发展要求的物流中心或自动化设施，这些投资尽管从本企业来看，增加了物流成本，但从整个流通过程来看，却大大提高了物流绩效。

在控制企业物流成本时，还有一个问题是值得注意的，即针对每个用户成本削减的幅度有多大。特别是当今零售业的价格竞争异常激烈时，零售业纷纷要求发货方降低商品的价格，因此，作为发货方的厂商或批发商都在努力提高针对不同用户的物流活动绩效，例如，将原来 1 日 1 次的商品配送，集约成 1 周 2 次的配送等。

2．通过实现供应链管理提高对顾客的物流服务来削减成本

在供应链管理体制下，仅仅本企业的物流具有效率化上是不够的，它需要企业协调与其他企业（如部件供应商等）以及顾客、运输业者之间的关系，实现整个供应链活动的效率化。也正因为如此，追求成本的效率化不仅仅是企业中物流部门或生产部门的事，同时也是经营部门以及采购部门的事，即将降低物流成本的目标贯彻到企业所有职能部门之中。

提高对顾客的物流服务是企业确保利益的最重要手段，从某种意义上来讲，提高顾客服务是降低物流成本的有效方法之一，但是，超过必要量的物流服务不仅不能带来物流成本的下降，反而有碍于物流效益的实现。例如，随着多频度、少量化经营的扩大，对配送的要求也越来越高，而在这种情况下，如果企业不充分考虑用户的产业特性和运送商品的特性，一味地开展商品的翌日配送或发货的小单位化，无疑将大大增加发货方的物流成本。所以，在正常情况下，为了既保证提高对顾客的物流服务，又防止出现过剩的物流服务，企业应当在考虑用户产业特性和商品特性的基础上，与顾客方充分协调、探讨有关配送、降低成本等问题，如果能够实现 1 周 2~3 次的配送，可以商讨将由此产生的利益与顾客方分享，从而相互促进在提高物流服务的前提下，寻求降低物流成本的途径。

比如戴尔计算机的成功在很大程度上就归功于优化供应链管理。据介绍，戴尔计算机把订单处理、采购、生产、物流紧密结合在一起，充分利用第三方物流把供应物流、生产物流与销售物流融为一体。因此，在戴尔公司的生产厂，总库存只相当于 11 天的销售量。1999 年，戴尔计算机销售额达到 252 亿美元，存货在销售额中只占 1.55％，大幅度降低成本，获取竞争优势。

3．借助于现代信息系统的构筑降低物流成本

上面已经论述过，各企业内部的物流效率化仍然难以使企业在不断激化的竞争中取得成本上竞争优势，为此，企业必须与其他交易企业之间形成一种效率化的交易关系。即借助于现代信息系统的构筑，一方面使各种物流作业或业务处理能准确、迅速地进行；另一方面，能由此建立起物流经营战略系统。具体来说，通过将企业定购的意向、数量、价格等信息在网络上进

行传输，从而使生产、流通全过程的企业或部门分享由此带来的利益，充分对应可能发生的各种需求，进而调整不同企业间的经营行为和计划，这无疑从整体上控制了物流成本发生的可能性。也就是说，现代信息系统的构筑为彻底实现物流成本的降低，而不是向其他企业或部门转嫁成本奠定了基础。

4．通过效率化的配送降低物流成本

对应于用户的订货要求建立短时期、正确的进货体制是企业物流发展的客观要求，但是，伴随配送产生的成本费用要尽量可能降低，特别是最近多频度、小单位配送的发展，更要求企业采用效率化的配送方法。一般来讲，企业要实现效率化的配送，就必须重视配车计划管理、提高装载以及车辆运行管理。

所谓配车计划是指与用户的订货相吻合，将生产或购入的商品按客户指定的时间进行配送的计划。对于生产商而言，如果不能按客户指定的时间进行生产，也就不可能在用户规定的时间配送商品，所以，生产商配车计划的指定必须与生产计划相联系来进行。同样，批发商也必须将配车计划与商品进货计划相联系开展。当然，要做到配车计划与生产计划或进货计划相匹配，就必须构筑最为有效的配送计划信息系统。这种系统不仅仅是处理配送业务，而是在订货信息的基础上，管理从生产到发货全过程的业务系统，特别是制造商为缩短对用户的商品配送，同时降低成本，必须通过这种信息系统制作配送计划，商品生产出来后，装载在车辆中进行配送。对于发货量较多的企业，需要综合考虑并组合车辆的装载量和运行路线。也就是说，当车辆有限时，在提高单车装载量的同时，事先设计好行车路线以及不同路线的行车数量等，以求在配送活动有序开展的同时，追求综合成本的最小化。

另外，在指定配车计划的过程中，还需要将用户的进货条件考虑在内，例如，进货时间、司机在客户作业现场搬运的必要性、用户附近道路的情况等需要关注和综合分析，还有用户的货物配送也对配车计划具有影响，货物输送量少，相应的成本就高，配车应当优先倾向于输送量较多的地域。在提高装载率方面，先进企业的做法是，将本企业的商品名称、容积、重量等数据输入信息系统，再根据用户的订货要求计算出最佳装载率。从总体上看，对于需求比较集中的地区，可以较容易地实现高装载率运输，而对于需求相对较小的地区，可以通过共同配送来提高装载率。

削减配送成本的另一方面是追求车辆运行的效率化，提高车辆运行的一个有效方法是建立有效的货车追踪系统，即在车辆上搭载一个全球定位系统（GPS），通过这种终端与物流中心进行通信，一方面，对货物在途中情况进行控制，另一方面，有效地利用空车信息，合理配车。

5．削减退货成本

退货成本也是企业物流成本中一个重要的组成部分，它往往占有相当大的比例。退货成本之所以成为某些企业主要的物流成本，是因为随着退货会产生一系列的物流费、退货商品损伤或滞销而产生的费用以及处理退货商品所需的人员费等各种事物性费用。

特别是出现退货的情况，一般是由商品提供者承担退货所发生的各种费用，而退货方因为不承担商品退货而产生的损失，容易很随意的退回商品，并且由于这类商品大多数量较少，配送费用有增高的趋向。不仅如此，由于这类商品规模较小，也很分散，商品入库、账单处理等业务也都非常复杂。例如，销售额 100 万元的企业，退货比率为 3%，即 3 万元的退货，由此产生的物流费用和企业内处理费用一般占到销售物流的 9%~10%，因此，伴随着退货将会产生3 000 元的物流费。进一步由于退货商品物理性、经济性的损伤，可能的销售价格只为原来的50%，因此，由于退货而产生的机会成本为 15 000 元。综上所述，退货所引起的物流成本为

18 000 元，占销售额的 1.8%。以上仅假定退货率为 3%，如果为 5%时，物流费用将达到 30 000 元，占销售额的 3%。由此可以看出，削减退货成本十分重要，它是物流成本控制活动中需要特别关注的问题。

控制退货成本首先要分析退货产生的原因，一般来讲退货可以分为由于用户的原因产生的退货和本企业的原因产生的退货两种情况。通常认为用户的原因所产生的退货是不可控的，但事实并非如此。具体对于零售商或批发商而言，为了防止由于商品断货而产生机会成本是它们过量进货的主要原因，最近虽然利用 POS 系统可以根据不同商品过去的经营绩效来加以调整，但是，对于季节性或流行性商品，却无法合理地进行控制，在这种状况下，一旦出现商品滞销，必然会存在退货问题。要杜绝此类情况发生，就必须不断掌握本企业产品在商店的销售状况，对于销售不振的商品应及时制定促销策略，而季节性产品或新产品，应在销售预测的基础上，根据掌握的当天销售额来确定以后的生产量，也就是说利用单品管理建立起实需型销售体制。从方法上来讲，建立起实需型销售体制，需要在用户店铺设置本企业的 EOS 系统，这样企业就能及时掌握客户的经营情况，进而不断调整企业的产品生产量和产品种类，真正从根本上遏制退货现象的出现。

造成退货现象的一个根本原因是生产方为了片面追求自身的经济利益，采取推进式销售方式而引起的负效应，亦即很多企业为了追求最大销售目标，一味地将商品推销给最终用户，而不管商品实际销售的状况和销售中可能出现的问题，结果造成流通在库增加、销售不振、退货成本高昂。要有效降低退货成本，重要的是改变企业片面追求销售额的目标战略，在追踪最终需求动向和流通在库的同时，为实现最终需求增加而实施销售促进策略。

与上述问题相关联，要根本防止退货成本，作为企业还必须改变营业员绩效评价制度。即不是以营业员每月的销售额作为奖惩的依据，而是在考察用户在库状况的同时，以营业员年度月平均销售额作为激励的标准，这样才能在防止退货出现的情况下，提高经营效率，当然，在制度上还必须明确划分产生退货的责任，诸如，是发货业务人员因为商品数量、品种与顾客要求不一致而造成的退货就应该由发货业务人员承担相应的损失；由于错误配送而造成的退货就应当由运输业者承担。

6．利用一贯制运输和物流外委降低成本

降低物流成本从运输手段上讲，可以通过一贯制运输来实现，亦即将从制造商到最终消费者之间的商品搬运，利用各种运输工具的有机衔接来实现，运用运输工具的标准化以及运输管理的统一化，来减少商品周转、转载过程中的费用和损失，并大大缩短商品的在途时间。

在控制物流成本方面，还有一种行为是值得我们注意的，那就是物流的外委，或称第三方物流或合同制物流。它是利用企业外部的分销公司、运输公司、仓库或第三方物流公司执行本企业的物流管理或产品分销职能的全部或部分。其范围可以是对传统运输或仓储服务的有限的简单购买，或者是广泛的，包括对整个供应链管理的复杂的合同。它可以是常规的，即将先前内部开展的工作外委；或者是创新的，有选择地补充物流管理手段，以提高物流效益。一个物流外委服务提供者可以使一个公司从规模经济、更多的"门到门"运输等方面实现运输费用的节约，并体现出利用这些专业人员与技术的优势，另外，一些突发事件、额外费用如空运和租车等问题的减少增加了工作的有序性和供应链的可预测性。实际上，外委的利益不仅局限于降低物流成本上，企业也能在服务和效率上得到许多其他改进，如增强战略行动的一致性、提高顾客反应能力、降低投资需求，带来创新的物流管理技术和有效的采通管理信息系统等。

案例展示：安利降低物流成本的秘诀

同样面临物流资讯奇缺、物流基建落后、第三方物流公司资质参差不齐的实际情况，国内同行物流成本高居高不下，而安利的储运成本仅占全部经营成本的4.6%。2003年1月21日，在安利的新物流中心正式启用之日，安利（中国）大中华区储运店营运总监许绍明透露了安利降低物流成本的秘诀：全方位物流战略的成功运用。

据许绍明介绍，安利的"店铺+推销员"的销售方式，对物流储运有非常高的要求。安利的物流储运系统，其主要功能是将安利工厂生产的产品及向其他供应商采购的印刷品、辅销产品等先转运到位于广州的储运中心，然后通过不同的运输方式运抵各地的区域仓库（主要包括沈阳、北京及上海外仓）暂时储存，再根据需求转运至设在各省市的店铺，并通过家居送货或店铺等销售渠道推向市场。与其他公司所不同的是，安利储运部同时还兼管着全国近百家店铺的营运、家居送货及电话订货等服务。所以，物流系统的完善与效率，在很大程度上影响着整个市场的有效运作。

但是，由于目前国内的物流资讯极为短缺，他们很难获得物流企业的详细信息，如从业公司的数量、资质和信用等，而国内的第三方物流供应商在专业化方面也有所欠缺，很难达到企业的要求。在这样的状况下，安利采用了适应中国国情的"安利团队+第三方物流供应商"的全方位运作模式。核心业务如库存控制等由安利统筹管理，实施信息资源最大范围的共享，使企业价值链发挥最大的效益。而非核心环节，则通过外包形式完成。如以广州为中心的珠三角地区主要由安利的车队运输，其他绝大部分货物运输都是由第三方物流公司来承担的。另外，全国几乎所有的仓库均为外租第三方物流公司的仓库，而核心业务，如库存设计、调配指令及储运中心的主体设施与运作则主要由安利本身的团队统筹管理。目前已有多家大型第三方物流公司承担安利公司大部分的配送业务。公司会派员定期监督和进行市场调查，以评估服务供货商是否提供具竞争力的价格，并符合公司要求的服务标准。这样，既能整合第三方物流的资源优势，与其建立坚固的合作伙伴关系，同时又通过对企业供应链的核心环节——管理系统、设施和团队的掌控，保持安利的自身优势。

从安利的物流运作模式来看，至少有两个方面是值得国内企业借鉴的。

首先，是投资决策的实用主义。在美国，安利仓库的自动化程度相当高，而在中国，很多现代化的物流设备并没有被采用，因为美国土地和人工成本非常高，而中国这方面的成本比较低。两相权衡，安利弃高就低。"如果安利中国的销售上去了，有了需要，我们才考虑引进自动化仓库。"许绍明说。刚刚启用的安利新的物流中心也很好地反映出安利的"实用"哲学。新物流中心占地面积达40 000平方米，是原来仓库的4倍，而建筑面积达16 000平方米。这样大的物流中心如果全部自建的话，仅土地和库房等基础设施方面的投资就需要数千万元。安利采取和另一物业发展商合作的模式，合作方提供土地和库房，安利租用仓库并负责内部的设施投入。只用了1年时间，投入1 500万元，安利就拥有了一个面积充足、设备先进的新物流中心。而国内不少企业，在建自己的物流中心时将主要精力都放在了基建上，不仅占用了企业大量的周转资金，而且费时费力，效果并不见得很好。

其次，是在核心环节的大手笔投入。安利单在信息管理系统上就投资了9 000多万元，其中主要的部分之一，就是用于物流、库存管理的AS400系统，它使公司的物流配送运作效率得到了很大的提升，同时大大地降低了各种成本。安利先进的计算机系统将全球各个分公司的存货数据联系在一起，各分公司与美国总部直接联机，详细储存每项产品的生产日期、销售数量、库存状态、有效日期、存放位置、销售价值、成本等数据。有关数据通过数据专线与各批发中心直接联机，使总部及仓库能及时了解各地区、各地店铺的销售和存货状况，并按各店铺的实际情况及时安排补货。在仓库库存不足时，公司的库存及生产系统亦会实时安排生产，并预定补给计划，以避免个别产品出现断货情况。

案例展示：美国的物流成本

1．美国物流成本占 GDP 比例

美国物流成本占国内生产总值（GDP）的比重 20 世纪 90 年代大体保持在 11.4%~11.7%范围内，而进入 20 世纪最后 10 年，这一比重有了显著下降，由 11%以上下降到 10%左右，甚至达到 9.9%。必须指出的是，物流成本的绝对数量还是一直在上升的，但是由于上升的幅度低于国民经济的增长幅度，所以占 GDP 的比例在缩小，从而成为经济效益提高的源泉。

我们再进一步从物流成本构成进行分析。美国的物流成本主要由三部分组成：一是库存费用；二是运输费用；三是管理费用。比较近 20 多年的变化可以看出，运输成本在 GDP 中比例大体保持不变，而库存费用比重降低是导致美国物流总成本比例下降的最主要的原因。这一比例由过去接近的 5%下降到不足 4%。可见，降低库存成本、加快周转速度是美国现代物流发展的突出成绩。也就是说利润的源泉更集中在降低库存、加速资金周转方面。

2．物流成本的计算方法

宏观上，美国物流成本包括的三个部分各自有其测算的方法。第一部分库存费用是指花费在保存货物的费用，除了包括仓储、残损、人力费用及保险和税收费用外，还包括库存占压资金的利息。其中利息是当年美国商业利率乘以全国商业库存总金额得到的。把库存占压资金的利息加入物流成本，这是现代物流与传统物流费用计算的最大区别，只有这样，降低物流成本和加速资金周转速度才从根本利益上统一起来。美国库存占压紫金牛的利息在美国企业平均流动资金周转次数到达 10 次的条件下，约为库存成本的 1/4，为总物流成本的 1/10，数额之大，不可小视。仓储成本数字既包括公用仓库，也包括私人仓库。

第二部分运输成本是基于伊诺运输基金会出版的年度运输丛书得到的货运数据。运输成本包括公路运输、其他运输方式与货主费用。公路运输包括城市内运送费用与区域间卡车运输费用。其他运输费用方式包括铁路运输费用、国际国内空运费用、货代费用、油气管道运输费用。货主方面的费用包括运输部门运作及装卸费用。近十年来，美国的运输费用占国民生产总值的比重大体为 6%，一直保持着这一比例，说明运输费用与经济的增长是同步的。

第三个部分物流管理费用，是按照美国的历史情况由专家确定一个固定比例，乘以库存费用和运输费用的总和得出的。美国的物流管理费用在物流总成本中比例在 4%左右。另一个反映美国物流效率的指标是库存周期。美国平均库存的周期在 1996 年到 1998 年间保持在 1.38 个月，1999 年年底降到 1.32 个月，这是有史以来的最低周期。库存周期减少的原因是由于销售额的增长超过了库存良增长，1999 年库存增长了 4.6%，而同时，产品销售额增长了 9.2%，是库存量增长的 2 倍。

3．几点启示

从上面的分析可以得出几个清晰而重要的启示：第一，降低物流成本是提高效益的重要战略措施。美国每年 10 万亿美元的经济规模，降低 1 的成本，就相当多出 10 000 亿美元的效益。我国现在是 1 万亿美元的经济规模，降低 1%的物流成本就等于增加了 100 亿美元的效益。业

界普遍认为我国物流成本下降的空间应该在 10 个百分比或更多，这是一笔巨大的利润源泉。

第二，美国的实践证明，物流成本中运输部分的比例大体不变，减少库存支出就成为降低物流费用的主要来源。减少库存支出就是要加快资金周转、压缩库存，这与同期美国库存平均周期降低的现象是吻合的。因此，发展现代物流就是要把目标锁定在加速资金周期、降低库存水平上面。这是核心的考核指标。

第三，物流成本的概念必须拓展。库存支出不仅仅是仓储的保管费用，更重要的是要考虑它所占有的库存资金成本，即库存占资金的利息。理论上还应该考虑因库存期过长造成的商品贬值、报废等代价，尤其是产品周期短、竞争激烈的行业，如 PC 机、电子产品、家电等。总之，只有在物流成本中包含资金周转速度的内涵，才能真正反映出物流的作用，做出准确的评价。目前，我国现行的财务制度还很不适应这样的要求，应该逐步向国际接轨。

9.4　本章小结

本章首先讲述了物流服务与物流成本的关系，两者之间存在"效益悖反"现象。因此，提高物流服务的同时，我们还要降低物流成本。

其次，讲述了物流服务管理。从物流服务的内涵，提出了包含 4 个要素的物流服务定义；这些物流基本内容到电子商务环境下物流服务所具有的一些特点、优势；并结合案例详细论述了物流增值服务和物流管理解决方案，同时提出了确定物流服务的标准。

最后，讲述了物流成本管理。物流成本被称为是企业的"第三源泉"，并且详细介绍了电子商务物流成本的计算方法，以及目前我国物流成本管理中存在的问题和降低成本的途径。

9.5　复习思考题

1. 解释物流成本与物流服务之间的关系。
2. 物流服务的基本服务和增值服务分别有哪些？
3. 电子商务环境下的物流服务优势体现在哪些地方？
4. 为什么物流成本管理并不是指管理物流成本，而是通过成本去管理成本？
5. 你认为当前我国的物流成本管理方面存在哪些问题？
6. 可通过哪些途径来降低物流成本？

9.6　本章实训

主题： 物流服务方案设计。

目的： 通过实际调研、资料收集与分析、网上信息查询等手段了解企业的物流服务现状，要求学生掌握如何在客户满意的基础上，向物流需求方迅速、有效地提供产品和服务，以及提供其他的增值性服务，并提出可行性物流服务方案。

背景： 某物流公司是一家第三方物流公司，专门提供包括商品运输、储存配送，物流活动组织、协调和管理，设计最优物流方案，搜集管理全程物流信息等全面的物流服务。根据所学知识，为你的服务对象——某跨国电器制造企业提供一套具有竞争优势的物流服务方案。

实训流程：

（1）了解作业的目的。

（2）选择实训行程及场地。

（3）分析该跨国电器制造企业的物流服务现状。

（4）完成设计方案。

具体任务：

（1）了解本次作业的目的。

（2）分组，全班40人分成4个小组，每组10人，明确各组的工作范围。

（3）起草物流实训方案（包括实训目的、范围、目标、内容和方法）。

（4）起草会谈和实训大纲。

（5）做好实训前的准备工作。

（6）深入实训基地。

（7）准备资料。

（8）设计物流服务方案。

（9）完成对实训结果的详细报告（报告不准超过一页，有关资料可放入附件）。

（10）陈述。

第 10 章
电子商务环境下的
逆向物流

　　人类社会所需要的各种物质都来自自然界，然而自然界的各种资源是有限的。生产力的发展、经济的快速增长，导致了能源危机、环境污染、资源利用率与产品回收率低，产品的回收与再利用也越来越受到重视。随之相关的逆向物流也受到关注。逆向物流是物流领域的新视野，其实质是对产品从生产到消费这一前向物流的延伸。随着公众对节能增效、资源循环再利用及环境保护的逐步关注，以及政府环保法规的约束力的逐步加大，逆向物流的经济价值、社会价值、环境效益也日益显著。

案例展示：沃尔玛的退货管理——海格物流试水"逆向物流"

　　在深圳平地，离深惠高速公路平地出口一里之遥，坐落着一个不大起眼的仓库，与周边所有厂房仓库一样，拐个弯，上个坡，一大排平房摆在眼前。虽貌不惊人，但这里却是全球最大的零售商沃尔玛的退货处理区。这里，便是深圳市海格物流有限公司 RTV 项目深圳组所在。

　　Return-To-Vendor（RTV）Service，即店面退货服务。凭借 Milkrun 服务于国际大型零售商的积累的丰富经验，海格物流开始熟悉和了解零售企业的物流需要，并关注零售企业整个供应链运作状况。基于此，2007 年，海格提出 RTV 运作服务，充分融入现代物流信息技术，全面关注零售企业的逆向物流，依靠高数据处理能力，帮助提高采购、店面管理水平，使店面退货区域面积减少、可控，逆向物流速度加快，降低管理、库存、运输整体成本，提高供应商对逆向物流安排的满意度。海格物流店面退货 RTV 模式如图 10.1 所示。

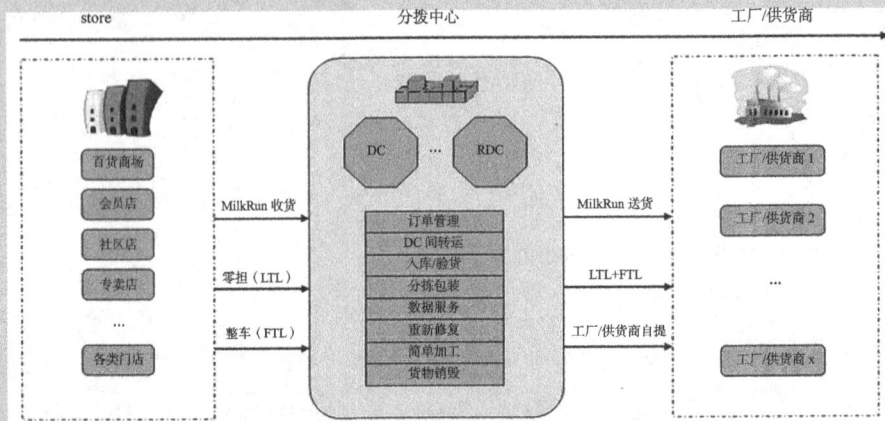

图 10.1　海格物流店面退货 RTV 模式

正因为海格曾服务国际大型零售商的经验，并在"逆向物流"解决方案上提出自己独特见解，海格物流最终赢得了沃尔玛的信赖，也赢得了沃尔玛整个中国地区全部退货处理业务。为保证退货过程中的成本最小化，海格物流将退货处理中心分为南、北两个区域，北区退货处理中心位于天津，南区便是我们篇头提及的海格物流 RTV 项目深圳组。由于"逆向物流"的特殊性，海格物流与沃尔玛的合作可谓是大胆的尝试。沃尔玛中国退货业务如图 10.2 所示。

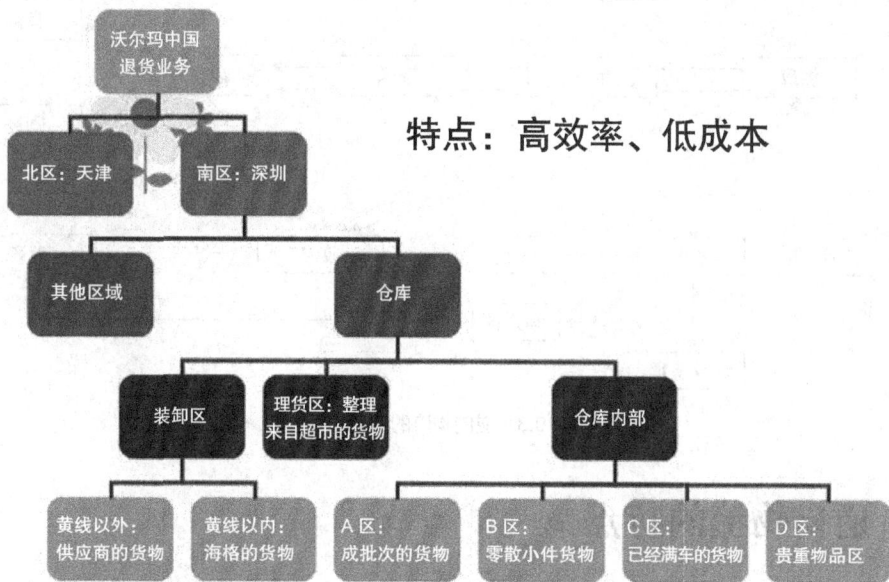

图 10.2　基于海格物流逆向物流基地的沃尔玛中国退货业务

10.1　逆向物流的内涵

最早提出"逆向物流"这个名词的是 Stock，1992 年他在给美国物流管理协会（Council of Logistics Management，CLM）的一份研究报告中指出：逆向物流是一种包含了产品退回、物料替代、物品再利用、废弃处理、再处理、维修与再制造等流程的物流活动。

我国在《中国国家标准·物流术语·GB/Tl8354-2006》中指出逆向物流包括回收物流和废弃物物流两类。其中，回收物流包括周转使用的包装容器与需返修或者退货的不合格物品从需求方流向供应方所形成的实体流动过程；废弃物流的对象是在经济活动中已经失去原有价值的物品，但可以根据需要对这些物品进行收集、分类、加工、包装、搬运、储存或送到专门处理场所等一系列活动时所形成的物品实体流动。

逆向物流的内涵可以从逆向物流的对象、流动目的和活动构成等方面来说明。

（1）从回流对象看，逆向物流是合格产品、瑕疵产品、废旧物品及零部件、运输容器、包装材料等回流物品沿供应链渠道的反向流动过程。

（2）从回流的目的看，逆向物流是为了重新获得产品的使用价值，获得再生资源，或者对最终废弃物进行正确处置，以免对环境造成危害。

（3）从物流活动构成看，为实现逆向物流的目的，逆向物流活动应该包括对回流物品的运输、储存、回收、检验、分类、拆分、重用、翻新、再生循环、报废处理以及逆向物流信息的收集处理等。

狭义的逆向物流仅指对产品、零部件、运输容器、包装材料等回流物品的回收处理过程，广义的逆向物流还涉及企业的生产、销售以及售后服务等方面，除了包含狭义的逆向物流之外，还包括减少资源使用，尤其的减少有毒有害以及难处理物质的使用，进而降低废旧物品对环境的危害，同时还能够使整个物流系统更有效率、更环保。逆向物流的结构如图 10.3 所示。

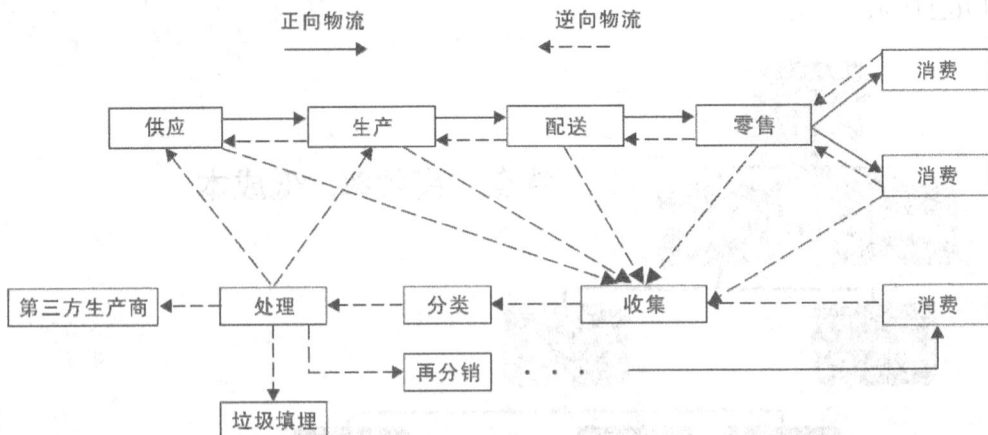

图 10.3 逆向物流的结构

10.2 逆向物流的特点

1．高度不确定性

逆向物流与正向物流相比具有自身独特的特征。首先，逆向物流的预测难度太大。实施正向物流的企业大多已经形成一套有效的物流管理体系，而逆向物流由于其产生的地点、时间以及回收产品的质量和数量都难以预测等特征，在逆向物流运作过程中存在很多的不确定性，例如销售商的退货政策以及消费者对购买商品的不满意度等，因而供需平衡很难掌控。特别是一些自营逆向物流企业由于业务的分散性很强，会造成一些固定设施一定程度的闲置，提高了企业的生产成本和资金量。另一方面，企业在实施逆向物流过程中会出现"牛鞭效应"，逆向物流的信息反馈不及时，导致信息失真，在供应链中逐级放大，误导了生产商，使他们无法掌握产品返回的真正原因。

2．运作的复杂性

逆向物流系统中新产品的生产过程存在很多的不确定性和复杂性。首先，处理过程太过复杂。回收产品的人工检测、维修的复杂程度由于不同产品掺杂在一起而加剧；其次，从管理角度来看，逆向物流网络结构复杂，有的甚至与正向物流网络进行整合，难以管理。而且在逆向物流过程中，实行下游向上游多对一的运输方式，回收产品差异大，无法实现单元化作业，运输线路难以统一规划，管理难度大，对环境的影响也较大。企业在实施逆向物流过程中至少受到 4 种因素的影响，即消费者、政府机构、供应商和竞争对手。

3．实施的困难性

逆向物流回收过程涉及正常品，在有些情况下就不得不放弃某些回收业务，导致逆向物流在一定程度上的断流。其次，逆向物流信息系统严重缺乏，也导致了逆向物流实施困难。大多数企业不愿意投入资金，已建立起来的信息系统也没有充分地发挥作用，加上专业人员的缺乏，限制了逆向物流的发展。最后，风险因素大。逆向物流企业由于在产品回收过程中信息不对称，虽然使下游客户减少或规避了风险，但是也加大了自身风险，风险转移到企业本身，也加剧了实施逆向物流的困难。

10.3 逆向物流的成因

1. 提高产品质量

逆向物流处于质量管理 PDCA 闭环中的检查和改进两个重要环节上，并作用于两端，能够不断改善并提高企业产品质量和促进质量管理体系的发展。通过对退回来的产品进行详细的分析，查清楚问题的本质和原因，再将这些信息和结果反映给企业的管理人员和负责产品设计和品质管理的相关部门，能够有效地促进企业提高产品质量管理水平，树立企业的质量意识，并最终达到提高产品质量的目的。

2. 提高服务水平

顾客满意度对现代企业来说具有不可替代的作用，同时也是企业追逐的目标之一，而通过实施逆向物流可以更好地向这一目标迈进。企业在实施逆向物流过程中，能够有效地处理顾客投诉，及时化解顾客与企业之间的矛盾，对恢复企业的信誉和提高顾客满意度与忠诚度有重要作用。同时，实施逆向物流能够加强顾客退货服务的反应速度，提高企业的竞争力。

3. 提高企业知名度和形象

随着人们生活水平的改善和文化素质的不断提高，顾客更青睐于对环保更为有利的产品。但是，我国逆向物流的发展还处于初级阶段，未能有效建立逆向物流网络，大部分企业还没有意识到逆向物流的重要性，同时也没意识到资源稀缺和环境恶化的问题。在这种形势下，如果有企业能主动地实施逆向物流，将会提高企业在公众和政府中的形象，从而赢得广大消费者的好感，间接提高了企业的市场竞争力。

4. 节约资源

现在社会以资源节约型和环境友好型社会为建设目标，而实施逆向物流能更好地促进这一目标的实现，不仅能够提高资源的利用率，还能获得可回收资源，以较少的资源换取经济效益和社会效益的较大发展，实现经济社会的可持续发展。

5. 消费者地位的提升

消费者在整个供应链中的地位也随着市场竞争的加剧而得到提高，传统的卖方市场已经转变为以消费者为主导的买方市场，但是，供应链上游的供应商将负的责任和面对的风险也越来越大，这是市场的发展趋势。为了能对消费者的逆向物流需求做出快速的反应并处理，应尽快建立一个能覆盖整个供应链上游和下游的逆向物流网络。

6. 社会因素

随着我国经济的高速增长，对自然资源的消耗会急剧增加。与此同时，由于缺少必要的保护措施，对资源的过度开发和废弃物对环境的过度污染，又严重破坏了大自然这个维持人类社会存在和发展的生态系统。实际上，很多产品都能够被企业重新再利用，逆向回收不仅能够为新的生产提供原料，而且经过逆向回收来的产品或废弃物通过清洗、加工等各个环节的处理可以重新销售，极大地减少了资源的浪费。实施逆向物流能有效减少生态破坏、保护环境，降低治理污染的费用，有利于经济的循环发展和社会的可持续发展。

10.4 企业实施逆向物流的作用

1．提高产品设计能力

逆向物流的过程也是信息流产生的过程，这些信息包括了产品退货原因、产品库存、产品质量以及顾客对企业的满意度和市场竞争力水平等各种信息，这些信息对企业的自身发展具有重大作用。通过对退回来的产品进行详细的分析，查清楚问题的本质和原因，再将这些信息和结果反映给企业的管理人员和负责产品设计和品质管理的相关部门，能够有效地促进企业逐渐提高产品质量管理水平，树立企业的质量意识，并最终达到提高产品质量的目的。

2．提高顾客价值，增加竞争优势

顾客价值是决定企业生存和发展的关键因素，顾客价值对现代企业来说具有不可替代的作用，同时也是企业追逐的目标之一，而通过实施逆向物流可以更好地向这一目标迈进。企业在实施逆向物流过程中，能够有效地处理顾客投诉，及时化解顾客与企业之间的矛盾，对恢复企业的信誉和提高顾客满意度与忠诚度有重要作用。同时，实施逆向物流能够加强顾客退货服务的反应速度，提高企业的竞争优势。

3．降低生产成本

现在社会以资源节约型和环境友好型社会为建设目标，而实施逆向物流能更好地促进这一目标的实现，达到以最少的资源获得最大的经济效益与社会效益，提高了资源的利用率和重新利用率，保持经济社会的平稳、健康、可持续发展。我国可以实施逆向物流的原材料来源充足，而企业降低生产成本关键是要提高原料的利用率。

4．改善环境行为，塑造企业形象

随着人们生活水平的改善和文化素质的日益提高，顾客的消费观念也发生了巨大变化，相对来说青睐于更为环保的产品。但是，我国企业构建逆向物流网络的积极性还不是很高，这其中有历史原因也有自身原因，关键在于大部分企业还没有意识到构建逆向物流网络的重要性，同时也没意识到资源稀缺和环境恶化的问题。

10.5 逆向物流的业务流程

一般的逆向物流流程包含下面的主要业务环节。

（1）回收。将消费者、返品中心、制造商或是分销商的产品返还给生产商、销售商，并运送至需要处理的地点。

（2）检测、分类。定位回收产品的质量、价值等，需要进行性能测试分析，获得关于处理某些产品的经验以及有关产品特性的信息，继而把它们分为可直接使用、可再处理后使用和待报废处理等类型。

（3）再处理。利用循环、维修、再制造等转换方式，将废旧产品使用价值恢复，转换为可进一步使用的产品。其目的在于企业通过处理大量的同类产品，可以及时获得相关产品特性的信息，如消费者喜欢这些产品的原因、产品的缺陷和改进产品的方法等。

（4）再分销。将可再利用的产品通过各种方式运送至未来的终端消费者的活动，包括直接分销，或通过二手市场分转售和捐赠。由于再利用产品的外观磨损和寿命折旧等原因，导致二手市场的销售价格往往很低，例如跳蚤市场。对于能够直接分销的产品可将其进行翻新，恢复其价值后再销售。

逆向物流主要流程图和价值回收示意分别如图 10.4 和图 10.5 所示。

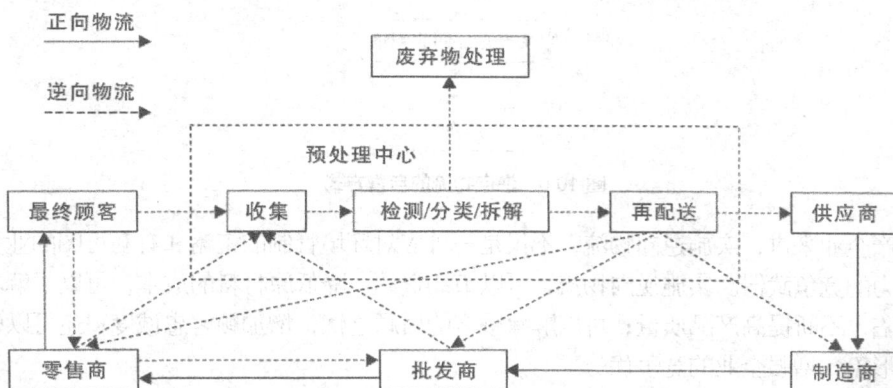

图 10.4 逆向物流流程图

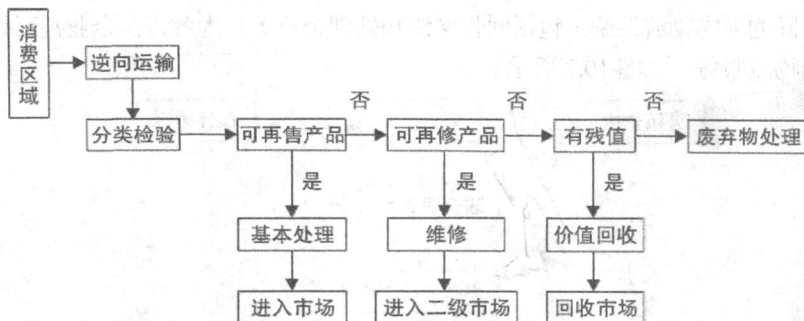

图 10.5 逆向物流价值回收示意图

10.6 逆向物流的运作模式

为保护资源和环境，实现经济的可持续发展，世界各国纷纷制定了许多环境保护法规，并开始实施生产者责任延伸制度。而对企业来说，要实施和管理逆向物流，需要根据企业自身的情况选择则适当的运作方式，这些方式主要有逆向物流的自营方式、联合经营方式以及外包方式等。

1．逆向物流自营方式

逆向物流的自营方式就是指生产企业建立独立的逆向物流体系，自己管理退货和废旧物品的回收处理业务，如图 10.6 所示。在逆向物流自营方式下，企业不但重视产品的生产销售和售后服务（包括退货的管理），还重视产品在消费之后的废旧物品以及包装材料的回收和处理。企业建立了遍及所有本企业产品销售区域的逆向物流网络，以便回收各种回流物品，并将其送到企业的回流物品处理中心进行集中处理。生产企业建立自己的逆向物流系统，这是外部社会成本的内部化，是生产者责任延伸制度的主要形式。

分销企业 ← 零售企业 ← 最终顾客

生产企业回收网络

生产企业

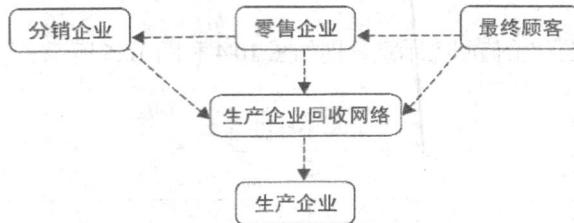

图 10.6　逆向物流的自营方式

对生产企业来讲，实施逆向物流，不仅是一种应对环境管制的策略和有利可图的业务，更是一种有力的竞争武器。实施逆向物流，可以节约资源，降低原材料的成本；可以了解本企业产品的缺陷，不断提高产品质量；可以解除顾客的后顾之忧，增加顾客忠诚度；还可以塑造良好的企业形象，增强企业的竞争优势。

2．逆向物流联合经营方式

逆向物流的联合经营方式是指生产相同产品或者相似产品的同行业企业进行合作，以合资等形式建立共同的逆向物流系统（包括回收网络和处理企业），为各合作企业甚至包括非合作企业提供逆向物流服务，如图 10.7 所示。

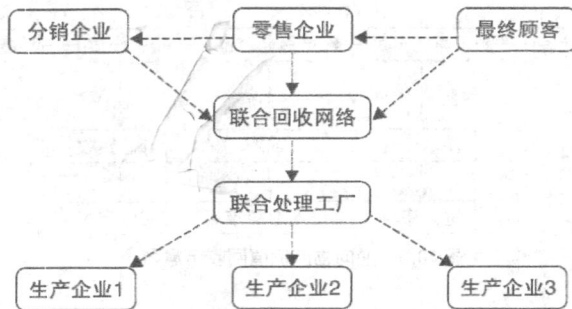

分销企业 ← 零售企业 ← 最终顾客

联合回收网络

联合处理工厂

生产企业1　　生产企业2　　生产企业3

图 10.7　逆向物流的联合经营方式

建立联合的逆向物流系统，不仅可以减轻单个企业在建立逆向物流系统上的投资压力，具有专业技术优势，容易实现规模经营，还可以为各合作企业提供廉价的原材料，保证该企业运作过程中的原材料来源，实现企业间合作共赢。

3．逆向物流外包方式

逆向物流的外包方式是生产企业通过协议形式将其回流产品的回收处理中的部分或者全部业务，以支付费用等方式，交由专门从事逆向物流服务的企业负责实施，如图 10.8 所示。

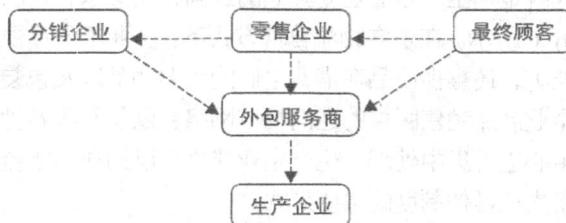

分销企业 ← 零售企业 ← 最终顾客

外包服务商

生产企业

图 10.8　逆向物流的外包方式

企业将逆向物流外包，可以减少企业在逆向物流设施和人力资源方面的投资，将巨大的固定成本转变为可变成本，降低逆向物流管理的成本；由于外包服务的专业化运作，可以提供更高的服务质量。此外，逆向物流外包之后，企业可以将精力集中在自己的核心业务上，更利于提高企业的竞争实力。

10.7　逆向物流与绿色物流的比较

绿色物流中节约资源是最主要的内容，也是发展现代物流的核心思想之一。"绿色物流"里的绿色是一个特定的形象用语，它是泛指保护地球生态环境的活动、行为、计划、思想和观念在物流及其管理活动中的体现。绿色物流是融合了环境保护观念的物流决策模式，是连接绿色制造和绿色消费之间的纽带。绿色物流中还包括逆向物流、绿色信息处理等内容。

如图10.9所示，逆向物流和绿色物流是有交叉的，再制造、再循环与再使用是两者共有的内容。

图10.9　逆向物流与绿色物流的比较

逆向物流和绿色物流的主要区别如下。

1．逆向物流强调的是"反向"流动，而绿色物流则包括"正向"和"反向"流动

逆向物流的流动对象是产品、用于产品运输的容器、包装材料及相关信息，将它们从供应链终点沿着供应链的渠道"反向"地流动到相应的各个节点。而绿色物流包括正向物流和逆向物流中所有绿色物流活动，即绿色物流流动对象的流动包括"正向"和"反向"两个方面的流动，而不仅仅是逆向物流的"反向"流动。

2．二者的侧重点不同

逆向物流更多地是针对"返回"供应链渠道中的产品或者材料，所以逆向物流主要是指处理由损坏、不符合顾客要求的退回商品、季节性库存、残值处理、产品召回等。另外还包括废物回收、危险材料的处理、过期设备的处理和资产的回收。

绿色物流是一种新型的物流模式，也是现代物流发展的趋势所在，它不仅符合可持续发展的要求，还符合时代发展的要求和人类生存与发展的根本利益。企业实施绿色物流战略，既可带来巨大的经济价值，又有明显的社会价值。逆向物流是物流领域的新视野，它不仅强调对废弃物的回收作用，更强调通过资源缩减、翻新、改制和再生循环等方式，实现节约资源、保护环境和增强竞争力等目标，因而是企业管理战略的重要组成部分。绿色物流和逆向物流是各国政府和企业要认真面对的一个新课题。政府和企业不能仅仅只关注绿色物流或逆向物流，而应该把两者结合起来发展，只有这样，才能使我国物流业在激烈的竞争中立于不败之地，并且还能促进社会和环境的可持续发展与和谐发展。

10.8　本章小结

本章首先介绍了逆向物流的概念、特征以及成因。接着，我们介绍了企业实施逆向物流的作用。然后我们介绍了逆向物流实施的业务流程和运作模式。最后我们介绍逆向物流与绿色物流的关联和区别。通过本章内容的学习，我们掌握了逆向物流与绿色物流的关联和区别，企业在发展过程中，既需要重视绿色物流，也需要了解逆向物流形成的原因，对企业发展的意义，以及如何根据企业实际情况，选择适合自己的逆向物流运作模式。

10.9　复习思考题

1. 逆向物流的概念是什么？它对企业的作用有哪些？
2. 逆向物流的业务流程包含哪些部分？
3. 逆向物流与绿色物流有哪些关联和区别？

10.10　本章实训

主题：企业逆向物流业务流程。

目的：为了更好地认识逆向物流，要求学生对当地生产型企业进行调研，了解企业有没有进行逆向物流操作，如果有，重点了解企业逆向回收哪些资源，选择的逆向物流操作模式以及其操作流程。

实训流程：

（1）了解调研目的。

（2）收集有关逆向物流操作的资料。

（3）了解企业逆向回收哪些资源。

（4）了解企业进行逆向物流操作流程。

具体任务：

（1）分组。

（2）确定调研目的。

（3）确定企业。

（4）实地访谈。

（5）逆向物流业务流程资料收集。

（6）资料分析与解释。

（7）完成报告（报告不准超过一页，有关资料可放入附件）。

（8）小组陈述。

参考文献

[1] 李德库. 电子商务环境下的物流管理创新[J]. 中国流通经济，2013（8）：39-43

[2] 陶杰. 试论电子商务物流管理及其未来发展趋势[J]. 物流工程与管理，2013，35（12）:49-50

[3] 李娇阳. 我国电子商务物流的现状及发展对策[J]. 商业经济，2013（4）：53-55

[4] 熊颖,叶茜,付丽娅. 我国电子商务物流管理的现状及其对策研究[J]. 武汉工程技术学院学报，2013,25（1）：47-50

[5] 杨春河. 现代物流产业集群相关概念的界定和经济学分析[D]. 北京：北京交通大学，2008

[6] 中国物流发展报告：今年全年社会物流总额将增长9％. 新华网：http://news.xinhuanet.com/fortune/2014-05/15/c_1110709855. htm，2014年5月15日.

[7] 高茜. 电子商务物流模式研究——以LG公司为例[D]. 内蒙古：内蒙古大学，2012

[8] 刘冬林. 绿色物流的制度研究[D]. 武汉：武汉理工大学，2010

[9] 童晓峰. 电子制造业物流供应链管理改进研究[D]. 苏州：苏州大学,2012

[10] 夏文汇. 基于供应链管理流程的退货逆向物流管理[D]. 中国流通经济，2010(8):21-24

[11] 孙秋菊. 现代物流概论[M]. 北京：高等教育出版社，2009

[12] （美）詹姆士·斯托克（James Stock）莉萨·埃拉姆（Lisa Ellram）. 物流管理[M]. 北京：电子工业出版社，2006

[13] 彭欣. 现代物流实用教程[M]. 北京：人民邮电出版社，2004

[14] 上海现代物流人才培训中心. 现代物流管理[M]. 上海：上海人民出版社，2003

[15] 梁军. 仓储管理实务[M]. 北京：高等教育出版社，2009

[16] 罗振华. 电子商务物流管理[M]. 浙江：浙江大学出版社，2003

[17] 肖胜萍，萧鹏. 现代物流管理[M]. 北京：中国纺织出版社，2002

[18] 高本河，缪立新，郑力. 仓储与配送管理基础[M]. 深圳：海天出版社,2004

[19] 王崇鲁. 如何进行运输与配送管理[M]. 北京：北京大学出版社，2004.

[20] 赵忠光. 企业物流管理模板与操作流程[M]. 北京：中国经济出版社，2004

[21] 刘斌. 连锁物流[M]. 北京：高等教育出版社，2001

[22] 宋华. 物流供应链管理机制与发展[M]. 北京：经济管理出版社，2002

[23] 翁心刚. 物流管理基础[M]. 北京：中国物资出版社，2002

[24] 张铎. 电子商务与物流[M]. 北京：清华大学出版社，2000

[25] 丁立言. 物流管理[M]. 北京：清华大学出版社，2000

[26] 兰宜生. 电子商务物流管理[M]. 北京：中国财政经济出版社，2001